四庫存目

納甲匯刊［四］

校正全本易隱

〔清〕曹九锡◎撰　郑同◎校

華齡出版社

责任编辑：薛　治　李英卓
责任印制：李未圻

图书在版编目（CIP）数据

四库存目纳甲汇刊. 4 /（清）曹九锡撰.
—北京：华龄出版社，2016.6
ISBN 978-7-5169-0726-9

Ⅰ. ①四…　Ⅱ. ①曹…　Ⅲ. ①《四库全书》—图书目录
Ⅳ. ①Z833

中国版本图书馆CIP数据核字（2016）第124119号

书　　名：四库存目纳甲汇刊（四）
作　　者：（清）曹九锡
出版发行：华龄出版社
印　　刷：九洲财鑫印刷有限公司
版　　次：2016年6月第1版　2016年6月第1次印刷
开　　本：720×1020　1/16　　**印　　张：**14.25
字　　数：208千字　　**印　　数：**1～5000册
定　　价：48.00元

地　　址：北京市西城区鼓楼西大街41号　　**邮　　编：**100009
电　　话：（010）84044445　　**传　　真：**84039173
网　　址：http://www.hualingpress.com

易隐序

卜筮者，隐君子之所讬也。昔严君平卖卜成都市，与人子言依于孝，与人弟言依于顺，与人臣言依于忠，君子以为得作者之意，不啻登太皡氏之堂，而耳提面命焉。古之圣人所可与人言者，未尝不竭其辞，而有不可以正告天下者，则必有所讬以行之，后之君子不察其意，而以是为吉凶悔吝之末数，非正道明谊者之所究心，则惑矣！吾友曹横琴氏，得其家君游南子之传，慨群迷之不旦，悼筮法之中衰，于是上究连藏，下逮京焦，傍通壬甲，广采占歌，作为《易隐》，凡十万余言，噫！可为博矣！夫象数变而理不变，九六殊而旨不殊。一也，四十九也，三百六十也，四千九十六也，由是而之万亿也，一而已矣。即由是而之天地之赜也，万物之众也，典坟丘索之浩渺也，亦一而已矣！《传》曰：“变化云为，吉事有祥；象事知器，占事知来。”又曰：“天地设位，圣人成能。人谋鬼谋，百姓与能。”夫圣人之所以能若此者，岂有他哉？统之理而已矣！由是观之，安知季子之乐卜，赵孟之诗卜，襄仲之言卜，子游子夏之威仪卜，沈尹氏之政卜，孔成子之礼卜，不统于横琴氏之蓍卜哉！吾于是而知曹氏之为隐君子也。

句章老氏谢三宝撰

光绪六年岁在庚辰三月既望日银山耜村氏手抄全部

易隐叙

横琴居士曹睿玉，余友钦之之弟也。昔睿玉与钦之競趋制举，家言每舐墨，诧其肘腕欲脱，日竟数千言，顾侪辈皆断噤叹不及。拟壮往，所至当释屩，为海内英俊先。未几而钦之谢世，睿玉亦焚砚，托卜筮以浮沉于世。睿玉故习《易》，卜筮者《易》之余也。古圣人以《易》治世，则其求倾度变，不为大人蔚起以肇创民生，即为贤宰执以股肱自任，不得已而臯比一室，还报名山，使奇文不易见于世也，终不易没于世，前绍古人，后诏来者，于一人任之不愧，是亦不得志于时者之所为也，于卜筮何居。知卜筮为《易》之余殆睿玉所托，而非为《易》之尽于是也。深秋与文伯子远深索予序，曰："予有概于《易》，家传秘本者有年。为余叙，不吝出以示子。"更索以颜秘本，余颜曰"易隐"。夫人皆见多而可也，见少而怪。人患常于所见，遂异于所不见，而孰知事不可以一人定也。一人之智如郛廓，而四海乃苍苍无涯也。世有蒸菌，岂必无本；世有蝤蛴，岂必有母，第本而母之者微也。人又忽其所微，乃谓天下有不本不母之者矣。故书莫常于易，而读者以为变。以为变则声变不以清，味变不黍菽，言变且无定象，而伏羲焉能定之为一画，元公又焉能定之为一圈也。自一而八，自八而六十四，犹原蚕之蛾蝩也，不出于蠢动之际；而爪发之于疴痒也，不可尽忘于有无之间。而《易》之生稊，蓍待槁而后有其验，何贵乎明也；龟既朽而后不失其数，何藉乎智也。京郭不为无会于《易》而不能保其身，何赖乎窥隐测微之术也。盖逐于变斯为变所惑，咎于乖其常也，乖其常则事疑于隐。苟时不失乎身，我见以为显也，人乃见以为隐也，则隐又因所不见而致怪也。汾阴生善《易》，先人事而后说卦，能不逐于变，雪菴诵乾卦而杜景贤以为未宜，亦祈不失于常。睿玉隐于《易》，其亦继雪而起菴乎。顾且置《易》而读《骚》，孰谓雪均之可问也。

庚寅岁秋杪山阴盟社弟玉楫文水氏题于屋舫

易隐参引书目

黄帝《常阳经》
商《归藏易》
《周易乾坤鉴度》
鬼谷《百部篇》
张子房《筮法》
君平《秘授罗冲心法》
京君明《海底眼》
京君明《火珠林》
晁以道《京氏易式》
关子明《易传》
武侯《全州山藏书》
管公明《十三篇》
管公《问答口诀》
郭景纯《青囊集》
郭氏《洞林秘诀》
袁天罡《太乙命诀》
李淳风《周易玄悟》
郭雍《蓍卦辨疑》
李鼎祚《集解》
卫元嵩《元包》
杜氏《遗编》
丘寺丞《易鉴》
陈希夷《紫微数》
周杰松《经玄谈》
邵康节《观梅数》
罗止菴《卜易统宗》
高沧鹤《前知集》

夏《连山易》
《周易》
王诩《麻衣赋》
孙膑《探玄歌》
东方曼倩《射覆诀》
《焦氏易林》
《京氏易传》
扬雄《太玄》
荀爽《易传》
董贺《筮秘》
管氏《照心神鉴经》
管公《金书六事口诀》
管氏《五星秘要》
郭公《八纯筮法》
隗炤《燃犀集》
《袁客师占验目录》
李淳风《占灯法》
孔颖达《正义》
一行师《卜诀》
陆德明《指掌诀》
程圣俞《集筮法》
麻衣道者《正论》
曹子虚《源髓论》
司马温公《潜虚》
程邵朱《三儒理数》
黄士瑶《占易龟鉴》
皮台峰《筮诀》

柳隆《玉灵经》
僧明睿抄本
耶律楚材《锦囊集》
汤通玄《卜学渊海》
程济《从亡录》
尹铁口《惊破胆集》
袁子《占法提纲》
周仲高《易鐸》
张星元《易林补遗》
魏道南《日录》
《卜易玄机》
《问卜易览》
《卜筮全书》
《六壬心机绝法》
《六壬毕法赋》
《通玄赋》
《万金赋》
《六爻穿断法》
《行限歌》
《井底赋》
《沧海赋》
《千金赋》
《壶中赋》
《分野图》
《舟居赋》
《详基赋》
《何知章》
《六神赋》
《容貌赋》
《鬼料窍》
王梦菴《义通》
林开《蜀市日记》
范畴《惊人鸣》
刘伯温《黄金策》
王希明《筮法指南》
沈景赐《课要》
颗师《问答录》
季彭山《易学四同》
吴甘泉《要抄》
《卜筮元龟》
《金锁玄关》
《心易大成》
《六壬神定经》
《六壬磨镜药》
《灵棋经》
《天玄赋》
《碎金赋》
《白玉赋》
《限门赋》
《坚命赋》
《逼运赋》
《赛国赋》
《天象赋》
《参舟赋》
《新创赋》
《柳神经》
《五行赋》
《性情赋》
《宅　秘》
《鬼惊胆》

目　录

校正全本易隐卷首

八卦象例

乾三连	☰	坤六断	☷	震仰盂	☳	艮覆碗	☶
离中虚	☲	坎中满	☵	兑上缺	☱	巽下断	☴

五行生克

金生水，水生木，木生火，火生土，土生金。

金克木，木克土，土克水，水克火，火克金。

天干所属

甲乙	丙丁	戊己	庚辛	壬癸
东方木	南方火	中央土	西方金	北方水

地支所属

子	丑	寅	卯	辰	巳
水鼠	土牛	木虎	木兔	土龙	火蛇
午	未	申	酉	戌	亥
火马	土羊	金猴	金鸡	土狗	水猪

六神所属

青龙	白虎	玄武	勾陈	朱雀	螣蛇
属木	属金	属水	属土	属火	虽附土，本原属火，遇水难伤，逢木不克。

六亲生克

子孙生妻财，妻财生官鬼，官鬼生父母，父母生兄弟，兄弟生子孙。生我者为元辰，如子孙为妻财之元辰也。子孙克官鬼，官鬼克兄弟，兄弟克妻财，妻财克父母，父母克子孙。克我者为忌神，如子孙为官鬼之忌神也。元神动能生，忌辰动能克。我生者动，谓之贪生，又谓之泄气，喜忌具减矣！

刘伯温先生总断

夫人有贤不肖之殊，卦有过不及之异。太过者损之斯成，不及者益之则利。生扶拱合，时雨滋苗；克害刑冲，秋霜杀草。长生帝旺，争如金谷之园。死墓绝空，乃是犁泥之地。日辰为六爻之主宰，喜其灭项以安刘。月建乃万卦之提纲，岂可助桀而为虐。最恶者岁君，宜静不宜动。最要者身位，喜扶不喜伤。世为己，应为人，大宜契合，动为始，变为终，最怕交争。应位遭伤，不利他人之事。世爻受制，岂宜自己之谋？世应具空，人无准实。内外竞发，事必翻腾。世或交重，两目顾瞻于马首。应如发动，一心似托于猿攀。用爻有气无他故，所作皆成。主象从存更被伤，凡谋不遂。有伤须救，无故勿空。空逢冲而有用，合遭破以无功。自空化空，必成凶咎。刑合克合，终见乖淫。动值合而绊住，静得冲而暗兴。入墓难克，带旺匪空。有助有扶，衰弱休囚亦吉。贪生贪合，刑冲克害皆忌。别衰旺以明克合，辨动静以定刑冲。并不并，冲不冲，因多字眼。刑非刑，合非合，为少支神。爻遇令星，物难害我。伏居空地，事于心连。伏无提协终从尔，飞不推开亦枉然。空下伏神，易于引拔。制中弱主，难以维持。日伤爻，真罹其祸；爻伤日，徒受其名。墓中人，不冲不发；身上鬼，不去不安。德入卦而无谋不遂，忌临身而多阻无成。卦遇凶星，避之则吉。爻逢忌杀，破之无伤。

主象休囚，怕见刑冲克害。用爻变动，忌逢死墓绝空。用化用，有用无用；空化空，虽空弗空。养主狐疑，墓多暗昧。化病兮伤损，化胎兮勾连。凶化长生，炽而未散。吉连沐浴，败而不成。戒回头之克我，勿反德以扶人。恶曜孤寒，怕日辰之并起。用爻重叠，喜墓库之收藏。事阻隔兮间发，心退悔兮世空。卦爻发动，须看交重。动变比和，当明进退。杀生身，莫将吉断。用克世，勿作凶看。盖生中有刑害之两端，而合处有克伤之一虑。刑害不宜临用，死绝岂可持身？动逢冲而事散，绝逢生而事成。如逢合住，须冲破以成功。若遇休囚，必生旺而成事。速则动而克世，缓则静而生身。疾病大宜天喜，若临凶杀必生悲。出行最怕往亡，如执吉神终获利。是故吉凶神杀之多端，何如生克制化之一理。

张星元先生总断

吉凶由八卦变通，须察吉变凶而凶变吉。飞伏在二仪交换，定然阳伏阴而阴伏阳。爻爻有伏有飞，伏无不用。卦卦有动有静，动无不之。变出他宫，但取金木水火土。还归本卦，配成兄父子财官。水化金，则坎增其势。火化土，则离减其威。亥变子日进神，水得生而火被制。戌变未云退度，金不助而水无伤。卦之墓绝非宜，还究伪真之辩。爻变生扶最利，更详喜忌之分。爻有伏吟不吉，卦有反吟最凶。归妹变随为例，小畜之姤皆同。但识六爻占克，那知二卦交冲。变能生克于动爻，动不制于变象。静受动伤，静难制动。柔遭刚克，柔岂伐刚？日月善会克爻神，爻神谁敢伤日月？日为君主，旺衰之象尽能伤。月乃提纲，动静之爻皆可克。

本卦为贞为始，之卦为悔为终。亲官云出现之爻，远年可取。他卦曰伏藏之象，近日堪推。内为己，外为人，喜生喜合。应为宾，世为主，兼克兼冲。我生人而半吉，人克我以全凶。世应齐空，两下目前退悔。主宾皆动，二边日后更张。两间之爻，动则起居多阻。一身之位，空则祸福咸虚。凡欲久长，用宜安静。如求脱卸，主利交重。用木金来，从吉而不吉。用土火到，虽凶而不凶。元神却要生扶，忌客最宜伏制。用神旺相，事必亨通。主象休囚，理当愁闷。卦无凶而用爻失位，后查值日方成。爻有吉而主象逢空，但看冲时可就。忌象交重用象无，主象他时逢受害。用神衰弱元神绝，忌神异日遇遭伤。一神独发，此象匪轻。五位交重，静爻最重。世与卦身专主，非可轻言。动兴旺象司权，当为重论。吉内藏凶非是吉，凶中有吉不为凶。太岁主历年之事，时辰掌即日之权。日主宣威于一日，累月能拘。月将出令于三旬，经年可摄。身卦者，作事之身。官鬼者，求谋之主。卦内无身，百种事情无定向。爻中无鬼，千般谋作总空虚。卦动二身，事来叠叠。爻兴两鬼，祸至重重。官爻不动不空，称心之喜。身象不冲不陷，如意之权。日带凶神发动，长者之殃。时临恶煞交重，少丁之厄。阳动男忧，阴兴女祸。父动子孙僧道克，蚕畜无收。父空尊长屋船亏，文书不就。兄动妻灾奴婢患，资财耗散事无成。兄空友绝弟兄亡，家业清安儿少育。子动夫伤官职退，民间有庆无殃。子空男损畜蚕虚，朝内少贤多佞。财动椿萱受害，文字难图。财空妻仆遭迍，利资绝望。官动有伤雁序，病讼将萌。官空有犯葶砧，功名未遂。

既道六亲空兴发，次陈六兽动和冲。龙为良善清高，喜气利名之兆。蛇主虚浮惊恐，忧疑怪梦相干。朱雀宜音信文书，又作祝融词讼。白虎利武官胎产，能招丧服血光。勾陈是田土公差，坟茔迟滞。玄武乃阴人盗贼，水利奸邪。龙往西山，半为吉断。虎行南地，稍作凶推。土中玄武贼无虞，木内勾陈田欠熟。雀堕江河，官司易解。蛇游草木，怪梦翻成。勾陈陷而田非永远，玄武空而盗不侵欺。蛇空闲梦解妖邪，龙陷虚胎非喜庆。雀避则讼非不起，虎潜则丧孝无干。

旺相则吉凶来速，休囚则祸福应迟。动则有变更，空则无忧无喜。长生与帝旺，远日兴隆。冠带与临官，近时昌盛。衰病半凶之兆，受克全凶。胎养半吉之祥，得生全吉。墓库但逢冲破，若动若兴。死绝不遇生扶，如无如陷。土到酉中金到午，遇败而无成。火临卯上水临鸡，反生而有力。土逢巳绝，不可言生。金遇巳生，终难言克。此凭日月变爻而断，非因世应动象而推。巳爻持世必伤金，巳象动兴能助土。墓库曰藏，有刑破冲开之法。空亡曰陷，有补虚填实之方。陷叨月将来生，非为全陷。空被提纲克去，乃是真空。旺相之爻，过旬方用。休囚之象，到底无功。伏藏值此犹轻，出现临之更恶。陷元神而最多坎坷，亡忌客而永没迍邅。

男空则远行不利，女空则近日生殃。财空富不厚，官空贵不荣。子空儿女主伶仃，父空屋室还衰败。兄空则弟兄少力，间空则媒保无能。内象若空，家宅休居旧地。外官如限，迁移勿往他图。不测之灾，遇陷身还可救。绵延之疾，逢空命不回生。空世则己心疏懒，空应则他意徘徊。空中动出不为空，墓内推开非入墓。凡值旬空，或临月破，吉不能生合于物，凶不能克制于人。凶者旬中之煞，当辩兴衰。恶者月破之神，无分生克。事事喜空中之有气，般般忌合处之逢冲。逢合难凶而易就，遇冲纵吉以难成。合被冲开，无纤毫之力。绝逢生起，有数倍之功。三合三刑，亦有真假之论。六穿六合，岂无生克之分。子会申辰，少鼠牙而不取。木连亥卯，无羊角以何妨。寅巳申三全为煞，丑戌未一缺非刑。用辰卯害本为殃，用亥申穿非作祸。用戌卯合，被克而反凶。用酉辰谐，叨生而果吉。合处带生，百事见之皆喜悦。害中带克，千般犯此见忧迍。

刑则骨肉伤残，穿则亲邻不睦。六合咸称吉象，问遣人出狱以非宜。六冲各骇凶神，占散讼脱灾而反利。青龙财福为祥，破之不吉。白虎凶鬼为咎，用之不凶。日建岂为月破，月建非作旬空。卦静逢冲为动，爻安遇合为和。动处见冲，为征战而散。动中加合，因羁绊而迟。用旺有维持，虽遇凶星难作祸。主衰无救助，纵逢吉曜那为佳。身后世后及重爻，皆为已往。身前世前兼交位，各主未来。游魂宜出外，归魂利返乡。内为体，外为用，逢生云吉克云凶。动为速，静为迟，见合曰成冲曰散。生主发，墓主藏，伏断将来飞断往。阴主邪，阳主正，衰详稀少旺详多。

事有大小始终缓急，各审其因。卦开前后飞伏正之，既详其理。初求内外三爻，为飞为正为前卦。次看阴阳二象，为伏为之为后卦。卦静无之方取互，世空无主却凭身。之卦内之盈亏，变爻已定。互卦中之悔吝，体用为先。细观伏象之兴衰，当察飞神之动静。远推年月，近看日时。

《海底眼》一爻动变断

父母当头克子孙，病人无药主沉昏。
亲姻子息应难得，买卖劳心利不存。
远望行人书信动，论官下状理先分。
士人科举登黄榜，失物逃亡要诉论。
父化父兮文不实，举动艰难事非一。
父化子兮宜退散，纵然忧病还为吉。
父化同人多口舌，用求宛转须重叠。
父化财兮交易利，家长不宁求事拙。
父化官兮家损失，求官必得迁高职。
卦无父母事无头，更在休囚空费力。

子孙发动伤官鬼，占病求医身便痊。
行人买卖身康泰，婚姻喜美是前缘。
产妇当生子易养，词诉空论事不全。
谒贵求名休进步，守旧常占可自然。
子化子兮阴小凶，举讼兴官理不同。
子化官兮防祸患，占病忧疑尽不中。
子化父兮防产妇，无中生有多头绪。
子化兄兮事不圆，脱诈人情疑莫去。

财爻立用克文书，应举求官总是虚。
买卖交官财利好，亲姻如意乐无虞。
行人在外身将动，产妇求神患脱除，
失物静安家未出，病人伤胃更伤脾。
子化财兮好望财，财化财兮妇主灾。
财化官兮防走失，财化文书用可谐。
财化兄兮财少成，相知掇赚勿交亲。

财化子兮宜守旧，托用人情不如心。

兄弟同人克丁财，病人占者哭哀哉。
应举雷同文不一，若是常占定破财。
有害虚词应累众，行人出路未回来，
货物经商皆折本，求妻买婢事难谐。
兄化兄兮家不足，兄化财兮财反覆。
兄化官兮休下状，占病难医须见哭。
兄化文书和改救，人情复喜主无忧。
兄化子兮忧可散，若问行人信有头。

官鬼从来克兄弟，婚姻未就生疑滞。
病困门庭祸祟来，更改动身皆不吉。
出外逃亡定见灾，词讼伤身有囚絷。
买卖财轻赌博输，失物难寻多暗昧。
官化官兮病未安，见贵求官事尽难。
官化文书官未顺，交加争竞鬼相干。
官化子兮忧自除，常占小口必灾危。
官化兄兮朋友诈，委托人心不似初。
官化财兮财自得，赌博抽拈却必输。
卦中无鬼休谋事，官员不见总空虚。

此京房断法，试罔不验，若卦有两爻动，便不准矣！

周仲高期日捷诀

金喜巳酉忌在寅，木喜亥子忌在巳，水喜申酉忌在午，火喜寅卯忌在申，土喜午申忌在亥。

金取巳申酉，寅午须有害；木到亥寅卯，申酉即难安。水喜申酉子，巳午定有愆；火取寅巳午。亥子便为灾，土用在午申，亥卯巳为害。

习卜先读易说

游南子曰：余阅胡双湖所载汉晋至宋杂记占验，及吴甘泉《元明占验录》，皆就彖辞爻辞直断，应若桴鼓。后之占者，但得易辞，既合所占之事，即不可拘泥京管，而弁视四大圣人之至训也。故习卜之功，先须读《易》。

耶律楚材曰：《易》之初，其以六十四卦示人占例，亦浩繁矣！求君父之道于乾，求臣子之道于坤，婚姻于咸恒渐归妹。待于需，进于晋，升于升，改于革，行师于师，争讼于讼，聚于萃，散于涣，以至退于遁，守于困，安于泰鼎，厄于夷蹇，盈于大有丰，坏于损蛊，家人之在室，旅之在途，既未济，大小过，大小畜，得失进退之义。虽卦名仅七十九字，而文义坦白，颇足决断矣！此文王未有卦辞之前已然，况又有三百八四爻，示之以变乎！故人苟积诚而筮，则神之告之，卦辞爻辞，应合所问。如占婚而与之咸恒，曰“纳妇吉”，曰“勿用取女”，曰“女归吉”，曰“归妹征凶”。占家宅，曰“富家大吉”，曰“闲有家，悔亡”，曰“夫妻反目”，曰“家人嗃嗃，妇子嘻嘻”，曰“入于其宫，不见其妻”。占出行，曰“利涉大川，利有攸往”，曰“不利涉大川，勿用有攸往”。占士进，曰“不家食吉”，曰“不事王侯，高尚其事”。占求嗣，曰“有子，考无咎”，曰“得妾以其子”，曰“妇孕不育”，曰“妇三岁不孕”。占征伐，曰“利用侵伐”，曰“不利行师”。占田猎，曰“田获三品”，曰“田无禽。”诸如此类，皆神鉴其诚而显告之也。更不必揣摹臆度，别生论断。若夫彖辞爻辞，不应所占之事。然后取动变一爻，各配生克，及长生十二之宫，断其休咎也。

刘伯温曰：爻神吉而易辞凶，先吉后凶；爻神凶而易辞吉，先凶后吉。

取易辞断法

六爻安静者，以本卦彖辞断之。一爻动，以动爻之辞断。两爻动，取阴爻为断，阴主未来故也。若同阴同阳，取上动之爻辞断。三爻动，以中爻之辞断。四爻动，取下静之爻辞断。五爻动，取静爻之辞断。六爻动，乾坤二卦，以用九用六之辞断。余卦，则以变卦彖辞断也。①

身命凶卦

周景旸曰：遁卦刑伤多，姤咸贫贱老。屯井皆是否，无端生灾祸。秋蛊冬蒙凶，有病难脱过。春逢晋小过，即便哀号苦。官符怕丰井，大过难脱狱。贲象多官司，占此遭凶破。遇萃财折本，逢临口舌多。八纯与壮妄，图谋百不安。

化墓绝卦

墓绝离化乾，坎艮坤之巽。乾兑变入艮，震巽化为坤。

反吟卦

变卦与本卦倒置。

反吟谦共剥，归妹与随同。小畜之为姤，既之未济宫。

① 按：《从亡录》所载程济诸占，皆一爻动者，俱取变卦爻辞断之，无不奇中者。附参。

十六变卦

京房曰：自初至五不动，复下飞四，往复用飞，上飞下飞，还本体，便是十六变卦例。如乾宫一变姤，至五变剥，上爻为宗庙，永不变。复下飞四晋为游魂，下飞三旅为外戒，下飞二鼎为内戒，下飞初大有为归魂。复上飞二离为绝命，复上飞三噬嗑为血脉，上飞四颐为肌肉。上飞五益为骸骨，复下飞四无妄为棺椁，下飞三同人为坟墓，下飞二乾复还本体。凡十六变，八宫皆仿此。占者遇变入本宫卦者，灾福应十分。外戒卦，吉凶从外来。内戒卦，祸福从内起。骸骨卦，生则羸瘦，死不葬埋。棺椁卦，病必死亡。血脉卦，主血疾漏下。绝命卦，事多反复，为人孤独，不谐于俗。游魂肌肉卦，精神恍惚，如梦如痴。归魂塚墓卦，坟墓吉而事可成也。

	外戒	内戒	绝命	血脉	肌肉	骸骨	棺椁	坟墓
乾宫变卦	旅	鼎	离	噬嗑	颐	益	无妄	同人
坎宫变卦	复	临	坤	谦	小过	咸	蹇	比
艮宫变卦	小畜	家人	巽	涣	讼	未济	蒙	蛊
震宫变卦	困	萃	兑	夬	需	泰	大壮	归妹
巽宫变卦	贲	大畜	艮	剥	晋	否	观	渐
离宫变卦	姤	遁	乾	履	中孚	损	睽	大有
坤宫变卦	节	屯	坎	井	大过	恒	升	师
兑宫变卦	豫	解	震	丰	明夷	既济	革	随

六十四卦名

乾宫八卦属金	乾为天	天风姤	天山遁	天地否	风地观	山地剥	火地晋	火天大有
坎宫八卦属金	坎为水	水泽节	水雷屯	水火既济	泽火革	雷火丰	地火明夷	地水师
艮宫八卦属土	艮为山	山火贲	山天大畜	山泽损	火泽睽	天泽履	风泽中孚	风山渐
震宫八卦属木	震为雷	雷地豫	雷水解	雷风恒	地风升	水风井	泽风大过	泽雷随
巽宫八卦属木	巽为风	风天小畜	风火家人	风雷益	天雷无妄	水雷噬嗑	山雷颐	山风蛊
离宫八卦属火	离为火	火山旅	火风鼎	火水未济	山水蒙	风水涣	天水讼	天火同人
坤宫八卦属土	坤为地	地雷复	地泽临	地天泰	雷天大壮	泽天夬	水天需	水地比
兑宫八卦属金	兑为泽	泽水困	泽地萃	泽山咸	水山蹇	地山谦	雷山小过	雷泽归妹

定六亲法

以八宫所属为主，生我者为父母，我生者为子孙，克我者为官鬼，我克者为妻财，比和者为兄弟也。

纳甲法

其法皆自下而上，阳甲隔位顺轮，阴甲隔位逆轮。

乾卦	坎卦	艮卦	震卦	巽卦	离卦	坤卦	兑卦
壬戌	戊子	丙寅	庚戌	辛卯	巳巳	癸酉	丁未
壬申	戊戌	丙子	庚申	辛巳	巳未	癸亥	丁酉
壬午	戊申	丙戌	庚午	辛未	巳酉	癸丑	丁亥
甲辰	戊午	丙申	庚辰	辛酉	巳亥	乙卯	丁丑
甲寅	戊辰	丙午	庚寅	辛亥	巳丑	乙巳	丁卯
甲子	戊寅	丙辰	庚子	辛丑	巳卯	乙未	丁巳

安世应法

八卦之首世六当[①]，巳下初爻轮上飏[②]。
游魂之卦四爻立[③]，归魂之卦三爻详，[④]

日辰伤世应卦

子日观豫未济伤，丑日观鼎伤，寅日大有节丰震咸蹇伤，卯日晋震小畜旅泰伤，辰日乾贲井伤，巳日艮伤，午日姤坎无妄大壮需伤，未日升大过复未济伤，申日革困伤，酉日否屯贲恒蒙坤夬伤，戌日巽泰兑伤，亥日遁离未济谦伤。

安身诀

子午持世身居初，丑未持世身居二，寅申持世身居三，
卯酉持世身居四，辰戌持世身居五，巳亥持世身居六。

凡卦之身用之为重，世之身司事还轻，世若不空不破，不须论身世；或空破，祸福方凭身象，盖取身以代世之劳耳。

起月卦身法

阴世则从五月起，阳世则从十一月起，俱从初爻上，数至世便知何月卦，即是卦身也。吉凶俱与世爻同断。又须究论进退，假如正月卜卦，月卦属二三四月为进度，属十二十一十月为退度，进则诸事进益，退则百事

① 八纯卦世，在六爻。

② 各宫二卦世在初爻。

③ 各宫七卦世在，谓之游魂世在四爻。

④ 各宫八卦谓之归魂世在三爻，世初应四、世二应五。世三应六、世四应初、世五应二、世六应三是也。

退沮也。

定飞伏神法

八卦阴阳互伏，故乾卦伏坤，坤伏卦乾，震巽互伏，坎离互伏，艮兑互伏。如乾宫姤、遁、否、卦，外卦伏坤，内卦伏乾。观、剥、晋、卦，皆伏乾，惟大有卦，伏外乾内坤也。余仿此。

范畴曰：飞伏者，往来隐显之神也。飞为已往，伏为将来。若卦内用神不空不破，不必更取伏神。唯六爻不见用象者，方取伏神推之。伏克飞为出暴，飞克伏则伤身。伏生飞曰泄气，飞生伏而叨生。飞伏比和，则相助而吉也。

郭景纯曰：飞伏神以世爻为准，卦卦宜详审之。盖飞神如形，伏神如影，射鬼魔并见其物。如益卦世下伏酉金鬼，巽为鸡酉亦为鸡。在阴宫阴金，必有牝鸡为怪也。又如复之谦卦，世下伏未土兄弟，化入辰墓，是欲寻兄弟也。古人探幽测隐，但仿伏神而断，则鬼神无所遁形影矣！

起六神法

甲乙起青龙，丙丁起朱雀，戊日起勾陈，巳日起螣蛇，庚辛起白虎，壬癸起玄武。①

年上起月法

甲己之年丙作首，乙庚之岁戊为头。丙辛便向庚寅起，丁壬壬上顺行流。更有戊癸起何处，正月还从甲上求。

① 六位轮转俱从下起至上。

日上起时法

甲己还加甲，乙庚丙作初。丙辛从戊起，丁壬庚子居。戊癸何方法，当从壬子求。

五行纳音法

先布大衍四十九数在地，次将甲己子午九，乙庚丑未八，丙辛寅申七，丁壬卯酉六，戊癸辰戌五，已亥单四数，依数除之。除减不尽，又按五行之数除之。余者，一水、二火、三木、四金、五土，相生取用，便是纳音也。相生者，余一生木，余二生土，余三生火，余四生水，余五生金。且如甲子乙丑四字，干支共除去三十四数，外有十五数。以二五除去一十，余得五，属土，土生金，是甲子乙丑金也。又如丙寅丁卯四字，干支共除去二十六数，外有二十三数。以四五除去二十，余得三，属木，木生火，是丙寅丁卯火也。余仿此。歌曰：六旬甲子妙幽玄，七七抽除地与天。五减零求生数理，纳音得此几人传。可抹杀“金在海中，火在炉中”之说。

先天八卦序

乾一、兑二、离三、震四、巽五、坎六、艮七、坤八。

范围先天数

甲己子午九，乙庚丑未八，丙辛寅申七，丁壬卯酉六，戊癸辰戌五，已亥当属四。

河图五行数

一水、二火、三木、四金、五土。

逐月气候辅卦用事旺相定局图

立春	正月节	艮旺震相	雨水	正月中	寅木用事	惊蛰	二月节	甲木用事
春分	二月中	震旺巽相	清明	三月节	乙木用事	谷雨	三月中	辰土用事
立夏	四月节	巽旺离相	小满	四月中	巳火用事	芒种	五月节	丙火用事
夏至	五月中	离旺坤相	小暑	六月节	丁火用事	大暑	六月中	未土用事
立秋	七月节	坤旺兑相	处暑	七月中	申金用事	白露	八月节	庚金用事
秋分	八月中	兑旺乾相	寒露	九月节	辛金用事	霜降	九月中	戌土用事
立冬	十月节	乾旺坎相	小雪	十月中	亥水用事	大雪	十一月节	壬水用事
冬至	十一月中	坎旺艮相	小寒	十二月节	癸水用事	大寒	十二月中	丑土用事

阴阳升降生克之图

冬至	大寒	雨水	春分	谷雨	小满	夏至	大暑	处暑	秋分	霜降	小雪
六爻 阴降	六爻	六爻	六爻	六爻	六爻 阳升	六爻 阳降	六爻	六爻	六爻	六爻	六爻 阴升
五爻	五爻 阴降	五爻	五爻	五爻 阳升	五爻	五爻	五爻 阳降	五爻	五爻	五爻 阴升	五爻
四爻	四爻	四爻 阴降	四爻 阳升	四爻	四爻	四爻	四爻	四爻 阳降	四爻 阴升	四爻	四爻
三爻	三爻	三爻 阳升	三爻 阴降	三爻	三爻	三爻	三爻	三爻 阴升	三爻 阳降	三爻	三爻
二爻	二爻 阳升	二爻	二爻	二爻 阴降	二爻	二爻	二爻 阴升	二爻	二爻	二爻 阳降	二爻
初爻 阳升	初爻	初爻	初爻	初爻	初爻 阴降	初爻 阴升	初爻	初爻	初爻	初爻	初爻 阳降

凡升阳之月，得阳世；升阴之月，得阴世。或升阳爻，得少阳；升阴爻，得少阴，诸事主有进益。如阳升之月，得阴世。阴升之月，得阳世。或升阳爻得阴，升阴爻得阳，是谓阴阳反度，主做事颠倒，退损不利也。

又升阳升阴断法：如小满卜得鼎之旅，升阳巳火，受世爻亥水动来冲克，主四月有丧身之祸。又如大暑卜得渐之观，升阴午火，得申金动，为驿马，主午申月间有进益，此俱以动爻为断也。

长生定局

	长生	沐浴	冠带	临官	帝旺	衰	病	死	墓	绝	胎	养
金	巳	午	未	申	酉	戌	亥	子	丑	寅	卯	辰
木	亥	子	丑	寅	卯	辰	巳	午	未	申	酉	戌
水土	申	酉	戌	亥	子	丑	寅	卯	辰	巳	午	未
火	寅	卯	辰	巳	午	未	申	酉	戌	亥	子	丑

黄士培曰：长生诀亦分衰旺，如旺静方可言之，若为日月动爻所伤，不可断为生旺也。汤通玄曰：长生诀以六爻自变出者为真，今人但知金为主象，傍爻巳火动，便云长生；遇酉日，便云当旺；遇丑日，便言入墓，祸福所以有验有不验也。

年月日时起神杀例司天氏王政秘传

	甲	乙	丙	丁	戊	己	庚	辛	壬	癸	
干德	甲	庚	丙	壬	戊	甲	庚	丙	壬	戊	
干德合	己	乙	辛	丁	癸	己	乙	辛	丁	癸	
干合	己	庚	辛	壬	癸	甲	乙	丙	丁	戊	
干支合	寅	辰	巳	未	巳	未	申	戌	亥	丑	
干禄	寅	卯	巳	午	巳	午	申	酉	亥	子	
天乙贵人	丑 未	子 申	亥 酉	亥 酉	丑 未	子 申	丑 未	午 寅	巳 卯	巳 卯	
天福贵人	酉	申	子	亥	卯	寅	午	巳	午	巳	主一生福禄
福星贵人	寅	丑 亥	戌 子	酉	申	未	午	巳	辰	卯	主中科甲被光宠
文昌	巳	子	申	卯	申	卯	亥	午	寅	酉	主少年科甲
武曲	亥	午	寅	酉	寅	酉	巳	子	申	卯	主武途出身
学堂贵人	己 亥	己 亥	丙 寅	丙 寅	戊 申	戊 申	辛 巳	辛 巳	甲 申	甲 申	
科名	木	木	火	火	土	土	金	金	水	水	主发科甲
天厨	巳	午	巳	午	申	酉	亥	子	寅	卯	主贵食天禄
天赦	卯	亥	酉	未	巳	卯	亥	酉	未	巳	主解百忧
干官	辛	庚	癸	壬	乙	甲	丁	丙	己	戊	
干鬼	庚	辛	壬	癸	甲	乙	丙	丁	戊	己	
天财	午 未	辰 巳	辰 巳	寅 卯	寅 卯	戌 亥	戌 亥	申 酉	申 酉	午 未	
地财	未 丑	戌 辰	酉	申	子	亥	卯	寅	午	巳	
唐符	酉	申	子	亥	子	亥	卯	寅	午	巳	主士子科名
国印	戌	未	丑	戌	丑	戌	辰	丑	未	辰	主文武贵职
刃星	乙 卯	甲 寅	丁 午	丙 巳	己 午	戊 巳	辛 酉	庚 申	癸 子	壬 亥	主破财伤妻
七杀	庚	辛	壬	癸	甲	乙	丙	丁	戊	己	

年	子	丑	寅	卯	辰	巳	午	未	申	酉	戌	亥	
太岁	子	丑	寅	卯	辰	巳	午	未	申	酉	戌	亥	
太阳	丑	寅	卯	辰	巳	午	未	申	酉	戌	亥	子	主化凶为吉
丧门	寅	卯	辰	巳	午	未	申	酉	戌	亥	子	丑	主丧孝损血财
太阴	卯	辰	巳	午	未	申	酉	戌	亥	子	丑	寅	主得女人荫
官符	辰	巳	午	未	申	酉	戌	亥	子	丑	寅	卯	主官灾横事
死符	巳	午	未	申	酉	戌	亥	子	丑	寅	卯	辰	主病讼
岁破	午	未	申	酉	戌	亥	子	丑	寅	卯	辰	巳	
龙德	未	申	酉	戌	亥	子	丑	寅	卯	辰	巳	午	
白虎	申	酉	戌	亥	子	丑	寅	卯	辰	巳	午	未	
福德	酉	戌	亥	子	丑	寅	卯	辰	巳	午	未	申	
吊客	戌	亥	子	丑	寅	卯	辰	巳	午	未	申	酉	占病凶
病符	亥	子	丑	寅	卯	辰	巳	午	未	申	酉	戌	主病讼
驿马	午	未	申	酉	戌	亥	子	丑	寅	卯	辰	巳	
六害	未	申	酉	戌	亥	子	丑	寅	卯	辰	巳	午	后十二星为马前神煞
华盖	申	酉	戌	亥	子	丑	寅	卯	辰	巳	午	未	带贵为翰苑逢空为僧尼
劫杀	酉	戌	亥	子	丑	寅	卯	辰	巳	午	未	申	
天杀	戌	亥	子	丑	寅	卯	辰	巳	午	未	申	酉	主水火盗贼疾病
地杀	亥	子	丑	寅	卯	辰	巳	午	未	申	酉	戌	主官非丧孝
年杀	子	丑	寅	卯	辰	巳	午	未	申	酉	戌	亥	年月日三杀
月杀	丑	寅	卯	辰	巳	午	未	申	酉	戌	亥	子	主非灾横事
日杀	寅	卯	辰	巳	午	未	申	酉	戌	亥	子	丑	
亡神	卯	辰	巳	午	未	申	酉	戌	亥	子	丑	寅	主死亡哭泣
将星	辰	巳	午	未	申	酉	戌	亥	子	丑	寅	卯	武为干城将
攀鞍	巳	午	未	申	酉	戌	亥	子	丑	寅	卯	辰	主少年腾达

右马前神煞，月日俱同。

按：马前神煞起例，以太岁对宫上加驿马，逐位顺去，马有十二位，今人只用四马，非也。马即冲破是也，如申子辰马居寅午戌，寅午戌马居申子辰，亥卯未马居巳酉丑，巳酉丑马居亥卯未也[①]。

① 司天氏《王政秘录》。

年	子	丑	寅	卯	辰	巳	午	未	申	酉	戌	亥	
天德	酉	戌	亥	子	丑	寅	卯	辰	巳	午	未	申	百事吉
月德	巳	午	未	申	酉	戌	亥	子	丑	寅	卯	辰	百事吉
支德	月德同。												
福德贵人	天德同。												
福星贵人	天德同。与天乙贵人同主福禄。												
紫薇	龙德同。主发贵近君。												
三台	辰	巳	午	未	申	酉	戌	亥	子	丑	寅	卯	主科甲贵显
八座	戌	酉	申	未	午	巳	辰	卯	寅	丑	子	亥	主贵为九卿
玉堂	丑	子	亥	戌	酉	申	未	午	巳	辰	卯	寅	文武俱显贵
天喜	酉	申	未	午	巳	辰	卯	寅	丑	子	亥	戌	主得彩添丁
天马	午	申	戌	子	寅	辰	午	申	戌	子	寅	辰	求官赴任吉
驿马	寅	亥	申	巳	寅	亥	申	巳	寅	亥	申	巳	
唐符	巳	子	丑	寅	卯	辰	巳	子	丑	寅	卯	辰	
国印	亥	午	未	申	酉	戌	亥	午	未	申	酉	戌	
天解	戌	酉	申	未	午	巳	辰	卯	寅	丑	子	亥	
地解	未	未	申	申	酉	酉	戌	戌	亥	亥	午	午	
神解	天解同。三星俱主脱罪散灾，化忧为喜。												
支合	丑	子	亥	戌	酉	申	未	午	巳	辰	卯	寅	月日同
支官	丑未	寅	酉	申	卯	子	亥	寅	巳	午	卯	辰戌	月日同

支鬼	辰戌	卯	申	酉	寅	亥	子	卯	午	巳	寅	丑未	月日同
支刑	卯	戌	巳	子	辰	申	午	丑	寅	酉	未	亥	月日同
支害	未	午	巳	辰	卯	寅	丑	子	亥	戌	酉	申	月日同
魁元													
红惊	卯	寅	丑	子	亥	戌	酉	申	未	午	巳	辰	见喜免脓血灾
生气	戌	亥	子	丑	寅	卯	辰	巳	午	未	申	酉	百事成美吉
死气	辰	巳	午	未	申	酉	戌	亥	子	丑	寅	卯	病危百事凶
黄播	华盖同。主灾缠绵。												
豹尾	戌	未	辰	丑	戌	未	辰	丑	戌	未	辰	丑	主损畜破财
陌越	亥	子	丑	寅	亥	子	丑	寅	亥	子	丑	寅	
月空	午	未	申	酉	戌	亥	子	丑	寅	卯	辰	巳	主化凶为吉
指背	申	巳	寅	亥	申	巳	寅	亥	申	巳	寅	亥	主招人嫉妒为人无功
飞廉	白虎同。主男遭重辟，女犯奸淫颠狂。												
大杀	白虎同。主损宅长，家道消乏，病者十死一生。												
阴杀	丑	戌	未	辰	丑	戌	未	辰	丑	戌	未	辰	主暗耗产厄
岁杀	未	辰	丑	戌	未	辰	丑	戌	未	辰	丑	戌	主非灾横事
灾杀	午	卯	子	酉	午	卯	子	酉	午	卯	子	酉	主丧讼破财
的杀	巳	酉	丑	巳	酉	丑	巳	酉	丑	巳	酉	丑	主丧讼破财
破碎	岁破同。主官非破财。												
天哭	午	巳	辰	卯	寅	丑	子	亥	戌	酉	申	未	主损小口

<table>
<tr><td>栏杆</td><td colspan="13">岁破同。主受罪破财，伤残自缢。</td></tr>
<tr><td>大耗</td><td colspan="13">岁破同。主灾祸伤丁，官非火盗。</td></tr>
<tr><td>小耗</td><td>巳</td><td>午</td><td>未</td><td>申</td><td>酉</td><td>戌</td><td>亥</td><td>子</td><td>丑</td><td>寅</td><td>卯</td><td>辰</td><td>主损畜伤奴失盗</td></tr>
<tr><td>天厄</td><td>未</td><td>申</td><td>酉</td><td>戌</td><td>亥</td><td>子</td><td>丑</td><td>寅</td><td>卯</td><td>辰</td><td>巳</td><td>午</td><td></td></tr>
<tr><td>暴败</td><td colspan="13">天厄同。主官讼破家。</td></tr>
<tr><td>卒暴</td><td>卯</td><td>辰</td><td>巳</td><td>午</td><td>未</td><td>申</td><td>酉</td><td>戌</td><td>亥</td><td>子</td><td>丑</td><td>寅</td><td>主猝然灾祸</td></tr>
<tr><td>贯索</td><td colspan="13">卒暴同。主官灾刑罪。</td></tr>
<tr><td>勾绞</td><td colspan="13">卒暴同。讼主刑罪。</td></tr>
<tr><td>飞符</td><td colspan="13">官符同。主官灾横事。</td></tr>
<tr><td>天官符</td><td>亥</td><td>申</td><td>巳</td><td>寅</td><td>亥</td><td>申</td><td>巳</td><td>寅</td><td>亥</td><td>申</td><td>巳</td><td>寅</td><td>主官灾横事</td></tr>
<tr><td>囚狱</td><td>午</td><td>卯</td><td>子</td><td>酉</td><td>午</td><td>卯</td><td>子</td><td>酉</td><td>午</td><td>卯</td><td>子</td><td>酉</td><td>占讼凶</td></tr>
<tr><td>卷舌</td><td>酉</td><td>戌</td><td>亥</td><td>子</td><td>丑</td><td>寅</td><td>卯</td><td>辰</td><td>巳</td><td>午</td><td>未</td><td>申</td><td>主是非横事有子不肖</td></tr>
<tr><td>披麻</td><td colspan="13">卷舌同。主丧孝不宁幼失怙恃。</td></tr>
<tr><td>披头</td><td>辰</td><td>卯</td><td>寅</td><td>丑</td><td>子</td><td>亥</td><td>戌</td><td>酉</td><td>申</td><td>未</td><td>午</td><td>巳</td><td></td></tr>
<tr><td>五鬼</td><td colspan="13">官符同。主生暗眼。</td></tr>
<tr><td>伏尸</td><td>子</td><td>丑</td><td>寅</td><td>卯</td><td>辰</td><td>巳</td><td>午</td><td>未</td><td>申</td><td>酉</td><td>戌</td><td>亥</td><td>主脓血落胎</td></tr>
<tr><td>剑锋</td><td colspan="13">伏尸同。主恶死。</td></tr>
<tr><td>吞啖</td><td>戌</td><td>寅</td><td>丑</td><td>戌</td><td>辰</td><td>卯</td><td>寅</td><td>寅</td><td>戌</td><td>戌</td><td>寅</td><td>寅</td><td>主妨害六亲骨肉无情</td></tr>
<tr><td>天空</td><td>丑</td><td>寅</td><td>卯</td><td>辰</td><td>巳</td><td>午</td><td>未</td><td>申</td><td>酉</td><td>戌</td><td>亥</td><td>子</td><td>主破财刑子</td></tr>
<tr><td>晦气</td><td colspan="13">天空同。</td></tr>
<tr><td>血刃</td><td>戌</td><td>酉</td><td>申</td><td>未</td><td>午</td><td>巳</td><td>辰</td><td>卯</td><td>寅</td><td>丑</td><td>子</td><td>亥</td><td>主血光产难</td></tr>
</table>

浮沉	血刃同。舟行防水厄。												
地丧	丧门同。主孝服，损血财。												
吊客	戌	亥	子	丑	寅	卯	辰	巳	午	未	申	酉	病凶
天狗	吊客同　主无子刀斧血光												
咸池	酉	午	卯	子	酉	午	卯	子	酉	午	卯	子	占婚忌主淫乱
三杀	巳	丑	酉	巳	丑	酉	巳	丑	酉	巳	丑	酉	
孤神	寅	寅	巳	巳	巳	申	申	申	亥	亥	亥	寅	男刑妻子
寡宿	戌	戌	丑	丑	丑	辰	辰	辰	未	未	未	戌	女克夫男

○月	正	二	三	四	五	六	七	八	九	十	十一	十二	
青龙	寅	卯	辰	巳	午	未	申	酉	戌	亥	子	丑	
朱雀	巳	午	未	申	酉	戌	亥	子	丑	寅	卯	辰	
勾陈	丑	寅	卯	辰	巳	午	未	申	酉	戌	亥	子	
螣蛇	辰	卯	寅	丑	子	亥	戌	酉	申	未	午	巳	
白虎	申	酉	戌	亥	子	丑	寅	卯	辰	巳	午	未	
玄武	亥	子	丑	寅	卯	辰	巳	午	未	申	酉	戌	
勾陈杀	螣蛇同。												
天德	丁	申	壬	辛	亥	甲	癸	寅	丙	乙	巳	庚	百事吉
天德合	壬	巳	丁	丙	寅	巳	戊	亥	辛	庚	申	乙	百事和合
月德	丙	甲	壬	庚	丙	甲	壬	庚	丙	甲	壬	庚	百事吉
月德合	辛	己	乙	丁	辛	己	乙	丁	辛	己	乙	丁	诸事和谐
天月恩	丙	丁	庚	己	戊	辛	壬	癸	庚	乙	甲	辛	化凶为吉
六合	亥	戌	酉	申	未	午	巳	辰	卯	寅	丑	子	
三合	午戌	亥未	申子	酉丑	寅戌	卯亥	子辰	巳丑	寅午	卯未	申辰	巳酉	

文昌	青龙同。												
天皇书	寅	寅	寅	巳	巳	巳	申	申	申	亥	亥	亥	功名求仕吉
皇恩	申	未	巳	午	子	亥	申	未	巳	午	子	亥	功名求仕吉
天印	未	申	酉	戌	亥	子	丑	寅	卯	辰	巳	午	求仕吉
天恩	亥	子	丑	寅	卯	辰	巳	午	未	申	酉	戌	主蒙恩宠
天旺	巳	申	亥	寅	巳	申	亥	寅	巳	申	亥	寅	主手创基业
天赦	戌	丑	辰	未	戌	丑	辰	未	戌	丑	辰	未	重罪得释诸
恩赦	戌	丑	寅	巳	酉	卯	子	午	亥	辰	申	未	事皆吉
赦文	戌	丑	辰	未	酉	卯	子	午	寅	巳	申	亥	
天喜	戌	亥	子	丑	寅	卯	辰	巳	午	未	申	酉	百事皆吉占产动尤吉
生气	子	丑	寅	卯	辰	巳	午	未	申	酉	戌	亥	百事和合
天嗣	水	水	水	木	木	木	土	土	土	金	金	金	动则生产
天巫	巳	申	亥	寅	巳	申	亥	寅	巳	申	亥	寅	求官吉病宜祈祷
少阴	辰	卯	寅	丑	子	亥	戌	酉	申	未	午	巳	求官百事吉
雷火杀	寅	丑	子	亥	戌	酉	申	未	午	巳	辰	卯	讼散求官吉
天解	申	戌	子	寅	辰	午	申	戌	子	寅	辰	午	恶事解
地解	申	申	酉	酉	戌	戌	亥	亥	午	午	未	未	病者安
月解	子	巳	辰	申	子	巳	辰	申	子	巳	辰	申	灾病消除
天医	卯	辰	巳	午	未	申	酉	戌	亥	子	丑	寅	药效病痊
地医	子	丑	寅	卯	辰	巳	午	未	申	酉	戌	亥	
天合	生气同。主无中生有得财得喜。												
喝散	巳	巳	巳	申	申	申	亥	亥	亥	寅	寅	寅	主讼散灾消
活曜	卯	辰	巳	午	未	申	酉	戌	亥	子	丑	寅	动则病痊产生
天耳目	巳 亥	巳 亥	巳 亥	申 寅	申 寅	申 寅	亥 巳	亥 巳	亥 巳	寅 申	寅 申	寅 申	寻人：耳动有信，目动见面。
成神	巳	申	亥	寅	巳	申	亥	寅	巳	申	亥	寅	动主谋干成
会神	未	戌	寅	亥	酉	子	丑	午	巳	卯	申	辰	动主行人回
飞杀	酉	子	卯	午	酉	子	卯	午	酉	子	卯	午	主病祸猝至

<table>
<tr><td>阴杀</td><td>寅</td><td>子</td><td>戌</td><td>申</td><td>午</td><td>辰</td><td>寅</td><td>子</td><td>戌</td><td>申</td><td>午</td><td>辰</td><td>主阴谋冤积病患</td></tr>
<tr><td>阳杀</td><td>寅</td><td>辰</td><td>午</td><td>申</td><td>戌</td><td>子</td><td>寅</td><td>辰</td><td>午</td><td>申</td><td>戌</td><td>子</td><td>主产难</td></tr>
<tr><td>天杀</td><td>戌</td><td>巳</td><td>午</td><td>未</td><td>寅</td><td>卯</td><td>辰</td><td>亥</td><td>子</td><td>丑</td><td>申</td><td>酉</td><td>十死一生凶</td></tr>
<tr><td>小杀</td><td>辰</td><td>亥</td><td>子</td><td>丑</td><td>申</td><td>酉</td><td>戌</td><td>巳</td><td>午</td><td>未</td><td>寅</td><td>卯</td><td>损小口婢仆</td></tr>
<tr><td>天祸</td><td>巳</td><td>辰</td><td>卯</td><td>寅</td><td>丑</td><td>子</td><td>亥</td><td>戌</td><td>酉</td><td>申</td><td>寅</td><td>卯</td><td>主天火横事</td></tr>
<tr><td>天瘟</td><td>未</td><td>戌</td><td>辰</td><td>寅</td><td>午</td><td>子</td><td>酉</td><td>申</td><td>巳</td><td>亥</td><td>丑</td><td>卯</td><td>主疾病牵延</td></tr>
<tr><td>飞廉</td><td>申</td><td>未</td><td>午</td><td>巳</td><td>辰</td><td>卯</td><td>寅</td><td>丑</td><td>子</td><td>亥</td><td>戌</td><td>酉</td><td>主人猝死讼凶</td></tr>
<tr><td>浴盆</td><td>辰</td><td>辰</td><td>辰</td><td>未</td><td>未</td><td>未</td><td>戌</td><td>戌</td><td>戌</td><td>丑</td><td>丑</td><td>丑</td><td>主溺死病凶</td></tr>
<tr><td>三丘</td><td>丑</td><td>丑</td><td>丑</td><td>辰</td><td>辰</td><td>辰</td><td>未</td><td>未</td><td>未</td><td>戌</td><td>戌</td><td>戌</td><td>病凶</td></tr>
<tr><td>五墓</td><td>未</td><td>未</td><td>未</td><td>戌</td><td>戌</td><td>戌</td><td>丑</td><td>丑</td><td>丑</td><td>辰</td><td>辰</td><td>辰</td><td>病凶</td></tr>
<tr><td>沐浴</td><td>卯</td><td>子</td><td>酉</td><td>午</td><td>卯</td><td>子</td><td>酉</td><td>午</td><td>卯</td><td>子</td><td>酉</td><td>午</td><td>病凶</td></tr>
<tr><td>死气</td><td>午</td><td>未</td><td>申</td><td>酉</td><td>戌</td><td>亥</td><td>子</td><td>丑</td><td>寅</td><td>卯</td><td>辰</td><td>巳</td><td>主伤丁破财病者死</td></tr>
<tr><td>天咒</td><td>子</td><td>子</td><td>酉</td><td>酉</td><td>午</td><td>午</td><td>申</td><td>酉</td><td>戌</td><td>亥</td><td>卯</td><td>子</td><td>咒诅誓愿凶</td></tr>
<tr><td>四废</td><td>酉</td><td>巳</td><td>丑</td><td>酉</td><td>巳</td><td>丑</td><td>酉</td><td>巳</td><td>丑</td><td>酉</td><td>巳</td><td>丑</td><td>主破家损丁</td></tr>
<tr><td>陀罗</td><td colspan="13">青龙同。主孤刑恶疾，口念弥陀。</td></tr>
<tr><td>毛头</td><td>子</td><td>寅</td><td>辰</td><td>午</td><td>申</td><td>戌</td><td>子</td><td>寅</td><td>辰</td><td>午</td><td>申</td><td>戌</td><td>主官刑火盗破家损寿</td></tr>
<tr><td>荒芜</td><td>巳</td><td>酉</td><td>丑</td><td>申</td><td>子</td><td>辰</td><td>亥</td><td>卯</td><td>未</td><td>寅</td><td>午</td><td>戌</td><td>主生子不肖家园破败</td></tr>
<tr><td>井杀</td><td>未</td><td>午</td><td>巳</td><td>辰</td><td>卯</td><td>寅</td><td>丑</td><td>子</td><td>亥</td><td>戌</td><td>酉</td><td>申</td><td>主人落井</td></tr>
<tr><td>独火</td><td>酉</td><td>戌</td><td>亥</td><td>子</td><td>丑</td><td>寅</td><td>卯</td><td>辰</td><td>巳</td><td>午</td><td>未</td><td>申</td><td>主火灾</td></tr>
<tr><td>天烛</td><td colspan="13">朱雀同　主火灾</td></tr>
<tr><td>天火</td><td>子</td><td>午</td><td>卯</td><td>酉</td><td>子</td><td>午</td><td>卯</td><td>酉</td><td>子</td><td>午</td><td>卯</td><td>酉</td><td>主火灾</td></tr>
<tr><td>天诛</td><td>甲寅</td><td>甲寅</td><td>甲寅</td><td>丙申</td><td>丙申</td><td>丙申</td><td>庚申</td><td>庚申</td><td>庚申</td><td>壬子</td><td>壬子</td><td>壬子</td><td>主雷震死</td></tr>
<tr><td>雷公</td><td colspan="13">青龙同。主雷震死，忌逢雀蛇虎鬼动。</td></tr>
<tr><td>霹雳</td><td colspan="13">死气同。主火灾雷殛。</td></tr>
<tr><td>木狼</td><td>卯</td><td>寅</td><td>申</td><td>丑</td><td>戌</td><td>辰</td><td>子</td><td>未</td><td>戌</td><td>申</td><td>寅</td><td>申</td><td>加蛇动主自缢</td></tr>
<tr><td>受死</td><td>戌</td><td>辰</td><td>亥</td><td>巳</td><td>子</td><td>午</td><td>丑</td><td>未</td><td>寅</td><td>申</td><td>卯</td><td>酉</td><td>行兵诸事凶</td></tr>
<tr><td>红纱</td><td colspan="13">荒芜同。占嫁娶疾病出行凶，占起造主火灾。</td></tr>
</table>

天河	辰	巳	午	未	申	酉	戌	亥	子	丑	寅	卯	主失水
覆舟	白虎同。出行主覆舟。												
白浪	青龙同。舟行有惊。												
风波	生气同。加玄武鬼动主投水。												
归忌	丑	寅	子	丑	寅	子	丑	寅	子	丑	寅	子	行师出行凶
往亡	寅	巳	申	亥	卯	午	酉	子	辰	未	戌	丑	行师出行凶
天贼	辰	酉	寅	未	子	巳	戌	卯	申	丑	午	亥	占出行求财
地贼	丑	子	亥	戌	酉	申	未	午	巳	辰	卯	寅	家宅忌
天盗	青龙同。主失盗。												
大败	沐浴杀同。占行师忌动。												
折伤	酉	午	卯	子	酉	午	卯	子	酉	午	卯	子	出行防跌扑
天讼	朱雀同　占讼凶												
槌门官符	寅	子	戌	申	午	辰	寅	子	戌	申	午	辰	主官讼猝至
关神	丑	丑	丑	辰	辰	辰	未	未	未	戌	戌	戌	世在艮宫者
锁神	巳	巳	巳	申	申	申	亥	亥	亥	寅	寅	寅	愈凶主入狱
天牢	丑	寅	卯	辰	巳	午	未	申	酉	戌	亥	子	讼主囚禁
天狱	亥	申	巳	寅	亥	申	巳	寅	亥	申	巳	寅	讼主囚禁
地狱	戌	酉	申	未	午	巳	辰	卯	寅	丑	子	亥	讼主囚禁
入狱	三丘同。占讼凶。												
出狱	天皇书同。占囚禁得出。												
天刑	朱雀同。病讼大凶。												
月奸	丑	辰	未	戌	丑	辰	未	戌	丑	辰	未	戌	主阴贼侵算
旌旗	卯	卯	卯	子	子	子	酉	酉	酉	午	午	午	病直
土瘟	辰	巳	午	未	申	酉	戌	亥	子	丑	寅	卯	主灾病牵延
天罡	辰	巳	辰	巳	寅	卯	辰	巳	寅	卯	寅	卯	主渔猎得财
死神	朱雀同。病者死。												
白衣杀	辰	未	丑	辰	未	丑	辰	未	丑	辰	未	丑	主丁忧病死
飞魂	玄武同。病凶。												

丧车	酉	酉	酉	子	子	子	卯	卯	卯	午	午	午	病凶
鳏寡	入狱杀同。占婚姻忌。												
刀砧	玄武同。占六畜忌。												
隔神	亥	酉	未	巳	卯	午	亥	酉	未	巳	卯	午	主事多阻隔失物难寻
退悔	未	未	未	丑	丑	丑	巳	巳	巳	戌	戌	戌	主退悔不成
暗金	巳	酉	丑	巳	酉	丑	巳	酉	丑	巳	酉	丑	占产忌
天地神杀	卯	卯	卯	午	午	午	酉	酉	酉	子	子	子	占难产喜动
血忌	丑	未	寅	申	卯	酉	辰	戌	巳	亥	午	子	主产难针灸忌
血支	勾陈同。岁月日同。主产厄。												
月厌	地狱同。占产行师忌。												
负结	亥	亥	丑	丑	卯	卯	巳	巳	未	未	酉	酉	负鬼神食凶忌逼索苛求
天猪	亥	戌	酉	申	未	午	巳	辰	卯	寅	丑	子	主猪畜怪病
天牛	地贼同。主牛畜病损。												
孤神	生气同。												
天哑	申	酉	辰	未	亥	卯	寅	巳	戌	丑	子	午	忌加鬼动
云聋	白虎同。												

岁月日同用神煞

太阳	太阴	天杀	地杀	五鬼	官符	病符	驿马
咸池	天狗	二耗	丧门	吊客	天哭	亡神	劫杀

日	甲	乙	丙	丁	戊	己	庚	辛	壬	癸	
天赦	卯	亥	酉	未	巳	卯	亥	酉	未	巳	百事无忧
日解	巳	申	寅	丑	酉	巳	申	寅	丑	酉	讼散事宁
内解	巳	巳	申	申	寅	寅	酉	酉	卯	卯	讼散病痊
喝散	寅	申	巳	亥	巳	寅	申	巳	亥	巳	公私皆散占婚忌
日下大杀	亥	亥	未	未	戌	戌	寅	寅	巳	巳	占家宅凶百事不吉

墓门开杀	金	金	水	水	木	木	火	火	土	土	主病死破财
地跷	午	午	酉	酉	卯	巳	寅	寅	巳	戌	忌与孤惊并动
月盲	申	申	未	未	寅	寅	午	午	辰	辰	
火罾	子	亥	卯	未	寅	卯	午	巳	丑	未	
红艳	午	申	寅	未	辰	辰	戌	酉	子	申	加马动主极淫

卦中吉凶神煞，有气叠带者，若不犯旬空灾福应重。只一重者，灾福应轻，而无气空亡者不应。

时下白虎

子时	丑时	寅时	卯时	辰时	巳时	午时	未时	申时	酉时	戌时	亥时
寅	辰	午	申	戌	子	寅	辰	午	申	戌	子

进神退神

甲子甲午为阳进神，巳卯巳酉为阴进神，又亥化子，丑化辰，寅化卯，巳化午，未化戌，申化酉，俱是。遇进神，则吉盛凶多也。壬辰壬戌曰阳退神，丁丑丁未曰阴退神。又子变亥，辰变丑，卯变寅，午变巳，戌变未，酉变申，俱是。遇退神，则凶衰吉灭也。

太岁歌

太岁神中此独尊，生持万恶不能侵。
若来冲克身和世，灾孽交加禦不成。
太岁居阳持世应，并持贵煞配官爻。
更兼得位逢生旺，爵禄荣高神鬼钦。
入岁临官持世身，仕途迁转得高升。
庶人身世逢冲克，狱讼徒流灾难侵。

太岁兄持世与身，财妻两获讼终赢。
如来冲克应遭盗，失产伤财妻命倾。
太岁父母临身世，营谋动作皆如意。
冲克幼丁当损失，六畜田蚕皆不利。
太岁子孙持身世，后嗣荣昌财帛利。
官方不扰病灾消，偃蹇功名难遂意。
太岁妻财持身世，富比陶朱仓廪备。
因妻仕宦荷光荣，克害双亲祸难避。

《子房筮法》曰：太岁为天子之尊，占命主一生之荣枯，占年管一载之休咎。若加贵马德合福禄龙喜生气，升爻在官印阳爻，旺相得位者，主极富贵，终始无亏。威德声名，遐迩具瞻；神鬼奸邪，不敢侵犯。不忌日旬空亡，月日刑破。虽居死墓绝胎四凶之爻，亦不降祸。如占一年者，则仕宦一岁安荣，庶人一载顺利。若太岁加忌神兄鬼蛇虎亡劫毛头天祸天杀死气降爻并刑刃破害空动者，主凶灾叠至，一世无成。如占一年者，则损丁破财，灾祸接踵，终岁不宁也。

天中煞

甲子中旬空戌亥，甲戌旬中空申酉，甲申旬中空午未，
甲午旬中空辰巳，甲辰旬中空寅卯，甲寅旬中空子丑。

附：刃星辨

刃星者，即劫财也。如甲以卯为刃，卯中有乙木之财，故为阳刃。乙以寅为刃，寅中有甲木，劫乙木之财，故为阴刃。丙以午为刃，午中有丁火。丁以巳为刃，巳中有丙火。戊以午为刃，午中有己土。己以巳为刃，巳中有戊土。庚以酉为刃，酉中有辛金，辛以申为刃，申中有庚金。壬以子为刃，子中有癸水。癸以亥为刃，亥中有壬水，为劫财也。故阳干为阳刃，阴干为阴刃。今人不明阴阳生死之义，误作羊刃。又说无阴刃，错以禄前一位用之，刃星所以不验也。不知乙以辰为刃，辰中藏乙木，乙见乙

为比和，安能劫我之财乎？

附：贵马德合辨

天乙贵人为众杀之主，主持极为贵要，乘马则贵超伦类，扶德则声振环区。并官爻者，职任阿衡。值太岁者，权膺方面。在乾宫名金阙，在亥爻，为登天门。在丑未爻，为入宫阙，尤称奇特。在壬申爻，曰玉堂，主词林清要，声名熠耀。在壬戌爻，为降宫，虽不及玉堂之福，亦主尊高好学，清雅博识。在坤曰黄宫，生有至德。惟在巽宫，名曰地极，在辛卯爻，名励德，亦名涉难。在辛巳爻，名升化，皆灭其贵气。若乃贵人偏历六爻，更世爻旺相得位，而无刑破，则文居台阁，武镇边疆，而为非凡之福也。抑四直之贵，年之力大如月，月之力大如日，日之力大如时，仍须分昼夜所治。世属卯辰巳午未申，则取昼贵。世属酉戌亥子丑寅，则取夜贵。定昼夜贵人例：甲戊庚，丑为昼贵，未为夜贵。乙己子为昼贵，申为夜贵。丙丁亥为昼贵，酉为夜贵。壬癸巳为昼贵，卯为夜贵。六辛，午为昼贵，寅为夜贵也。阳贵宜旦昼，冬至后。阴贵宜暮夜，夏至后。

驿马于四直支神取之。若得四马聚于一爻，为福非浅。若与官贵并立，当出将入相，富贵殊绝。然而马亦有辩。寅申属阳，牡马也，力健而疾速。巳亥属阴，牝马也，驽钝而不可致远。又马为火畜，寅则长生巳为临官，此二马为福最多。申乃病乡，亥为绝地，斯则赐恩减半。又宜在世之后，不宜在世之前。世逐马者，一生劳碌。马逐世者，安享荣华。马走旺官，仕宦超凡。马行衰地，士民拮据。马值空亡，定居廛市。又申年寅马，是岁刑马也寅。年申马，是马刑岁也。若马临世爻，又配官鬼，更犯岁月日破，克刑宫，虽主贵，有重禄，遇限爻刑害破克死绝墓胎之年，必遭刑戮而死，或服毒药而死也。

德有四，有天德、月德、干德、支德。一德可以让百恶，解百忧，无求不得，无欲不遂。德在阳爻，尊崇贵达。德居阴位，勤俭恭庄。德并贵煞，富贵康宁。匿刑胜德，不免死亡。如甲寅年月日卜，世居己未，甲与己合，寅德在未，谓之德合相见。庚申年月日世在乙丑亦同。若乙丑卜，世在庚申，己未卜，世在甲寅，名曰阳德，如此之类。尤加喜庆，更得四直来相生合，不犯刑破空亡，则五福备而百禄遒矣！其次者，三传在丙辰，世在辛酉，辰德在酉，丙与辛合，亦名德合相扶。三传在壬戌，世在丁卯，戌德在卯，丁与壬合，又名德合相扶，但以卯酉二爻，干德不临，故名孤德。辰戌二爻，贵人驿马不临，故名弱德。又辰酉二爻为匿刑，纵遇其德，亦为刑德相合也。故辰戌卯酉四爻，纵遇岁月日德，犹不能致大福，虽有官爵，不得显达。或犯刑伤，反为殃咎。又子午巳亥四爻，凶德互处，午亥二爻为匿刑。惟丙午年月日卜者，世在辛亥爻，丙与辛合，午德在亥，方可有福。辛丑年月日卜，世在丙午者亦然。但许依尊附贵而求仕，若犯刑害克破，则淹抑难进也。子巳二爻。唯壬子岁月日卜者，世居丁巳爻，丁与壬合，尽贵在巳，子德在己。己巳年月日卜，世得甲子爻者亦然，俱名贵人扶德合，却无匿刑之凶，若居阳爻，得位旺财，必主绵长之福也。大抵德犯匿刑，尚不能致福，况有刑无德者乎？又凡克中遇德者，其祸稍轻，如卯克戌，子克巳，寅克未，申克卯，亥克午，酉克寅，辰克亥是也。

合以六合为上，三合次之。凡合我为顺为助，其于成事也速。若合处逢冲则散，动中带合则迟。然而合亦有辨。如卯合戌，子合丑，合中带克，还成半凶。戌来合卯，我必欺他，当为吉也。辰合酉，午合未，亥合寅，合处带生，必获全福。如未来合午，寅来合亥，酉来合辰，终嫌泄我之气，乃为半吉。巳来合申，金生在巳，不可言克，一见寅动，乃是三刑之煞，毫无合气，此祸大凶。申来合巳，刑处带生，半作吉祥。又有合被变爻刑冲之而不合者，有无合化出有合者，又有干支俱合者，名为天地合德，见伤不伤也。三合以中一字为主，前一字生而主发，后一字墓而主藏，三字俱全，为真三合。且以巳酉丑金局论之，酉为主也，有巳酉而无丑，虽成金局，而少收藏，事主有始而无终。有酉丑而无巳，亦成金局，嫌少根源，事必先难而后易。若有巳丑而无酉者，金象既无，焉能成局。寅午戌火局，亥卯未木局，申子辰水局，仿此。又刑杀不宜带合，盖刑杀本凶，带合尤甚也。

刑害破空辩

阳气为德，阴气为刑，故刑为杀气，为殃祸。刑合凶神，必主忧危死折也。刑居阴，则奸险贪残。刑居阳，则刚暴强横。三刑者，寅刑巳，巳刑申，不逊之刑也。丑刑戌，戌刑未，恃势之刑也。[①] 子刑卯，卯刑子，无礼之刑也。辰午酉亥，为自刑也。[②] 凡世爻带刑，得月日与动爻，或变爻临旺福来冲克，庶几先凶后吉。唯辰午酉亥为匿刑，纵有贵杀，亦不可解。

六害者，未以旺土害子旺水，此恃势相害也。午以旺火害丑中之死金，此以强害弱也。寅巳相害、申亥相害，各恃临官之才，而争进相害也。卯以旺木凌辰之死土，此少害长也。戌以墓火害酉之旺金，名为鬼害也。凡世爻受害者，各以其类断之。

冲破之爻，岁破之祸大于月，月破之祸大于日，日破之祸大于时，逢生不受，遇祸能招。又静逢冲为动，动逢冲为破，旺相逢冲则发，休囚逢冲则散也。又《黄金策总断注》曰：如子日卜，子日冲午爻，若卦有两午爻，则不能冲矣！他如二丑则子不能合，二卯则子不能刑，二巳则子不能克，二子则日不能并，亦然。余仿此。

空亡之爻，凶空则为天赦，吉空则为天废，福不能为喜庆，祸亦不致死亡。世爻逢之，但主沉滞不快耳。六亲逢之，旺相祸轻，休囚祸重也。二月土、五月金、八月木、子月火，为真空也。又曰：旺相空中过一旬。又曰：伏藏不论空亡。又曰：空逢冲则实。惟月破之爻，永不可救。又曰：空中动出不为空。《五星秘要》曰：土空，谓之土陷山崩，主退败。会火动，则为补缺填凹。金动，则为山耀宝山，又主名成利遂。木空，谓之枯枝落叶。会金动，则斩削成材。火动，则焚毁成烬。水动，则漂槎泛筏，不免漂荡之祸。水空，谓之长江流荡，退败无余。会金动，则洪水泛滥，主灾生不测。金空，谓之烂铁锈斧。会火动，则镕炼成器，主名利有

---

① 三字不全者不成刑。

② 不必再见辰酉亥来刑。

成。火空谓之离中火虚，爝火大明，反主发达。

以钱代蓍说

以钱三文，熏于炉上，致敬而祝曰："高苍不言，叩之即应。列圣有灵，感而自通。某姓虔诚，有事关心。狐疑犹豫，不能自决。吉得凶失，惟卦是凭。仰望圣慈，明彰昭报。"祝毕，掷钱。一背为单画"——"，二背为拆画"－－"，三背为重画○，纯字为交画×。自下而上，三（掷）卦成。再祝曰："某宫二象，吉凶未判，再求某象三爻，以成一卦，以决忧疑。"祝毕复三掷，合成一卦。

卦命诀

卯酉持世命居初，辰未持世命居二。
巳午持世命居三，子卯持世命居四。
丑戌持世命居五，寅申持世命居六。

有命限或空亡死绝，十中难逃一二，占病者最要看也。

以钱代蓍说之二

焦延寿曰：今人以蓍草难得，用金钱代之，法固简易，非其类矣！求蓍之代者，太极丸其庶几乎？考诸阴阳老少之数则合，质诸成爻成卦之变则符。合二三得五，是五行之数也。计一丸得十五，是河图中宫十五之数，洛书纵横十五之数也。刑同六合，道备三才，甚矣！木丸之似蓍草也，则犹从其类也，金钱简易云乎哉？

制太极丸法[①]

用霹雳枣木。如无霹雳枣木，则可用香木玉牙，制极圆弹三丸。走盘不定者，方取面务要平匀，如骰子形，但骰面大，而此弹面小，取其圆滚之义也。每面上刻三星，底面刻二星，三面刻三，三面刻二，六面共刻十五星，三丸俱如式制。

八卦方辰之图

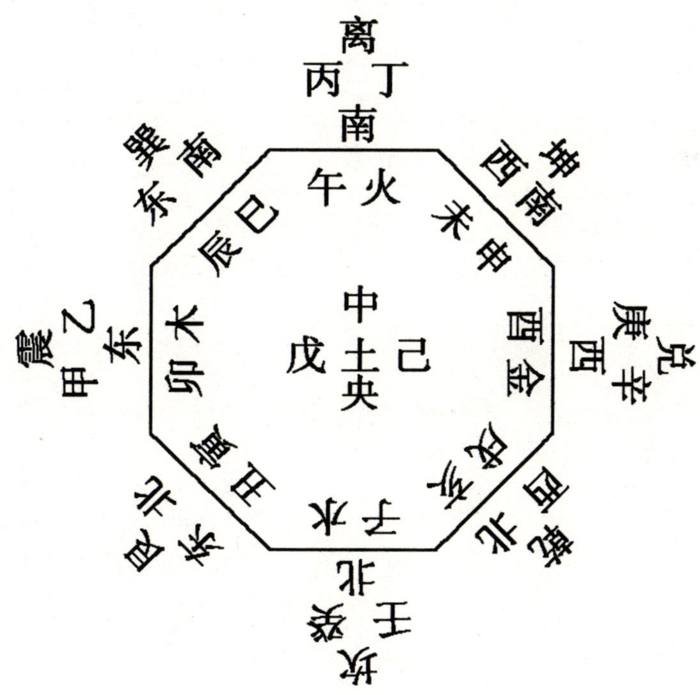

① 汉焦氏遗法，宋程、朱、邵三子遵之，详载《三儒理数集》。

占戒

一、昏德不占，凡占须齐心漱沐，始能感格，苟或不尔，难为响应。[①]

一、渎言不占，凡卜后吉凶，悉凭爻象，毋率己意，吉处虑某，凶中求吉，再覆再占，致渎先圣。

一、烦琐不占，每人止卜一二事，诗曰：我龟既厌，不我告劳。易曰：再三渎，渎则不告。

一、阴邪不占，先圣有灵，但能扶正，决不党邪。

一、躁急不占，凡卜异详休咎，可用避趋。卜后须从某推某始从卦爻直断，理必探玄，谭何庸易。

---

① 一随日可占，诚则必应，不拘子不问卜，及六戊不占之说，此条在后。

校正全本易隐卷一

身命占第一

游南子曰：凡占身命，有三重焉：世爻，身爻，与本命爻是也。先看命爻，如甲子年生人，本命属子，最喜命爻上卦。命爻与世身二爻相生相合，主衣禄安享，或禄马德贵临扶世身命爻，主荣华发达。如世持财禄龙喜，则田庄之乐也。如逢禄空财没，会岁月日刑冲克害世身命爻者，必衣食不丰，分苦劳碌也。若世身命爻逢官鬼，带破碎煞者，必破相。加劫杀羊刃、天刑、大煞者，必带疾。伏鬼、化鬼、与鬼动来刑冲克害世身命爻者，亦然也。详现于后。流年太岁，与大限小限生合身世命爻吉，刑冲克害身世命爻凶。占时四直生合世身命爻吉，刑冲克害凶。[1] 世身命爻伏财福，化财福吉。伏兄鬼、化兄鬼，则家业冰消也。伏父化父，则财源进退。心力焦劬也。亡神并墓，则立见悲悽也。随官入墓，则灾祸牵缠也。助鬼伤身，则财色受累也。月破世爻，必犯殇夭也。岁冲身位，定生疾厄也。又金命畏水火鬼，不畏木土鬼。木命畏金火鬼，不畏水土鬼。水命畏木土鬼，不畏金火鬼。火命畏水土鬼，不畏木金鬼。土命畏木金鬼，不畏水火鬼也。

《管公运限口诀》曰：老宜入墓，少则不宜。死墓之年，多惹官非孝服。胎养之岁，必见六畜成群。帝旺大宜进步。沐浴必起讼端。冠带吉神，不宜冲克；临官凶曜，最喜相扶。衰则逢旺而达，病则遇生而安。绝处逢生者发，墓中值破者兴。生官一旺，便可荣身。太岁与命，喜合嫌冲；太岁与运，爱生忌克。克冲相合，定见刑伤也。

① 《管公口诀》以干支同论。

按：《管公身命口诀》：命以纳音为主，如甲子乙丑生人纳音属金，则为金命，其与运限及流年太岁相配处耑论长生诀以定灾福，与诸书以生年支神为命爻者异，附参。

鬼谷分爻

乐隐　谋为　发达　竖立　成童　胎养

凡分爻带吉神而旺相无伤，与身世命爻生合者，便是得意处。若休囚带凶杀，或受伤，及与身世命爻刑冲克害者，便是失意时也。又《管公口诀》曰：初爻二爻旺相，落地发财。三爻四爻休囚，中年蹭蹬。五爻六爻兴隆，老景荣华。

身命八要

游南子曰：占身命者，其要有八：祖业看大象、高卑看世位、刚柔看阴阳、六亲看用神、贵贱贫富看神煞、祸福看六神、吉凶看三限、发用看流年太岁也。

一　祖业

大象为生时之基本，大象旺相，生时家道荣昌。大象休囚，此际资囊萧索。故伏藏之卦，无本宫大象者必无祖业也。若象旺而爻亦旺者，为全备之福也。

附：八卦配节气旺衰式

	旺相胎没死囚休废		旺相胎没死囚休废
立冬	乾坎艮震巽离坤兑	冬至	坎艮震巽离坤兑乾
立春	艮震巽离坤兑乾坎	春分	震巽离坤兑乾坎艮
立夏	巽离坤兑乾坎艮震	夏至	离坤兑乾坎艮震巽
立秋	坤兑乾坎艮震巽离	秋分	兑乾坎艮震巽离坤

二　世位

凡世带贵马德合，[①] 加龙喜旺相得位者，富贵也。临亡劫刑刃白虎、被刑害冲克、更死墓绝胎者，若无福德解神救之，必贫贱无成也。世空则有难，旺则病而衰则死也。得日辰动爻冲克，庶几免死，终身作事，百不一成也。《身命要略》曰：世怕休囚，身宜旺相。喜生中更合，畏合处又冲。富贵者，他来生我。贫贱者，我去生他。显达者官星得地，荣华者印曜归垣，库积万金，只是财星得所。家徒四壁，盖因兄旺当先。世入墓乡，到老求谋多戾。卦身两动，一生起倒无恒。世克休财，虽富不厚。身伤衰鬼，虽官不高。龙鬼扶身，功名得志。蛇孙值世，势业如心。未龙世动得子，初年当早达。金虎财空伤妻，青景运来迟。官旺无财，仅一时之富贵。财兴鬼缺，只瞬息之荣华。内卦有财外卦无，先富后贫。内卦无财外卦有，先贫后富。旺相官爻化墓胎，[②] 初贵后贱。死绝官爻化生旺，初贱后荣。六冲则诸事虚花，六合则百般稳实。正变六冲，没齿不成一事。后先六合，终身享尽荣华。世强无助，自己支持。世弱得扶，因人竖立。欲知谁氏欺凌，但看何爻克世。要识何人庇覆，只观何象生身。日时扶合，偏得力于小人。岁月克冲，每见嗔于上位。进一步，兄弟化财。退一步，财爻化弟。年安一年，惟见子孙逢禄马。月安一月，定然福德值青龙。土空而无田地，父空而无住场。世冲父母，幼失双亲。世合文书，长得一命。子空者绝，财空者鳏。鬼空者寡，兄空者主只力也。此终身之占也。

若问一年之灾福，但以岁月日时之生合冲克断之。如四直带财生合世，必增财进禄。带福生合，有婚姻孕育喜庆事。带兄生合，有朋友兄弟扶持。带父生合，得尊长提拔。带鬼生合，必有贵人荐举，或公门中有得意之事。带财刑冲克害世，必因贪财好色致祸。带福伤世，世旺则因酒色致病，世衰则因酒色亡身也。或福动化鬼，鬼动化福伤世，更与文书同动，必因酒色致讼。要分酒色，但遇龙为酒，遇武为色也。带兄伤世，主

---

① 于四直上取之。

② 胎为小墓。

兄弟朋友争讼破财。带父伤世，主尊长屋产、坟墓、船车、衣服起祸。带鬼伤世，或世持静鬼，四直冲并动者，主有不测灾来。以六神定其何事，已上吉凶。在太岁，则岁内事。在月将，则月内事。在日辰，则本日事。在时建则时下事。如不带四直，而动爻生合刑冲克害世者，当分衰旺。旺相能生克休囚，休囚不能生克旺相。其益我伤我之期，以动爻生旺月日定之。如卦静无动来生克者，即将一岁分四季。如木带吉神，春季见喜；火鬼见煞，夏季生灾。金值妻财，秋宜得利；水逢兄弟，冬必破财。土爻若带吉凶，各随司令决断，辰三月、未六月、戌九月、丑十二月也。若值空亡，吉空则凶，凶空反吉也。又值子孙月日，吉旺则朋侪讲习，凶衰则争竞失财也。值妻财月日，吉旺则饮食宴乐，凶衰则破伤印绶。此流年之占也。

《归藏易》曰："六为朝廷五天子，四是侯伯三公卿。二应五爻为大夫，初体最卑象民庶。"六爻惟初最下，世如居此，发必后期，多为市井而困于里巷。虽贵马临之，亦有福德而难显达。六位最高，世如值之，恒成高岗而匿影于林泉。三为公卿，内卦之太过也，动与时逢，故多凶。四乃侯伯，外卦之不及也，淹抑稽迟，故多惧。惟二爻、五爻为中正之位。得位者，在上而治人。失位者，在下而治于人也。一世四世，同居下体，然初体尤居最下也。①

三　阴阳

世在阳宫，谋为显达。身居阴象，行事卑汙。故阳主慧明，阴主拙暗。得阳刚，可以当九五之尊。若阴柔而窃尊位，亦羊质而虎皮耳。至阴柔而当三六之凶爻，鲜不倾覆败亡者。是以五行在世，各不同科。阴金刑伤狠戾，阳金正直坚刚。阴木贪残克剥，阳木华藻文词。阴水谲诈猖狂，阳水材能聪敏。阴火执滞固陋，阳火强敏文明。阴土愚鲁拙钝，阳土忠信质诚。此刚柔之所分也。

---

① 出管公照心神鉴经。

四　六亲

游南子曰：卦中六亲，有有者，有无者。有真者，有假者。有真中之假，有假中之假者。如纯乾卦，六亲皆有也，皆真也。如乾宫风地观卦，六亲皆假也。有官鬼父母妻财，无兄弟子孙也。又如山地剥卦，外艮丙戌土为父母，丙子水为子孙，丙寅木为妻财。乾宫有戌子寅三爻，乃真中之假。内坤乙未土为父母，乙巳火为官鬼，乙卯木为妻财，乾宫无未巳卯三爻，乃假中之假。据此而推，则一本九族，别于内外矣！为亲为疏，别于真假矣！父母之亲晚，兄弟之真义，夫妇之偏正，子孙之嫡庶，别于真中之假，假中之假矣！然则宅居之或有或无，属人属己，岂外是而推也哉！

六亲取用式

内亲以内卦本宫出现者为真，如内卦不现，则看内卦之伏神。如不现，又无伏者，则取飞宫论之。外亲以外卦本宫出现者为真，如外卦不现，则看外卦之伏神，更若无伏神，亦取飞宫论之。

内卦本宫六亲

阳宫祖也，阴宫祖妣也。阳父，父也。阴父，母也。阳兄，兄也。阴兄，弟与姐妹也。阳子，男也。阴子，女与媳也。阳财，妻也。阴财，妾也。

外卦本宫六亲

阳宫，外祖也。阴宫，外祖母也。阳父，岳父、母舅、姑夫也。阴父，岳母、舅母、姑娘、母姨也。阳兄，表兄弟也。阴兄，表姐妹也。阳子，女婿、表侄、外甥也。阴子，表侄女甥女也。阳财，表嫂也。阴财，表弟妇，或表兄弟之妾也。

六亲取飞宫法

飞位以世为主而推之。生世为父，父克为母。生父为祖，祖克为祖妣。父比为伯叔，伯克为姆，叔克为婶。世比为兄弟，兄克为嫂，弟克为弟妇。世克为妻，妻克为妾，妻生为女，克女为婿。婿生为甥，女生为甥女。世生为子，长子之前爻为次子，次子之前爻为三子，子克为媳，子生为孙，媳生为孙女，孙克为孙媳，孙生为玄孙，以此推之，罔不周悉。入生乡者吉，入忌乡者凶。[①] 休空者必远离，鬼杀者必带疾。大问小，从世前一位数上去；小问大，从世下一位数下去。俱以一水二火三木四金五土之数，数到之爻，即取为用也。刘青田曰："数定之六亲，显而有准，此法熟玩，祸福自真"是也。

《黄金策》分爻

曾祖　父　祖妻、妻　曾祖妣、伯叔兄弟　母　祖姐、子

按：飞数之法，以分宫为主。如问高祖，从曾祖位起飞数。问伯祖叔祖，从祖位起飞数。问堂兄弟，从伯叔位起飞数。各随大小，分上下，依五行生数轮飞，以定用爻，余仿此。此推缌功远亲之法。

世属土爻

高祖属金，曾祖属水，祖属木，伯祖叔祖属木。高祖妣木，曾祖妣火，祖妣土，伯叔祖母属土，伯叔堂伯叔火，父属火，兄弟堂兄弟属土，子侄属金，姆婶堂姆婶金，母属金，妻嫂弟妇嫂妹妻妾属火，媳侄妇女属水，孙属水，孙媳孙女火，曾孙属木。[②]

外祖属木，母舅岳父姑夫属火，表兄内弟姐妹夫属土，外祖母土，舅母岳母姑娘属金，表嫂表姨表姐妹属水，表侄外甥属金，表侄妇甥媳甥女属木[③]。

世属木爻

高祖属火，曾祖属土，祖属金，伯祖叔祖属金，高祖妣金，曾祖妣木，祖妣木，伯叔祖母属木，伯叔堂伯叔属水，父属水，兄弟堂兄弟属

---

① 如父入财方，兄入鬼爻也。

② 已上外亲。

③ 已上内亲。

木，子侄火，姆婶堂姆婶属火，母属火，妻嫂弟妇姐妹土，妾属水，媳侄妇女属金，孙属土，孙女孙媳属水，曾孙金①。

外祖属金，母舅岳父姑夫属水，表兄内弟姐妹夫属木，外祖妣木，舅母岳母姑娘属火，表嫂妻姨表姐妹属土，表侄外甥属金，表侄妇甥女甥媳属木②。

世属水爻

高祖属木，曾祖属火，祖属土，伯祖叔祖属土，高祖妣土，曾祖妣金，祖妣土，伯叔祖母属水，伯叔堂伯叔属金，父属金，兄弟堂兄弟属水，子侄木，母婶堂姆婶属木，母属木，妻姐妹嫂弟妇火妾属金，媳姪妇女属土，孙属火，孙女孙媳金，曾孙属土③，外祖属土，母舅岳父姑夫属金，内兄表弟姐妹夫属水，外祖母水，舅母岳母姑娘属木，表嫂妻姨表姐妹属火，表侄外甥属木，表侄妇甥女甥媳属土④。

世属金爻

高祖属水，曾祖属木，祖属火，伯祖叔祖属火，高祖妣火，曾祖妣土，祖妣金，伯叔祖母属金，伯叔堂伯叔属土，父属土，兄弟堂兄弟属金，子侄木，姆婶堂姆婶属水，母属水，妻嫂弟妇姐妹木，妾属土，女媳侄妇火，孙属木，孙女孙媳属土，曾孙属火⑤。

外祖属火，母舅岳母姑夫属土，表弟内兄姐妹夫属金，外祖妣金，舅母岳母姑娘属水，表嫂妻姨表姐妹属木，表外侄甥属水，甥女甥媳表侄妇火⑥。

世属火爻

高祖属土，曾祖属金，祖属水，伯祖叔祖属水，高祖妣水，曾祖妣

① 已上内亲。
② 已上外亲。
③ 已上内亲。
④ 已上外亲。
⑤ 已上内亲。
⑥ 已上外亲。

木，祖妣火，伯叔祖母属火，伯叔堂伯叔属木，父属木，兄弟堂兄弟属火，子侄土，姆婶堂姆婶属土，母属土，妻嫂弟妇姐妹金，妾属木，女媳侄妇水，孙属金，孙女孙媳属木，曾孙属水①。

外祖属水，母舅岳父姑夫属木，内兄表弟姐妹夫属火，外祖母火，舅母岳母姑娘属土，表嫂表弟妇妻姨属金，表侄外甥属土，甥媳甥女表侄妇属水②。

断高曾祖

高祖从曾祖位下飞，曾祖从祖位下飞。如祖位值旬空月破，则看曾祖分宫。祖看内卦本宫官鬼爻。如内卦鬼不现，看内卦伏神。如不现，又不伏，取父下一位起数飞之，飞位既定后，看某爻带吉生旺，则知某祖起家。看某祖来生合世身，则知承某祖基业。如某祖爻衰空，带破碎二耗暴败等杀，则知祖业飘零，必须自成自立也。祖宗富贵贫贱详见于后，故不载。再看某祖之子孙逢刑害克破空亡，带破碎二耗暴败煞者，便知某枝子孙破败家业。如子孙爻带禄马官鬼德合旺相得仕者，便知是枝子孙发达。如值空亡墓绝而带白虎刑刃，又被四直动爻克破者，则知是枝绝也。但逢衰败破耗，不见财禄，持兄伏兄者，则不绝而贫也。《燃犀集》曰：本宫鬼空者无祖业也。鬼旺父衰者，祖兴父败也。鬼衰父旺者，祖败父兴也。鬼在外爻遇煞，祖亡他郡也。鬼临五六煞墓，③客葬外邦也。

断亡祖行位第几物故何年

以本宫官鬼为用也，如庚寅年，卜得火风鼎卦，本宫己亥鬼伏三爻酉金之下，④己亥逆数至本旬甲午，乃第六位也。再从庚寅年，逆数至己亥，便知某祖死五十年矣。⑤

---

① 已上内亲。
② 已上外亲。
③ 丁未戊戌。
④ 不现则看伏鬼。
⑤ 出袁客师《占验日录》。

附：六十甲子纳音例

甲子 乙丑 **金**	丙寅 丁卯 火	戊辰 巳巳 **木**	庚午 辛未 **土**	壬申 癸酉 **金**	戌亥空
甲戌 乙亥 **火**	丙子 丁丑 **水**	戊寅 巳卯 **土**	庚辰 辛巳 **金**	壬午 癸未 **木**	申酉空
甲申 乙酉 **水**	丙戌 丁亥 **土**	戊子 巳丑 **火**	庚寅 辛卯 **木**	壬辰 癸巳 **水**	午未空
甲午 乙未 **金**	丙申 丁酉 **火**	戊戌 巳亥 **木**	庚子 辛丑 **土**	壬寅 癸卯 **金**	辰巳空
甲辰 乙巳 **火**	丙午 丁未 **水**	戊申 巳酉 **土**	庚戌 辛亥 **金**	壬子 癸丑 **木**	寅卯空
甲寅 乙卯 **水**	丙辰 丁巳 **土**	戊午 巳未 **火**	庚申 辛酉 **木**	壬戌 癸亥 **水**	子丑空

断父母

看内卦出现父母爻，不论外卦，如无看伏。若旺静而不受二传动爻刑害克冲，与衰静而遇三传。[①] 动爻生合者，俱主双寿。以爻静者，不必论阴阳真假也。若逢死墓绝胎旬空死气，被三传动爻刑害克冲者，决主有失。又财爻持世动，或财爻独发，或卦有财无父者，俱主少年伤克，否亦离祖过房。如财爻旁动，或持世不动，而父母不空绝者，惟主父子不睦耳。若问父母何人先亡，须以真假论之，阳宫阳爻为真父，阳宫阴爻为继父。阴宫阴爻为真母，阴宫阳爻为继母。傍爻带天杀，并虎刑，动伤真阳爻者失父。带地杀并虎刑，动伤真阴爻者失母。真阳爻带天煞动者，失

① 岁月日。

父。真阴爻带地杀动者，失母。[1]

天纲曰：若动爻来冲并，则反断。阴动伤阳，阳动伤阴。并阳伤母，并阴伤父也。客师曰：何谓也？天纲曰：此非汝所知。如本宫父母不出现，即取内卦伏神，若又无伏，则取生世之爻为父，父克之爻为母。从世下一位，分一水二火三木四金五土之数飞之，亦分阴阳真假断之。如前法，凡飞爻父母入财乡，带死墓绝胎，被三传及世爻刑克者，已故。看在何限内，并看刑克之爻，是何支神，即知是限中是年亡也。如子刑卯限，子克巳午，即知卯限中子年刑克也。[2] 若父母爻持鬼，伏鬼，化鬼，与日月大杀羊刃合者，衰则带疾，旺必丧身。或父母爻空，或受刑害克冲，得月日会兄鬼动来合住者，主带疾延年。加孤寡杀动来生合，主孤苦延年。如太岁动来冲刑，年内有灾。月将动来冲刑，月中见灾。得龙福动来解救，庶免大咎也。凡父母富贵贫贱带疾祸福，俱与世爻断法相同也。

《前知集》论继父母曰：阳众，继父成家。阴父众，继母管活。父化父，母化母，生合世爻者，在本宫内卦，伯叔姆婶继也。在本宫外卦，姑夫母舅母姨表叔继也。父母化鬼生合世者，祖辈继也。父母化兄生合世者，兄嫂表姐妹继也。父母化福生合世者，僧尼继也。父母化财生合世者，得绝户应继产业也。内亲，外亲，各以本宫内外卦分亲疏尊卑断之。若他宫内卦父母化出六亲来生合世者，乡里继也。他宫外卦父母化出六亲来生合世者，远方人继也。以变卦定其何方，以神煞分其贵贱富贫也。又曰：父子伏子者，绝嗣也，否亦离祖过房入赘也。父下伏财并玄武咸池者，必父有偏房宠妾也。伏生飞吉，飞生伏凶。[3]《鬼谷百问篇》曰：人有几母，看本宫阴爻父母，在变卦互卦伏卦内爻中者，其有几位，即知其有几重。若飞数，则看父克之爻，共有几位，即知其有几母也。如乾宫土为父，父克者水，为母也。看本宫飞伏化爻，共有几水，即知其几母也。年月日时上见水者，为庶母也。若爻逢旬空死墓绝胎者，则不依此断。

---

① 继父母生死仿此断。

② 六亲仿此。

③ 此论飞宫。

断兄弟

先看内卦出现兄弟爻，不论外卦，不见则取伏。多少之数，以一水二火三木四金五土推之。旺相加倍，休如数，囚死减半，空绝者无也。兄爻旺相，而与三传生合者，必连枝茂盛，雍和友爱也。旺而遇三传冲克者，则减福也。兄爻衰而逢冲并刑克者，只身也。兄爻虽旺，而逢旁爻、伏爻、化爻、刑害克冲者，有而无情也。鬼持世动，与鬼爻独发，或卦内有鬼无兄者，俱主刑克也，否亦分离也。若鬼爻旁动，或持世不动，亦主不睦也。又兄动生合世身者，多恩义。刑冲克害身世者，必不睦也。如内卦兄弟爻不现又不伏，方取与世比肩之爻为兄弟。从世上飞数之，兄世后一位逆起，弟世前一位顺起，兄位退一为次兄，退二为三兄，弟位前一为二弟，前二为三弟，皆分阴阳真假论之。带禄马德贵者贵，加财子福禄者富。加沐浴咸池者贱，带破碎耗败者贫。休空受伤者死，若休空受伤，得月日父福动来合住者，主带疾延年也。兄爻持鬼伏鬼，化鬼者灾病，空则无妨也。岁动刑冲，其年有灾。月动刑冲，月内有灾。得龙福解神动来冲克，庶免大咎也。若问兄弟孰存孰亡，须分真假论之。阳宫阳爻为真兄，阴宫阴爻为真弟。阳宫阴爻为女兄，阴宫阳爻为女弟。真阳爻起兄，后一位为次兄，后二次为三兄。真阴爻起弟，前一位为次弟，前二位为三弟。阳空兄失，阴空弟亡也。旁爻带月杀亡神动刧杀，动来刑并真阳爻者，兄失。刑并真阴爻者，弟亡也。若真阳真阴爻、带月杀、匿刑、[①] 亡劫、动者，亦主兄弟死也。如动爻来冲并，则反断。阴动伤阳，阳动伤阴。并阴伤兄，并阳伤弟也。凡兄弟富贵贫贱带疾祸福俱与世爻同断，详见于后。

断兄弟真假长幼

纯艮纯坤卦，有两爻兄弟，皆系本宫，乃真兄真弟也。大壮、蹇，亦有两爻兄弟，皆非本宫，乃假兄假弟也。泰、渐各有两爻兄弟，乃真兄假

① 辰午酉亥。

弟也。[①] 旅、咸各有两爻兄弟，乃假兄真弟也。[②] 解卦戌寅兄弟，震宫原有寅爻，乃真中之假。豫卦乙卯兄弟，震宫无此卯爻，乃假中之假也。又如姤卦申酉为兄弟，应爻隔断申酉，是两姓兄弟，兄真而弟假也。谦卦申酉为兄弟，世爻隔断申酉，亦是两姓兄弟。申是兑宫所无，兄乃假中之假，酉为兑宫所有，弟则真中之假也。[③] 又日辰并兄弟旺动合世者，必有继义兄弟也。陆德明《指掌诀》曰："兄不伏财，隔母所生。兄动化财，移桃接李。兄下伏父，各父共娘。兄居养位，定是螟蛉也"。若问兄弟孰长孰幼，世临兄弟在阳爻者，己居长。在阴爻者，己卑幼也。又辰戌丑未为长，[④] 子午卯酉为次，[⑤] 寅申巳亥为季，[⑥] 又本宫内卦，子寅辰午申戌为兄，丑亥酉未巳卯为弟。又阳爻为兄弟，阴爻为姐妹妯娌。本宫外卦，为姑表兄弟。他宫内外卦，为远近朋侪也。

耶律氏曰：若占兄弟畏三刑，旺相逢刑一二人。更复休囚同气少，旺加亡劫渐凋零。皮台峰曰：父爻生合兄弟，父当偏爱。母爻冲克兄弟，与母不协。妻子官鬼，[⑦] 生合冲克亦然。旺相则甚，休囚则减也。又兄克之爻为嫂，弟克之爻为弟妇。临旺宫旺爻者，必多奁资而美姿容。加龙喜德贵者，必材德备而相夫（教）子。若在门户爻动，[⑧] 必把持门户，女作家公。若爻值衰空，非无妇则贫穷也。

断妻妾

以本宫内卦出现妻财为主，不现则看内卦伏神。如不现，又无伏，则取飞宫论之。以世克之爻为妻，妻克之爻为妾。又自占以应爻为正妻，即以应克之爻为妾，亦可也。如临阳宫阳爻，旺相带吉神者，必貌都丽而行贞洁，善主中馈也。临阴宫阴爻，衰墓带刑刃亡劫者，必丑陋无能而夭折

---

① 泰卦丑真辰假，渐卦辰真未假。

② 旅卦午假巳真，咸卦申假酉真。

③ 诸卦仿此。

④ 四墓。

⑤ 四正。

⑥ 四生。

⑦ 公姑。

⑧ 三爻门，四爻户。

也。若兄持世动，及兄爻独发，或卦有兄无财，或财爻无故自空者，俱主克妻也，否则分离。或财爻旺相自刑，[①] 主夫妻不睦，终见生离。以旺者，不死，离也。或兄爻旁动，及持世不动，而财爻不空者，亦主不睦也。或财动冲克世，与世应相刑害者，俱主夫妇无情也。世动，夫凌妻；应动，妻欺夫。世应俱动，必常争斗。化爻相刑害者，亦然也。如财临死墓绝胎，加刑刃兼兄动克者，主刑克三妻。若得月日生合，或可带疾延年也。飞爻财入兄乡，或应持兄动，遇月日刑害克破者，死也。若得旺相无伤，亦主妻不贤，好生是非，与妯娌不和，或不与夫主一心，多偷财物，私藏匿己，漏去他家也。妻爻生合父母者，敬事公姑也。生合兄弟者，妯娌和好也。生合子孙者，善抚卑幼也。冲克父母兄弟子孙者，反是。若妻居五爻尊位，生合世爻者，必掌管家事。女作家公，如冲克世爻及带岁月日破，与二耗暴败破碎杀者，必凌夫破家也。妻爻带玄武咸池红艳杀，加驿马动者，必恣意贪淫也。妻如合应爻旁爻，必与外人私通。会进神动来生合，则淫纵无度。会退神动来合制，只眼去眉来，欲淫无实也。合逢空亦然。合若逢冲，被人撞见，虽淫不滥也。妻如暗动，合应爻旁爻，防有私奔之事也。兄弟合财者，兄私弟妇也。父母合财者，翁妇相通也。子孙合财者，义男共枕也。福动化鬼合财，财动化鬼合福亦然。[②] 应爻与妻爻，如临兄弟，动化财来合世者，必姨妹同腔也。《黄金策》曰：合多而刑杀临身，女必为娼。《涯泉摘锦》曰：贵多则舞裙歌扇，合多则暗约偷期是也。[③] 若问人有几妻几妾，但看正卦伏卦变卦互卦中，有内卦妻财执本宫者，与应爻持世伏财化财者，不问旺衰德合有无，即断几妻几妾也。子寅辰午申戌阳爻者为妻，丑亥酉未巳卯阴爻者为妾也。一财一位，二财二位，三财三位也。又如内卦本宫一财，应爻又一财，二财并旺者，必两妻营活也。一空一旺者，会续一弦。二空一旺者，会续二弦。三空一旺者，会续三弦也。如两财俱旺，而一财带咸池杀者，必一偏一正也。看何爻与日月世爻生合，便知何人得宠操权也。

---

① 财持辰午酉亥。

② 带咸池红艳杀者方可断之。

③ 按：中媾丑秽之行，本不欲载，只因暗室亏心者，自谓神人莫觉，殊不知卜筮能烛其奸也，故特志此以垂戒云。

若问妻为闺女，为再醮。但看卦中一财不见鬼者，闺女也。或财鬼相合，或财下伏鬼者，已见一夫。一财而二鬼相合，或财下伏鬼，又化鬼者，已见二夫。又卦有二鬼，一空一旺者，必再醮也。二鬼旺，而日月动爻刑冲克害财爻者，主生离改嫁也。《黄金策》曰：妻克世身重合应，妻必重婚。世应妻爻三合，当招偏正之夫。官众而诸凶不犯，妇当再醮。明睿抄本曰：男取身生为床帐，[①] 女取身克为香闺。[②] 香闺墓绝未谐配，床帐空亡未娶妻。此法神验，莫传匪人。

若问妻妾德色何如，妻临金色白净，身瘦小，性刚烈也。临木色青，身长，妖娆多态，性宽慢也。临火赤颜，身矮，性躁急也。临土色黄，身肥矮，性温和，为事迟慢也。临水色紫黑，身活动便捷，性和宽，衰急，动多机变，冲无主心，合无知觉也。妻持父寿高，伶俐，为掌家，能书算，为事分明也。妻持兄性损物，耗财，不招奴婢，旺相，破家好赌，妯娌不和也。妻持子性善多识见，旺相能掌家，生贵子，带雀，常诵经也。妻持财貌美，性安和，能掌家开铺，旺相益夫，有财帛也。妻持官貌丑，性狠毒，旺相好杀，带贵，有封荫也。财伏父下，为人尊重不苟也。财伏子下，性善不损物，喜打扮也。财伏兄下，貌丑贪淫好赌也。财伏官下，性酷劣，有病，夫妻大吉也。阳卦阳爻，工巧无双也。阴卦阴爻，丑拙第一也。阳化入阴，幼巧而长拙也。阴化入阳，小陋而大姣也，详见性情容貌篇。

若问妻之富贵贫贱，未娶则从父断，出嫁则从夫断。未娶之时，但看外卦本宫父母爻，如外卦父母不现，则看伏爻；若不现，又不伏，则以生妻之爻为妻母，克妻母之爻为岳父，并同本生父母分阴阳真假断之。妻父妻母爻，带禄马贵人，宦家女也。带财禄德福生气，富家女也。带咸池沐浴玄武休囚死气者，贫贱家女也。带虎贵，武职之女。带虎刃劫杀。军匠之女。带勾土旺相，田家女。带雀火旺财，牙人女。带玄武红艳，淫家女。带刑害亡劫无气，贱人女。加金虎刑刃，屠刽人女。朱雀旺空，巫祝人女。加龙福无气，寒儒之女。加虎财生旺，浊富之女。加蛇，乃不务农

① 卦身所生之爻。
② 卦身所克之爻。

业而逐末者之女。蛇逢生旺，乃九流人之女。蛇逢冲并墓合，乃艺术人之女。以五行定其为何艺术也。衰败则贫，空绝则绝。生合世，则得其荫。刑害冲克世，则被其侵凌也。《归藏易》曰："妻临克位号重财，还是金爻入震来。贵煞会同当旺相，因妻受禄比三台。"如震宫财爻，带白虎，白虎属金，又克震木，故谓重财。又如坤艮宫财爻，带青龙，青龙属木，又克坤艮土，亦为重财。乾兑宫财爻，带雀；离宫财爻，带武；坎宫财爻，带勾蛇，皆是。若四直贵马德合，聚于一爻，更旺相居二五爻上，又得太岁相扶，而无刑破者，必为驸马仪宾也。若出嫁之后，妇人之贵贱贫富从夫，俱与世爻同断。

若问妻家远近，娶妻迟早，妻年长幼，但妻财持世与出现，必住近而娶早也；伏藏不现者，住远而娶迟也。财与世爻同居一卦，近亲之女也。财与世爻，被月日动爻变爻隔断者，必外郡人之女也。如乾卦戌世，寅财，或申爻午爻辰爻动，或月日并动申午辰爻，俱为隔断也。以八卦定其何方，以二十八宿定其何郡，如卦空爻空，则以财爻长生方定之也。凡财在二爻，[①] 谓之坐宅，必养媳妇，否亦贴邻女子也。又财合世身命爻者，娶妻必早也。至于妻阳世阴者，妻年长也。世阳妻阴者，妻年幼也。妻居辰戌丑未，长女也。居子午卯酉，中女也。居寅申巳亥，少女也。

断子孙

以内卦出现子孙爻为主，如内卦不现，则看伏神，若内卦不现，又无伏，方看飞宫。以世生之爻为长子，长子前一爻为次子，次子前一爻为三子，依一水、二火、三木、四金、五土之数推之。子生之爻为孙，阳爻多男，阴爻多女。生旺加龙喜者，才貌过人。加禄马贵人德合，旺相得位者，主有贵子。休囚加刑刃荒芜杀者，顽蠢不遵父命，不务生理，终必破家夭折。飞宫子入父乡，遇月日刑冲克害者，必死也。卦中父持世动，与父母独发，或有父无子，或子爻空墓死绝，或天狗白虎相刑克并者，主无子，否亦移桃接李之脉也。如子临天狗白虎，得日月生合，主招迟而不孤

① 二为宅爻。

也。若绝处无救，更带孤寡杀、鼓盆杀、[①] 埋儿杀[②]动，断主无子送终也。如兄弟带亡劫动来刑并，谓之有子不送终。如得贵人禄马同乡，旺则凶杀不敢侵，主有贵子也。子爻逢贵人禄马旺动，化出文书者文职，化出财福者异途。化出天医、太阴，并太岁相扶者，主当路显贵。分长幼挨次推之，便知何子发达。又论子孙出身，以学堂为主，看身位所属何爻，取长生为学堂，如身爻属火，火生寅，寅为学堂，身属水土，申为学堂。身属木，亥为学堂。身属金，巳为学堂也。若旺相无伤，加禄、马、龙、贵、德、合，必学问渊源，才名盖代也。《穿壬透易》曰：贵人居丑名宫阙，驿马当寅号学堂，又曰：寅为学堂宫逢丙，志大才高禄万钟，若艮宫丙寅爻，得四直贵马聚于一爻，必进发疾骤，平地登云也。如子孙爻休囚，又带地跷、天哑、云龙、衰盲、火瞽、五杀动者，必带疾。子孙旺相生合世者，孝顺。衰囚冲克世者，忤逆也。带贵马德合吉神、生合世者，不唯仁孝，而且受子封。带虎刃亡劫凶神来刑冲克害世者，不惟忤逆，抑且亡身及亲，破家荡产也。

若问子之嫡庶，以内卦本宫出现伏藏子孙为嫡，以年月日时他宫见者为庶也。如内卦子孙不现不伏，又无兄弟爻者，必庶出也。又六爻动化子孙，主有奸生子。福临应上在他宫二爻者，主有螟蛉子。子化子合世，主有继子义男也。《管公口诀》曰：福临土静，只主单传。动则螟蛉之子，空则抱养之子也。极验。凡子孙贫富、贵贱、祸福，俱与世爻同断。

附：占女婿

以本宫出现官鬼爻为主，不论内外卦，[③] 不现，则看本宫伏神。如不现，又无伏，则取克女之爻为婿，但以本宫官鬼为正婿，年月日时他宫出者，为旁婿也。如正宫有两鬼，则以阳爻得位者为正婿，阴爻失位者为旁婿也。若正鬼在巳午，则火命者吉，女命属土者吉。[④] 鬼伏父下，为人伶俐尊重也。鬼伏子下，性善不损物，好容纳也。鬼伏兄下，贪淫好赌，不

---

① 白虎。

② 父母。

③ 以婿为半子有家人之义。

④ 火能生土。

诚实也。鬼伏财下，能掌财帛，为事分明，夫妻好合也。[①] 鬼化鬼，男家未定也，或停妻再娶也。兄化鬼，斗狠贪淫也。[②] 财化鬼，克妻损财也。子化鬼，带龙、喜、德、合，夫妇和谐也。带华盖、刑、刃，僧道还俗也。鬼化子，与妻相益也。鬼化兄，伤妻嫖赌也。鬼化财，能设施也。飞爻入父，寿高，通文墨，旺相，则宅宇华盛也。入兄旺相，好赌博争讼。衰则稍轻，耗财帛，少奴婢也。入福，好善，能成物。值雀，好诵经。值龙，临三爻，持三官斋，临五爻，持观音斋也。入财，性温和，能主家司出纳。有财帛，旺相，则多材识也。入马酷毒好杀，自身带疾，旺相加贵马，则为官，衰乃下流之辈也。其余贫富贵贱带疾祸福，俱与世爻同断。又凡占女婿者，遇男女临世爻，与应鬼居二爻，[③] 或应鬼合内财者，俱主入养也。

附：占丈夫

自占，以应爻为夫。代占，以鬼爻为夫。本宫出现者，为正夫。[④] 年月日时他宫见者，为偏夫也。如卦有两鬼出现，以阳爻得位为正夫，阴爻失位为偏夫。[⑤] 如正鬼在寅卯爻旺相，则木命者吉，女命属午酉戌亥者吉。[⑥] 如鬼临空墓绝胎，加虎蛇刑刃亡劫，旺动者死也。子孙旺动，带虎蛇刑刃亡劫来克鬼者，鬼旺则有灾病，衰则死也。若占夫病者。宜鬼衰不宜鬼旺也。又鬼下伏鬼与鬼下伏兄者，必两姓贴夫营活也。凡丈夫贫富、贵贱、带疾、祸福，俱与世爻同断。

六亲分属例

六亲之属，各有取义。因彼而有我者，父母也。故父母之属，多与其爻之干支同类。如父得甲寅爻，母得乙卯爻，若不犯刑破空克，则父必属

---

① 若财鬼带辰午酉亥匿刑者主先奸后娶。

② 鬼带刑刃亦然。

③ 二为宅爻。

④ 不分内外。

⑤ 成婚曰正，空言而不成者曰偏。

⑥ 午生在寅，酉德在寅，卯与戌合，寅与亥合。

虎，母必属兔。若犯四直刑破空克，然后以三合六合推其所属。如父母爻得甲寅，则甲与己合，己年生。三合在午戌，当属犬马。六合在亥，当属猪是也。因我而有彼者，子孙也，故子孙之属，以纳音取之。如子孙临甲子乙丑爻，其纳音属金，必申酉年生，乃属猴与鸡也。又须看大限小限，流年太岁，正值子孙位，或在生合子孙之位，更得太岁贵、马、德、喜，聚于子孙爻上，又不犯刑破空克，则得子孙之正属，方可决其生此金命之子。若子爻自刑，[①] 又被四直刑害克破者，往往于合处。如子孙爻纳音得水，则六合在丑寅，属牛属虎，寅合亥，子丑合也。三合在申辰卯未，属猴龙，属兔羊。申子辰三合，亥卯未三合也。又凡四直干支，与子孙爻相生合者，必天性和顺，聪明起家之子。若四直干支，刑害克破子孙爻，与子孙爻刑害克破四直者，俱主天性忤逆，自生此子之后，家道式微，父子失恩，难相保守。又凡子孙值阴爻，尤忌自刑，亥酉是也，不问衰旺，皆于子孙不利。妻妾，因我而有者，为性体相异之伦，吉凶之极，各归正属。如雷火丰卦、本宫内卦戊午妻财为匿刑，伏三爻己亥兄弟下，若带凶杀来克庚申世爻，其妻必属马。又如地山谦卦，癸亥爻持世，本宫内卦丁卯财，伏二爻丙午宫下来生合世，若带贵、马、德、禄，其妻必属兔。又如雷风恒卦，世持辛酉金，鬼伏下庚辰主财，俱为匿刑，应爻庚戌妻财为正妻，来害酉世，主其人别有宠妾嬖婢，淫纵无礼，为妻所嗔也。凡妻财之爻，有德合贵马会聚，主财货丰盈，德色殊美。若值空亡刑破无气者，必贫苦乖难。更带凶杀来刑害身世者，终有阴谋之害，或祸起妻妾，累及其身也，兄弟为同类之亲，奇为兄弟，偶为姐妹。兄与姐生在己身之前，其属与父母同论。若其爻不犯四直刑破空克，带贵、马、德、合、者，则兄姐之属。与爻同体。若犯刑破空克，则属一六合也。弟与妹生在己身之后，其属与子孙同论，亦以纳音取之，以小限大限，与游年太岁，到生合兄弟之位，或临兄弟之位，生弟与妹也，奇生弟，偶生妹，以兄弟长生之月，断其生期，此唯游年太岁干支，与兄弟爻三六合，再得岁中贵马德禄相聚，不犯刑破空克，故得纳音之正属也。如兄弟爻自刑，更犯岁月日时空破，必归纳音之三六合也。大都身命卦中，贵马德合，最喜聚于子孙鬼

---

① 辰午酉亥。

妾官鬼，三爻上主荣贵己身，庆流后裔。若父母兄弟爻贵煞临之，主富贵在其父母兄弟，己不过受其恩荫，福亦尠矣！[①]

五 贵贱贫富

《归藏约论》曰：刑胜德者亡，德胜刑者昌。故世犯三刑两破[②]，壮年必死于兵刑。身逢四德[③]三合，没齿犹臻乎余庆。世鬼空亡，利禄莫求于朝市。德贵相扶，养道好栖于云水。贵人乃吉福之先，驿马为官权之主。贵人聚于一爻，禄位巍巍。四马会于官位，功名奕奕。德星喜贵人相扶，刑杀畏墓神相并。神就其刑者，为祸最重。煞会其德者，降福匪轻。天马则自下而升高，劫杀则从劳而至逸。大杀则权倾中外，亡神则憔悴身心。华盖慈悲，荣敷三代。将星威猛，勇冠千军。福神旺而伴将星，名镇华夷。贵刃兴而加龙德，职隆将帅。官星佩印居玉堂，乃食天禄。贵刃加刑跨宝马，必帅三军。贵坐桃花并玄武，罗绮丛中为活计。孤临华盖坐白虎，烟霞深处作间身。阴爻值福，怕遇匿刑。贵煞无官，惧逢刑破。详细推之，纤微可究。

断贵贱

占己看世，占人看应。占六亲九族，看内卦外卦，与飞位之用神。占官宦看鬼，占婢看财，占佣奴僧道看福，占朋友看兄弟，俱一例推之。富贫带疾，祸福皆同。

凡四值贵马聚于用爻，更德合相扶，旺相得位，在官印阳爻者，必位极人臣，富贵殊绝，五福全享也。值禄马贵人龙德会于一爻，无刑破克害者贵，加白虎刑刃大杀者，为将帅。阳爻金旺，必掌兵刑。阴爻金衰，亦为司理。阳爻木旺，必作冬官。阴爻木衰，亦理赋税。阳爻水旺，必任监漕。阴爻水休，亦职水利。阳爻火旺，督学词林，在午爻必为司马。阴爻火衰，文学炉场。阳爻土旺，司农方伯。阴爻土衰，郡守邑宰。太岁临官

① 出《神鉴经》。

② 岁破月破。

③ 天德、月德、干德、支德。

贵生世，带福禄在四五爻者，朝仕也。月将临官贵生世带驿马在二爻者，州郡之守也。日辰临官贵生世带驿马在二爻者，县宰之属也。太岁生持官印爻，带禄马岁贵者，甲也。月将生持官印爻，带禄马月日者，科也。日建生持官印爻，带禄马日贵者，明经也。官贵加巳午有气者，正途出身也。官贵加辰戌有气者，异路出身也。世持官贵禄马，而四直动变无文书来生合者，吏员出身也。世持金，加官贵，得日辰动爻化爻生财来生合者，乃仓场库狱驿典之官也。有官贵禄而无印者，旺则佐贰，衰则恩生也。贵遇金刃者，旺则把总，衰则总旗之类也。[①] 又禄马贵人持世而无气者，富贵退田之人也。旺动变衰空，先贵后贱也。休败化生旺，先寂后荣也。官生禄死者，不显也。爻旺身衰者，不荣也。禄贵长生者，义寿之官也。贵官衰逢冲克者，公门中人也。带鬼为吏，带父为书，带财为差役。财入勾玄为应补，带福为门子，带兄弟，为掌管头领也。官临贯索者，衙役也。带马前六害者，胥卒也。贵官空旺，非清修道士，必玄门掌教者也。父加龙德雀喜者，文名盖代也。父旺带禄伏子者，非幕宾，必舌耕者也。福旺身空，与父休伏子者，穷措大也。父伏财下，株守者也。父伏兄下，贫寒者也。旺静无伤，安闲一世也。空世逢冲，奔走东西也。杀动无刑无制，到老孤贫也。禄绝逢刑逢冲，终身偃蹇也。匿刑带孤寡，茕独之流也。兄动带桃花，酒色之徒也。飞宫财下伏兄，薄艺聊生也。财加劫煞，孤寒贫困也。土财月建，店业营生也。父空旺者，星相也。鬼空旺者，医卜也。木下伏水者，舟子也。父加劫杀者，裁缝也。木财空旺者，樵夫担卖也。土福旺者，农夫也。金木火三合者，陶冶也。水财生旺，带天罡杀者，渔父也。金财生旺，带天罡杀者，猎户也。财入离火生旺者，牙行市侩也。财加刑刃者，屠刽也。带禄马墓于外卦者，江湖散人也。福加华盖孤辰者，僧道也。木财带合者箍桶也。木财逢冲者，称店也。金财带龙逢冲者，天平戥子店也。父加劫杀，在乾宫六爻者，巾帽铺也。加龙贵，则官帽铺也。在震宫初爻者，鞋铺也。水财带咸池，在坎宫动者，开染店也。福加酉动，下伏财者，荤素酒店也。马蛇加金财动者，断磨也。马蛇加木财动者，箍栊也。坤宫马加金财动，并破碎杀者，开磨坊也。用

① 详见官禄占内。

在内卦临旺财或外财，来生合用，加胎养者，坐贾也。用居外卦临旺财，加长生者，行商也。若值三传刑冲，必微利贩卖之人也。又凡世身居五六爻休废，或带马逢兄子乱动者，必贱人，出祖离宗者也。子世伏父，老必孤也。财世伏兄，一生贫也。兄世伏鬼，多劳苦也。父世伏财，百不成也。财世伏父，多寿促也。①

六神断贵贱

青龙入震巽宫，遇贵马德合，临官印阳爻，旺相得位者，必为馆阁清要之官。在震宫，名助威；在坎宫，名乘云，主骤进早达。在午爻，则多财宝；在戌爻，则有权衡。在寅爻，则有贤子孙。在申爻，名潜蛰，又名折足。在乙未爻，名隐伏；在酉爻，名丧身。在癸酉爻，名制锁，皆减其威力，不为厚福也。若庶人之家，龙入木，娴礼义也。入土，值里役也。旺则富，衰则先富后贫也。入水火，灶户也，入金，军匠也。

朱雀入离宫，遇贵马德合，临官印阳爻，旺相得位者，必为词林督学之官。入震宫庚寅爻，名学堂，并贵马德合有气，必文章名世，富贵早达。在坎宫，名泣险。若犯刑破，主生平多忧苦危厄。庶民之家，雀空墓，陶冶也；雀空旺，术士师巫也。雀福旺，梨园也。雀入巳父无气，词讼起灭人也。雀入火临禄贵，读书好名人也。入金刃，军卒也。加大杀，杀劫杀日月建者，工匠也。入水，盐灶户也。入阳爻寅木者，巫也。入阴爻卯木者，祝也。

勾陈入坤艮宫，同贵马德合，临官印阳爻，旺相得位者，必司农、京兆、方伯、屯田、巡城之官。在乾宫名登天，入壬申爻名生德。若见贵马德合旺相者，主有战伐功勋，或捕获寇盗，因得爵禄，有威武之名。在震宫庚寅爻，为执雠。庚辰爻为刑墓，更犯休囚刑害克破，其人必好斗好讼，多遭刑狱。庶民之家，勾入土生旺，值里役也。入土休囚，躬稼穑也。入金，刀工针艺也。入木，斧伐漆织也。入火，衙役也，旺则倾销窑匠也。入水，泥水匠也。

螣蛇入巽宫，并贵马德合，居官印阳爻旺相得位者，必词林、衡文、

① 寿以父母为用。

风宪之职。入艮宫，名在山。在丙辰爻，名入穴，又名带角。主为人淑善，虽刑不凶。入乾宫寅申爻，名变化，见德合贵马旺相，主骤发，得贵人提携。入乾宫癸亥爻，坎宫父子爻，名破首。更无气犯刑害克破，主为怪物惊死，或食恶物而死。但看卦中来刑害克破之神，是何物类，则知为何物所伤也。庶人之中遇蛇，主不务农业而逐末者。如逢生旺，乃九流之人。遇刑冲并墓，必艺术之人。分金木水火土而别言之。带禄，坐贾也。带马，行商也。入金，铜铁猎匠也。金旺带德贵，金银珠宝铺也。金衰带德贵，在离宫者，缎绢铺也。日并金动，刀针类也。入火，倾销织紃也。入水，漂洗淘沙也。或蓑笠，伞铺也。入木，兴修漆画也。寅木加华盖，妆塑佛像也。入卯木，梳掠、香盒、花草铺也。入辰土，磁器、缸瓷铺也。入戌土，锁匙、靴履铺也。入丑土，轿铺鞋铺也。入未土，镌印章。酒馆也。又入土，为礧砌垩墁也。入巳火，画工、砖瓦匠也。入午火，书纸铺也。入火加财，织锦攀花也。临丑午财，贩牛马也。临亥未财，贩猪羊也。临酉财，贩鸡鸭鹅也。临酉福，贩酒也。又蛇加刃，轻贱人也。

白虎入乾兑宫，同贵马德合，临官印阳爻旺相得位者，必为将帅司马之官。入坎宫，名陷井。在戊寅爻名中机，纵有贵煞，亦减其威。若加刑破克害，为灾尤甚。在巽宫，名从□，遇贵煞，主腾达疾速。在辛酉爻，必因兵革奏凯，得食天禄。在辛卯辛巳爻，犯刑破克害而无气者，主其人疯病恶疾。与相冲流年，或爻逢三合之年，发出病来。白屋之家，虎入火，文章之士。加官贵，刑宪之官。入水，灶户也。入土，民籍。□入金，旺相带刃贵，把总之类。衰则哨长之类，休囚不见□，则屠宰之流，或爪牙之属。入木，民壮也。临刃加大杀，非□兵必猎户也。

玄武临坎宫水爻，并贵马德合，居官印阳爻旺相得位者，必为漕监、河道水利之职。衰则缉捕之官，或因巢寇获盗而得官爵。入艮宫丙辰爻，名抵刑入墓。更无气，主贫病夭折。入兑宫丁巳爻，更同亡神劫杀者，其人必为盗贼，而死于极刑也。庶民之中，逢武鬼，加天贼，必为贼；加天盗，必为盗；加金刃劫杀，必劫盗也；加兄刃，必不良人也。入火，爪牙之属。火加禄，煎烧之属。入水，舟子、网罟、淘沙之人。入土，乃设合之人。入木兄，赌博压群之辈。玄武会咸池，花街柳陌之长，否则丐户也。

断贫富

财投旺库者富，禄财聚旺者富，龙德财福旺持者富，财福带月日动变来生合世身者富。财居辰戌丑未四库旺相者，农工商贾致富。财居寅申巳亥四生旺相者，看他乡致富。财居子午卯酉四正生旺者，九流艺术致富。太岁加财扶世，富由祖业。月将加财扶世，富由父兄。月建加财扶世，富由妻子。他宫外卦财来生合世，外者获利成家。本宫内卦财来生合世，本境贸易起家。本宫内卦六亲动爻化爻财来生合，得内亲财起家。本宫外卦六亲动爻化爻财来生合，得外亲财起家。外卦他宫动变财来生合，得远方人财起家。内卦他宫动变财来生合，得邻里财起家。官加贵旺，化财来生合，得仕宦之财起家。官加劫刃亥武三刑，化财来生合，得凶恶之财起家。在五爻者，[①] 乃拾得盗贼道弃之财起家也。财化财来生合，放债贸易起家。加玄武咸池者，必私通外妇，因得其财也。兄加武动化财，以克剥吝啬起家。兄加雀动化财，以赌博起家。福德化财来生合，得牲贩、蚕、畜、僧道财起家。父母化财来生合，得卖屋宅之资起家。勾陈土化财来生合，得卖田产之资起家。财临旺马，则江湖觅利也。财临衰马，则劳碌成家也。财逢空马，则市井经营也。禄财旺相，遇刑冲者，阴处成家也。贵刃旺相刑财禄者，凶中得业也。若旺财加虎刃者，必浊富也。正卦无财变卦有，或世财死绝，化生旺者，先贫后富也。正卦有财变卦无，或世财生旺化死绝空破者，先富后贫也。至于世兄空动，财子无气者。本宫休空，世被日冲，带兄鬼二耗破碎杀者，用财死绝者，用财化空绝死破官鬼兄弟者，六爻无财者，财伏兄鬼下者，皆主贫也。

欲知何事破家，但看用加兄动也。兄加龙动，喜悦而破也，文雅风骚，结交仕宦，婚嫁、谋官、买妾、建造是也。兄加雀动，是非而破也，言语冲撞，结交书吏，出入公门，用财胜讼是也。兄加勾动，心高而破也，奢架房屋，贪买田产，重叠不明，或托借银两，被人卷去是也。兄加蛇动，疑惑而破也，倾信妖妄，求神赛愿，演戏设醮，中保牵连是也。兄加虎动，凶横而破也，丧孝重叠，争斗夺继，诬赖人命，杀伤谋害是也。

① 五为道路。

兄加武动，不谨而破也，盗贼攀害，被人拖欠，赌博嫖饮，小人妇女，生端扰害是也。此贫富之占也。若乃家资之多少，则取财爻之纳甲，周先天甲己子午九，乙庚丑未八，丙辛寅申七，丁壬卯酉六，戊癸辰戌五，巳亥常加四之数推之。俱以本宫出现之财爻为主，不现则取伏财，如卦有二财出现，则兼取之。又有大象为本宫之财者，亦取其卦之干支兼论之，如壬申戌亥乾，乙癸未申坤，丙丑寅艮，辛辰巳巽，戊子在坎，巳午在离，庚卯在震，丁酉在兑是也。如纯乾卦，二爻甲寅为财，甲九数，寅七数，共十六数。大富，则十进千，六进百，为一万六千也。中富，则十进百，六进十，为一千六百也。下富则十进十，六亦进十，为一百六十也。如小户，则但以一水、二火、三木、四金、五土之数推之。如乾宫寅木财，木三数，则一进十，乃三十两也。已上并旺相加倍，休如数，囚死减半。若太岁贵马福禄，聚于财爻者，更益其一倍。月建贵马福禄，聚于财爻者，更益其半。太岁刑破财爻者减其半，月建刑破财爻者，减其三分之一。若贵煞合益，刑破合损，更不增损，止得常数。又有爻与宫俱空破死绝者，如甲申年、壬申月、甲子旬、庚午日、卜得纯乾卦，财爻刑破绝于岁月申中，死于日建午中，本宫戌亥又空于甲子旬中，虽有石崇之富，不旋踵而倾荡无余也。又如天风姤卦，六爻无财，巽为木，亦乾宫之财。巽宫二爻下伏本宫甲寅财，巽卦天干辛，地支辰巳，辛七数辰五数，巳四数，共十六，又加伏爻甲寅亦十六，共三十二数。大富则三十进三千，二进二百，为三万二千，中富则三十进三百，二进二十，为三千二百也。小富则十进十，二进二，为三百二十也，各以十倍之法增之。小户亦以五行之数，一进十而推之。如前法，旺相加倍，休如数，囚死减半。岁月贵煞，与岁月刑破俱照例益损也。[①]

凡断贵贱贫富，不拘远祖近宗，一本九族之亲，远方乡里之人，官宦下贱之辈，俱依此法断之。又须知吉者，遇死墓绝胎，刑害克破，则减其福。凶者逢贵马德喜龙福生合，则减其祸，不可一概言之。

---

① 出占灯法。

六　祸福

《玉灵经》曰：人生所遇，祸福不常，胥以六神取之。六神生合，各应其福。六神伤克，各应其灾。然六神又以占时太岁临爻者为上，月建大六神次之，日建小六神又次之。凡六神喜逢恩要归垣、克忌神、生用神者吉；克用神，生忌神者凶。何谓逢恩？龙入水，雀入木，勾入火，蛇入木，虎入土，武入金是也。何谓归垣？春龙、夏雀、秋虎、冬武、三九月勾，六十二月蛇，为当权之归垣。龙入木，雀入火，勾入辰戌，蛇入丑未，虎入金，武入水，为本象之归垣也。

青龙临太岁外动，岁内加官进财进禄，会天马同众喜事。加驿马，自己喜事。内动，加德合福喜者，主孕育婚姻喜庆。遇凶鬼刑害克破，主喜处招殃，或因花酒，或作保为媒，或行善愿，或往喜庆之家致祸。仕宦公门，以升迁、荐举、朝贺、问馈之失致祸也。

朱雀临太岁外动，有加官进职应举文书之喜。内动，有分离、火惊、口舌官非事。加兄鬼刑害克破，主因怒气生灾。或文书、或寄信、或喧哗、词讼、或往火场、铳炮流星之类致祸。仕宦，则或以宣敕、给由文移表章、申详之失，或因讥讽、弹劾致祸也。

勾陈临太岁，并贵马财禄外动，主加官禄进田产喜事。内动，主灾患缠扰，不能摆脱。加官符，必有田产婚姻之讼。加凶鬼，刑害克破，主扑跌瘟疫，或改造，或安葬、或因田产、或往墓前致祸。仕宦，则或以城郭、封疆、田土、钱谷之失致祸也。

螣蛇临太岁，外动主求谋多戾，外事牵连。内动，主虚惊妖怪，梦寐不安。加凶鬼刑害克破，主以动土起讼，官吏需索不已。或以惊惶患病、或见妖怪或病，或梦中魇倒。仕宦，则或以己有虚诈，人有牵连致祸也。

白虎临太岁，外动，主武职升迁，诸行吉利，经营称心。内动，主血光、孝服、刀兵横祸。加凶鬼刑害克破，主往丧家，或战斗宰杀之所，或虎狼之窟致祸。仕宦，则以刀兵、丧乱、杀戮、征巢致祸也。

玄武临太岁，外动，主舟行有盗贼之变。会吉神，则斩获贼盗，或进舟船鱼盐酒醋之财。内动，主家下阴私失脱，孕妇灾咎。加鬼杀刑害克破，主以水利坑厕、阴人、酒馆花街，或往江湖飘洋致祸。仕宦，则有渡江涉海，遭逢盗贼，淫宠侍妾，痔漏之灾。[①]

七 三限

《周易玄悟》曰：凡大限小限生旺，带贵马德合福禄龙喜财子者吉；遇死墓胎绝，加刑害克破，虎蛇亡劫吊丧羊刃大杀者凶。生合身世者吉，冲刑克害世身者凶。限凶，则宜见德合以救。限吉，则恶见刑害相残。吉逢冲克，吉中有凶。凶逢解救，凶中有吉。吉多凶少为半吉，吉少凶多为半凶。其或吉凶相半，则忧喜俱无也。又曰："限爻动，灾殃易惹；限爻空，身若飘蓬。"限值天罗辰地网戌加鬼杀者，数年之间，做事昏迷如梦也。《穿壬透易》曰：限旺则胎福，限弱则孕祸，是犹怀孕在腹。乘时而生育也。故祸福之应，遇太岁触之而动发。若限中是何祸福，则以限神之性言之。贵人为福，则尊贵扶擢，朝廷征召。驿马为福，则驰骋四方，致身云路。德为庆会，合乃成期。鬼主伤残，墓多蒙昧。破须倾损，害必侵争，刑则克伤，冲多摇动。龙为婚姻孕育，雀见火烛官非，勾乃斗争讼狱，武则奸宄阴私，虎为疾病死亡，蛇有惊惶怪异。依此而断，万无一失。

身命取三限法

正卦管三十年，变卦管三十年，互卦管三十年。每爻五年为一限，共九十年。如卦值六爻安静，而无变卦者，则正卦管三十年，互卦管三十年，再从升降取卦管三十年。取之何如，凡在子寅辰午申戌阳时卜者，升初爻于上作卦，如正卦得天风姤，作泽天夬卦断之。若丑亥酉未巳卯阴时卜者，降上爻于下作卦，如正卦得天风姤，作天火同人卦断之。又如乾坤二卦，无互，不可升降者。动则正卦管三十年，变卦管三十年，复以变卦，随阴阳时，取升降作卦，如前法，管三十年。若乾坤二卦，又逢静而无变者，则正卦管三十年，再以占人生命起卦，如甲子年，五月十八日，酉时生人，即从子上起正月，则五月在辰上，又于辰上起初一日，则十八日在酉上，又于酉上起子时，则酉时在午上。酉属兑，午属离，即以酉临

① 月日六神同断。

午，得泽火革卦，管三十年。再以来占年月日时起卦，如甲子年正月十五日卯时占，便从子上起正月，则正月即在子上。又于子上起初一日，则十五日在寅上。又于寅上起子时，则卯时到巳上。卯属震，巳属巽，即以卯临巳，得雷风恒卦，管三十年，共九十年。若年高至九旬已外者，再从正卦、世爻、一年一位，在阴阳顺逆行之，以定吉凶。

按：此式出自庞眉道人《易学空青》抄本，言此式见于《八神筮法》，及李淳风《占灯法》，耶律氏《锦囊集》三书，世人鲜得其传。故至坤乾无互，与不动不变之乾，则不能通，唯此式为全备也。

大限行运法

大限五年一度，行运世应兼取，单论天干，如天山遁卦，世丙火，应壬水，火数二，水数一，共三数，则三行运也。即于世上起三岁，至七岁，五年为一限。阳世顺行，阴世逆行。[①] 如遁卦二爻阳世，则运宜顺行，八岁至十二岁轮在三爻，十三岁至十八岁轮在四爻，余仿此。如孩提未起运已前，即于世上起一岁断之。[②]

小限行运法

小限一载一宫，亦世爻起数，阳顺阴逆，亦正卦值三十年，变卦值三十年，互卦值三十年，其无互不变之卦，俱从前式取之。

推流年月建法

阳世初爻起十一月，阴世初爻起五月，正变二卦并取，共成期年之运。

三限飞行式

正卦、变卦、互卦、各从世爻起，如卜得泽天夬卦，化雷天大壮卦，互纯乾卦为例，正卦世爻丁火二数，应爻甲木三数，五行运也。

---

① 甲丙戊庚壬为阳，乙丁巳辛癸为阴。

② 出《管公口诀》。管公曰：运乃天运，故从天干。

	正卦	变卦	互卦
丁酉	十岁至十四岁	四十五至四十九	六十五至六十九
	世		
	大限起五岁至九岁	四十岁至四十四	九十至九十四
	二十岁至三十四	三十五至三十九	八十五至八十九
甲寅	廿五岁至廿九	六十岁至六十四	八十至八十四
	应		
	二十岁至廿四	五十五至五十九	七十五至七十九
	十五岁至十九	五十至五十四	七十至七十四

小限每卦管三十年，亦各从世爻起一岁，不如前论五起运。

三限论

人生贵贱贫富不恒，或先荣后落，或先寂后响，皆以其时也。夫时者，旺衰刑德之所主也。旺相贵马德合之爻，虽大象休囚，根基不厚，限逢旺爻吉神，亦主所为得意，凶克刑破也。凶克刑破无气之爻，纵大象旺相，根基殷厚，亦主蹇滞灾危，起自衰限也。故大限小限遇衰空刑破者凶，遇贵德合马者吉。或限爻原有贵马德合，临生旺之位，适其爻动，变为死墓绝胎，或变为克破刑害空亡退神，则吉化为凶。炎炎之际，忽尔寂寂，且有不测之祸。如刑冲克害，空死墓绝胎之爻，化出贵马德合，生旺生扶退神者，是为有救，祸虽发而可解也。按：《长生诀》于日辰取之。[1]如寅日卜得坎宫革卦，四爻丁亥持世，为兄弟，坎卦属水，亥又水爻，寅日大象爻神，俱入病乡，故其人必多病，而气禀虚弱也。至于死墓绝胎四爻，凶尤甚。若贵马德合扶之，犹不免于太岁衰败刑破之年，有重病灾厄。若有刑破而无救，则将死之期也。盖限之吉凶，必遇岁君相触而始发。凡流年太岁与二限生合比和，更遇流年太岁贵马入限旺相，则主奋扬发福，凶限祸亦可轻。若限在死墓绝胎四凶之爻，更遇流年太岁临限衰

① 《管公口诀》。

处，立便为灾。更看流年太岁到处之限，与世爻刑破之有无。有刑破而无贵马德合救之，不可度也。如大限在寅，太岁在亥，限爻至长生处，其世虽处衰刑，亦主无事。若世在生旺贵马德合之爻，更游年太岁贵马德合入限，其年必大发财禄，如限在申爻，其爻属四，凶，游年太岁在戌，又值申金衰处，若世在辰未二位，戌年冲辰刑未，是有刑破也，其人主四月有病，为四月建巳，刑申限也。世爻属土，四月土绝，故有灾病。又限在申爻，居四凶之位，看其爻是何亲属，有气无气。如值太岁无气之年，又被太岁刑害克破者，或爻属父母，或爻属兄弟妻子，则其年先有父母兄弟妻子之忧，后有自身之灾难也。若限逢太岁旺相之年，更有流年贵马德合入其爻上，则其年先须父母兄弟子孙发达，妻妾得喜，然后福泽得及其身也。[1] 傍要与世不相刑害克破，乃为吉耳。又如丁酉年戊申月甲申日，卜得雷天大壮卦，庚午持世，甲子临应，庚金四数，甲木三数，共七数，乃七行运也。阳世顺行，即从世上起七岁，乃午限也。申日火值病乡，又午为匿刑，此人必多病。若飞宫六亲同居此爻，即断其亲属有病也。十二岁申限，十七岁戌限，廿二岁子限，俱生旺之爻为吉。廿七岁交寅限，寅木绝于日建申中，又申日刑冲克寅爻，且临官鬼，名伏刑之鬼，其人若遇太岁巳午之年，必有灾迍。[2] 寅德在未，未年稍可，申年酉年，限入太岁绝胎处，若不逢游年太岁，贵马德合解救，死更无疑。此命所以不死者，为申年驿马在寅，酉年岁德在寅，故虽有极危之厄，濒死而不至于死也。又如限在午，其爻无气，又为匿刑，其人自入此限，必多忧危灾病。如太岁在寅[3]、卯[4]、辰[5]、巳[6]、午[7]、未[8]、申[9]年，此数年，虽行衰限，无甚危险。惟每年七月火病、八月火死、十月火绝、十一月火胎，有小灾耳。[10]

---

① 看限爻上是何亲好。
② 木病于巳，死于午也。
③ 火生。
④ 沐浴。
⑤ 冠带。
⑥ 临官。
⑦ 火旺。
⑧ 火衰。
⑨ 火病。
⑩ 九月午戌合虽墓不凶。

为游年太岁与限爻生合，未到四凶之处，若遇酉年子年，而限中本无贵马德合相扶者，必不可度，为午死于酉，胎于子也。戌亥之年，尤可度者。以午戌三合，午德在亥，此为勅助耳。更看游年太岁之前后，有何凶杀临于世上，与限上或丧门吊客官符病符二耗亡劫之类，诸杀各随其凶性，言其祸福。察其限爻是何亲属，即知祸福临于何人也。如限爻在午，太岁在申，吊客在岁后二辰，正值午上，申为火之病乡，看午爻是何亲属，必其人七月后有亲属之灾，后有己身之灾也。又如限在己，居四凶之爻，游年太岁在未，乃火限始衰处，游年吊客在岁后二辰，正值己上。看己爻是何亲属，必其人正月前，先有亲属之忧，后有自身之忧也。《归藏易》曰：限带休气，必多疾病。限带囚气，必多狱讼。吉神主限，凶灾自轻。凶神主限，祸来难免。察其临限之六神，则知祸福何自而起。

八　岁君

太岁之游年，祸福之吏神也。盖身命之卦限，限爻之吉凶，俱于占时四值上取之，以为异日祸福之验。福伏于吉爻之中，祸伏于凶爻之中，伏者不触则不发，故知祸福之发触，以游年之太岁也。如限爻本吉旺，而游年太岁又值限之吉旺处，则吉与吉会，而应其吉也。限爻本凶衰，而流年太岁又值限之凶衰处，则凶与凶会，而应其凶也。

断带疾延年

官鬼持身世爻，或持用爻，名贴身鬼。如带破碎杀主有破相，在乾宫，主头面咳嗽之疾。坎主两耳、肾家之疾。艮主两臂、鼻背之疾。带四废，则腰曲背驼。巽主股膝疝气之疾，震主气促惊悸之疾，离主眼目心经之疾，坤主肚腹胸胃之疾，兑主牙齿缺唇之疾。又本命爻带官鬼，加天刑、四废杀、刑害克冲身世者，必带疾也。凶杀属木主疯癫，属水主冷瘟，属火主心目疾，属土逢绝气，主麻风。属金逢绝气，主瘫痪。又用爻，世身爻伏鬼，被日辰并起者，主带疾。坎宫金下伏土鬼，主耳聋。震巽宫木下伏金鬼，主四肢带疾。离宫火下伏水鬼，主心目之疾。加羊刃，必青盲。坤艮宫土下伏木鬼，主蛊胀脾伤。乾宫水下伏火鬼，血竭容憔。兑宫金下伏火鬼，主口疙唇缺，动爻化鬼亦然。又用爻世身爻伏鬼者，为胎里宿疾。用爻世身化鬼，与鬼克世身用爻者，则后来新染之疾也。又《五杀歌》曰："跷哑盲聋瞀五端，但愁并起值孤惊。旺则必危衰则减，生扶合处一般般。"五杀中唯地跷杀，旺则跷，衰则廉疮。其余四杀，不分衰旺也。以上鬼杀，若遇天医、天解、月解、伏福、化福者，不可泥此而论也。

辩性情

以八卦论，用爻与世爻在乾，刚直好高，有德有威也。在坤，性厚重，寡言笑，宽大能容也。在坎，心情委曲，巇崄多威，凶则狡诈心乱，事多更变也。在离，明白刚烈，爽直有气节，无气则性暴，作事有头无尾也。在震，志大言高，驰骛声名，凶则心多叵测，胸无定见，心急事滞也。在巽，性和柔，好卑奉，无气则随波逐流也。在艮，吉则安静有执持，凶则事多退缩不前也。在兑，性和悦饶舌，见物多感，好声音酒色，无气则奴颜婢膝也。

以五行论，申金，主重义，驰骋声誉，无气则好勇好杀，好音乐也。酉金，主刚明不苟，无气则多贪欲，嗜酒色也。寅木，主雍和，有文章才艺，无气则执拗散乱也。卯木，主力健骋雄，刚直不阿，无气则心毒多机械也。子水，主清高正直，不好奸污，智谋深沉，无气，则浮浪不实，作事有初无终也。亥水，主性圆通，与物和同，无气则谲诈轻淫也。又水旺则性缓，衰则性急。发动，冲动，心多机变。若动逢合住，或临死墓绝胎，必无知觉。如动逢冲散，则抟激之水，必是立志无恒，疑惑不定者也。巳火，主好华美修容，性快，不隐匿，无气性暴慢，生平饶为起灭也。午火，主强敏无私，好胜，为事急疾，无气，刚暴无终，急终有慢也。辰戌土，主厚重有威望，聪明正直，不信神物，不畏鬼怪，无气赋性酷毒也。丑未土，主宽宏廉直，耿介无私，多仁多义。[①] 无气，则拙钝无能而已。

以六亲论，动财则好奢不好学也。化父则忧道不忧贫也。子世逢空，羊质而虎皮也。兄持入世，酒囊而饭袋也。世持鬼杀，笑里藏刀也。鬼杀

① 木库为仁，金库为义。

逢空，怒中无毒也。

以六神论，青龙则慈和乐易，明敏从容也。朱雀则快言语，多口舌。带杀，则喜生是非，多招诽谤也。勾陈则厚重有规矩，行事迟钝。不动，则无转变也。螣蛇则多心机疑虑，虚浮诈伪也。白虎则性急不仁，好勇斗狠也。玄武则阴谋秘算，狡谲多端。同兄弟则贪吝，加咸池则淫邪也。龙逢蛇克，媚而不忠也。虎逢龙克，勇而有礼也。雀受克伤者多谤，蛇逢合制者多智也。财合玄，贪财好色也。子合玄，嗜酒多情也。兄合勾者鲁钝，福合龙者清和也。龙衰静，乐饥自得也。虎加兄，小人跨霸也。玄加刃，量悭见小也。

《燃犀录》曰：逢冲者伶俐，入墓者呆痴，临刑害者多嗜杀，居胎养者欠老成，空动而无生无克者，率意猖狂。旺静而无克无冲者，抗怀高洁。衰值时辰，器局卑偏。旺临月将，度量渊宏。冲多好斗，刑多好讼。带贵则有威德而不狂佞。带马则志四方而遨游，带德则恭俭温良，带合则从容和雅。八纯性宜躁急，六合性必宽和也。

辨身体容貌

鬼谷分爻

六爻	头发		
五爻	耳目口	面须手	鼻人中
四爻	胸	背	乳
三爻	腹小腹	臀肛门	腰小便
二爻	股膝		
一爻	足		

一　形体

以卦身为用，金瘦小、火形尖、木形长、土形矮、水柔而刚且多汗，木旺胖长，衰则瘦长。土旺矮胖，衰则短小。勾兄来刑克，必矮子，金木临死绝，更被刑害克冲，瘦不可言。化出水木鬼，身多湿气酸疼。土金逢合，行坐从容也。

二 头

以六爻乾宫父母为用，辰戌鬼带刑害动，或遇勾兄合住者，主缩头。临金，头有异骨突出。以六神定其骨在何处，雀前，武后，龙左，虎右，勾蛇居中，或在四隅。带刑头有角，金福动必癞头。木化火鬼，必白癞，或发有节疤。土头缩，木头长，火头尖，水头多汗。化木水鬼主头疯，化火鬼主头疼。乾圆、坤方、震长、巽直，合则正，克则歪，冲则摇。六爻带火謦杀，头必带疾，忌临鬼爻。

三 发

以六爻震巽宫木财为用，旺发多，衰发少，木发长，金沙发，水白发，土发短，戌土发稀。六爻与初二爻合，发长垂地。临雀者赤，临武者黑，临虎者白，少年则发刚硬。临勾者黄，临龙者滋润整齐，临蛇者卷曲而蓬松也。

四 面

以五爻父母为用，乾面圆，坤面方。临寅申巳亥，面尖。临子午卯酉，面圆。临辰戌丑未，面方原。父面大，财面秀美，子面福相，兄鬼面丑劣，或破相麻痣。水浮肿，金瘦骨脸。火尖削枯燥。土丰额高准，木面青长。鬼加蛇，面多皱纹。玄鬼，面有黑斑痣。火鬼动逢合，面有疤绊。卯鬼动，面主麻也。

五 相貌

以五爻为用，龙貌腻润，虎粗丑，勾局促，眉目攒聚。雀带笑容，逢冲，则疾言遽色。武带忧容，受刑克，必是哭形。凡带螣蛇者，相必古怪，以来冲者断之，武来冲，地角尖。雀来冲，眼必露。龙冲，左耳异常。虎冲，右耳异常。勾冲，鼻古怪。如无冲，即以五行断之。水为口，火为目，木左耳，金右耳，土为鼻是也。又如五爻不临蛇，而蛇动来冲克五爻者，则以五类断之。加兄，项必结喉。加父，面有麻痣。加财，两发蓬松，发卷曲。加鬼，必麻或有破相。加福，耳目口鼻破相，亦以水口火目，土鼻，金右耳，木左耳分之。

六　目

以五爻离宫火福为用，临龙，睛点漆黑。临虎，或虎旺动来克，必白眼。临勾雀，眼突出。临武，泪眼。临龙武，而被虎冲克，眸子中有白点。临蛇必害眼，蛇衰，乃鼠眼。衰蛇加鬼，或蛇鬼动来冲合五爻，是吊眼。逢月日冲，睛转不定。动又逢冲，是频睫眼。离宫，火鬼，带刑害动来伤土，主瞎。木主花，或吊眼。金主眇，水主烂，火主露，或赤眼。旺空，一目带疾。衰空，或合性，微小近视。火旺动，目光如电。金鬼动，主带疾。鬼带月盲杀动，亦带疾也。

七　耳

以五爻坎宫子孙为用，木聋左耳，金虎右耳也。土鬼带刑害动，或勾蛇动来合住者，耳必聋。旺空，一边疾。金鬼，耳响。水鬼，耳出脓。金木化水鬼，亦流脓。木鬼，阳则耳痒，阴则耳痛。火鬼，耳生疮，加白虎，带刑害者，耳必缺。鬼带云聋杀动者，耳聋也。

八　鼻

以五爻艮宫土福为用，旺大，休小。化金木有气，鼻息如雷。化水多鼻涕。化土鬼，带刑害，鼻塌。化火鬼，有鼻衄疾，化木财，多毫毛。

九　人中

以五爻兑宫土福动合四爻者为用，旺相深，休囚浅。龙深，虎浅。蛇勾短，雀赤，武黑，或鼻气濡湿也。

十　口

以五爻兑宫水福为用，乾口圆，坤口方。兑宫丑未鬼，带刑害动，阴则结舌，缩舌，阳则龋齿。缺唇。化金，露齿。化木，多须。阳土逢冲，掀唇。阴土逢冲，好谈笑。临勾遇合，懒言语。临雀旺空，多诳语。化财，饮食粗。财遇冲，饮食速。遇合，饮食缓。财加龙贵，爱食嘉旨。水财蛇冲，必如猪食。土财虎冲，定是狼餐。木鬼，舌大，火鬼，声气短。水鬼，言语多涎。金鬼，缺齿。土鬼，缺唇。土鬼逢冲者，结舌。如兑宫金爻被伤，或勾蛇动来合住者，决然音哑，[①] 然必四直皆无金，而朱雀又空绝者，方可断之。不然，只结舌，非哑也。金旺动，声响亮，空动愈响，动逢合，声则低微。鬼加天哑杀动者，主音哑也。

十一　须

以五爻震巽宫木财为用，火雀，须赤。水玄，须黑。土勾旺，黑短，衰黄短，金虎，须白，或髯如戟。木须长，木财旺动，须多。蛇长而曲，龙长直而不乱。木龙逢死墓空绝，必无须。值死气而逢胎养，微有须。旺则多，而衰必小。又五爻亥鬼动，必须嘴人也。

十二　手

以艮宫兄弟为用，六爻兄弟为肩为大臂，五爻兄弟为小臂。勾加金，肩必耸。虎加金，臂有力。化出火土二鬼。必患搭手。化出水木二鬼，或被水木鬼刑冲，必患湿气酸疼。化木，臂长，化木而生世克应，必精拳棍。蛇鬼手曲，虎鬼加刑，及艮宫兄弟无故自空者，必折臂。玄鬼加金，臂必刺字。金鬼加刃，主刀伤。木鬼加财，臂酸疼。木化木，臂多青筋。木动逢合，臂筋必牵，手难缩伸。更化兄弟，饮食不便。化土，臂必短。〇四爻兄弟为手掌，水润泽，火枯燥，手心热，金洁白，土肥厚，或指短。木多毫毛，或指长。加龙，肌细润泽。加虎，手粗硬。加蛇，掌多乱纹。加玄鬼，或带刑害，掌多逆裂。加勾，掌厚。加雀，掌心热也。

十三　胸

以五爻火父为用，[②] 旺胸阔，休胸狭，合饱满，克凹进。火化鬼，或动化火鬼，及持火鬼，俱主心气痛，或有灸疮。水化鬼，或持水鬼，兴化水鬼，胸有汗斑。加虎白癜疯，加雀勾蛇，赤紫癜疯。金化金，胸骨露，水鬼化水鬼，常呕血。化出金父，必患痨瘵。

十四　背

以五爻艮宫阴土父母为用，土勾旺，背丰厚。土蛇旺，脊有深坑。金虎旺，背露骨。临水兄，或水化兄，及化水兄，食多背汗。化火鬼，或火

---

① 兑为口，金为声。

② 又曰间爻阳为胸阴为背。

鬼来刑克。曾患背疽，衰是灸疮。值阴土鬼，背跎。加勾蛇，跎甚。

十五　乳

以四爻水福为用，旺乳大，休乳小。金水，乳多。火土，乳少。木乳长，木财，上有毫毛。被鬼刑害，曾患乳瘫。

十六　腹

以四爻坤宫土父为用，旺腹大，休腹小。勾高蛇凹，逢龙见合，腹必下满。逢玄化鬼，腹常冷痛。坤宫玄水鬼动，腹有黑斑。雀火鬼动，红斑。金虎鬼动，白斑。化出金土鬼，腹有痞块。化火鬼，曾生腹瘫，否则针灸，或生疮痍。

十七　小肚

以三爻妻财为用，值土，脐必深。值金，筋骨露。值木财，丹田上有毫毛。若二爻上有子孙来作合，必与阴毛相连。若女人化出子孙，在坤宫者，必怀胎孕。子孙逢冲，将分娩。临胎爻动，亦然。

十八　腰

以三爻木财为用，值鬼动，腰常痛，或腰软。衰绝遇合，或无故自空者，主腰软。值火鬼，常患腰疽。金刃来刑害，必经刀斧伤。再加蛇，其痕尚在。若木带蛇动，女必腰细善舞。

十九　臀

以三爻土父为用，土加勾。臀厚大。土加蛇，臀尖削，加冲必凸。化火带合。臀有节疤，阳左，阴右。合爻在下，疤在下边。合爻在上，疤在上边。合爻是福，疤近小便。合爻是土财，疤近肛门。动化木鬼，或木鬼来刑克，曾加杖责，加蛇疤痕尚在也。

二十　肛门

以三爻妻财为用，财化火鬼，或火鬼动来刑害财爻，必有疮毒血症。化金鬼，则有痔漏。化水鬼有脾泄症，财带刑冲有脱肛。

二十一　小便

以二爻子孙为用，持鬼、伏鬼，主白浊、尿血、疝气、淋带之病。化鬼，为遗精，蛀干疽疮天泡之病。如巽宫鬼动来刑害，必患疝气。土鬼化福，必是偏坠。女人三爻为阴，若持官兄或化官兄者，非是女身。如子孙逢空墓绝，而四址俱不带子孙者，必石瘕也。

二十二　股

以二爻巽宫兄弟为用，旺腿肥大，衰腿瘦劣。逢冲善走，旺动，行急耐远。土行迟，金行稳。水步小而急，火行急而摇。值蛇，蛇行。值雀，雀步。值龙，行止端详。值虎，阔步。金土逢勾，徐行缓步。动逢土合，懒于趋跄。父克腿瘦。临木化财，腿多毫毛。官与日并，腿有疮。化官伏官者，亦然也。

二十三　膝

以二爻震宫兄弟为用，持鬼、伏鬼、化鬼，或鬼动来刑克害者，膝有病，或鹤膝疯、水湿气。金木酸疼，火火丹土一足大，阳左阴右。金鬼加羊刃来刑克，主刀伤。鬼动逢合，膝难屈伸。鬼化土财，有筋牵病也。

二十四　足

以初爻震宫兄弟为用，阳土脚背厚，阴土脚底厚。火尖削，金骨突出。木脚板长，水多脚汗，旺大休小。木鬼动，脚气。火鬼动，灸疤。水土鬼动脚烂，如加蛇虎，又被刑害，及在震害无故自空者，主折足。水化木鬼，木鬼化水，俱主湿气酸疼，不便行走。若木鬼化木鬼，或两木鬼来刑克，必经夹棍。蛇土逢阴鬼，足底凹。兄弟空动，或爻旺空动，遇四直冲者，脚跟不着地。兄弟化子孙，为足指，刑则尖，合则正，或缠足。值金，为脚指甲，化土，头指相平；化木，脚长过指。化火值虎，指甲尖利，化鬼必损伤。又初爻鬼加地跷杀动者，空则脚跷，衰亦痒疮也。女人初爻单则足小，折则足大。重则先缠后放，交则先大后缠小也。初爻受刑冲克害，亦主先缠后放。值父，足大。值子，足小。值财，半缠脚。兄鬼持克，非歪脚，必有足疾也。

占断寿数

以父母爻为寿算，凡世爻用爻父母爻旺静而无刑害克破者，必高遐龄。虽衰而动变生旺，又无克制者，或衰而得月日动爻生合者，俱主多寿。若持空死墓绝胎，又逢月日动爻，刑害克破者，或用本衰，又动变出空死墓绝胎，与刑害克破，而元神不现者，或元神现而被伤者。[1] 并主殇夭也。终寿之年，必用临流年太岁旬空之内，或不犯岁旬空亡，而值流年天克地冲者，亦死也。以流年月日会局克世之辰，定其死期。或流年太岁带亡神劫杀丧门吊客羊刃大杀兄鬼来刑冲克害世，而世又死墓绝胎于流年月日中者，则知命尽于此年此月此日也。

寿数经验断例

丙辰年丙申月己丑日庚午时，子占父寿，得节卦安静，此卦用爻正旺，更得辰年丑日来生。理宜多寿。直至戊寅年甲子月癸卯日故。此年正值甲戌旬，父临岁旬空内，又绝于岁建，死于月建，胎于日建，元神又被寅年卯日相伤，故当终命也。

戊寅年己未月戊戌日戊午时，夫占妻寿，得师卦安静，财爻有气，年月日俱克兄，故今无咎，直至丙子年丙申月庚辰日故。财虽不值岁旬空亡，以遇流年天克地冲，又被岁月日会而成水局，克制火财，所以终命也。

庚寅年庚辰月丁卯日甲辰时，卜自己寿命，得颐之复，世动化丑来刑，太岁并寅兄动克戌世，又游年神飞廉大杀白虎在戌，会月虎日虎时虎俱在戌，名为四虎改牙，此极凶之卦，决难免死，故其人病起正月，至四月癸卯日故也。谓世爻病于寅，绝于巳，死于卯也。何以不于辛卯，而在癸卯，谓癸水克丙火，卯木克戌土，故应于此日也。

丙寅年丙申月丁巳日丙午时，卜自己寿，得□之大壮世爻有气，元神长生，忌神不现，故今无咎，直至戊寅年戊午月壬戌日故。世爻正值岁旬空亡，又被年月日会成火局克世，且世爻绝于岁建，败于月建，衰于日建，故当终也。

陈希夷安命宫法

安命不论男女，正月起寅，顺数至生月止，即于生月上起子，逆数至本人生时安命，先轮定命宫，后排十二宫。

---

① 生用者为元神。

一命宫	二兄弟	三夫妻	四子息	五财帛	六疾厄
七迁移	八奴婢	九官禄	十田宅	十一福德	十二父母

先将正变互三卦，排定十二支神，阳世初爻起子顺行，阴世初爻起午逆行，轮定命宫，命宫既定，遂从阳世阴世顺逆数之。假如阳世子爻值命宫，即从主卦初爻起数。阴世子爻值命宫，即从变卦五爻起数。凡正变互三卦，连环而数十二宫，过而复始。

排十二宫法

正卦	变卦	互卦
六宫		
五宫	十宫	
四宫	九宫	十二宫
三宫	八宫	十一宫
二宫	七宫	
一宫		

阳世顺行法

正卦	变卦	互卦
六巳		
五辰	十酉	
四卯	九申	十二亥
三寅	八未	十一戌
二丑	七午	
初子起		

阴世逆行法

正卦	变卦	互卦
二未		
三申	七子	
四酉	八丑	十一辰
五戌	九寅	十二巳
六亥	十卯	
初午起		

十二宫断

《黄金策》曰：首论命宫宜旺相，贵人禄马福难量。若值休空多患难，一生顺倒惹灾殃。兄弟宫中喜旺强，合生身世棣华芳。衰空带鬼无同气，冲克身爻定不良。夫妇宫中喜旺生，财临子值助吾身。杀刃临爻多怪疾，衰空难保百年姻。子媳宫中吉曜临，子孙岐嶷有精神。冲克身世多忤逆，衰空杀刃嗣伶仃。财帛宫中忌破空，旺临财位福无穷。最怕耗神兄武劫，一生得失小人侵。疾厄休空反称心，生身合世必相侵。身克世冲总不犯，最嫌帝旺与长生。迁移身世坐其爻，迁徙无恒祖业抛。吉曜临之迁则吉，凶星如值枉奔劳。奴婢宫中喜旺兴，生身合世必多情。福德养奴财养婢，吉神会遇似陈琳。官禄宫中要吉星，吉星生旺必荣身。休衰恶杀兼兄子，皓首依然一白丁。田宅宫中喜土金，子孙奕业得相承。水火木星多进退，休空到老素寒人。福德旺兴生世象，一生长得吉人钦。衰空终岁身勤动，凶曜奔忙也是贫。父母宫宜生旺临，合生身世荫垂深。衰空受克无瞻依，伤世冲身定不仁。

校正全本易隐卷二

僧道占第二

游南子曰：僧道之占，亦有别焉，如其甫欲出家而来占也，但看华盖孤辰临于世身命爻，而卦中子空财绝者，是宜为僧道者也。若子财旺动者，卦六冲者，今虽出家，后必还俗也。其已出家来占者，以子孙为用也。又自占用世，代占用应也。用爻旺静，带龙喜德合者，吉也。内外、世应旺相生合比和，不受刑害克破者，吉也。用逢财子福禄生旺者，富也。用逢官贵长生者，僧道之官也。用逢官贵禄马德合值空者，在玄门，则为法师。在空门，则为掌教者也。又卦逢六合者、六爻安静者、世旺身空者，身空不动，而元神旺，忌神衰者，皆安享清福，寿考绵长也。世应俱空者，身心不定也。二父克身者，俗家牵累也。二鬼克身者，灾病缠身也。世持兄动者，贪财好色也。勾持身动者，系念家乡也。虎加身动者，官讼累身也。雀加世动者，多招口舌也。蛇加身动者，卒暴虚惊也。武加身动者，被贼冤牵也。龙加身动者，贵客相扶也。或候曰：子孙空亡者僧道见之，谓身落空亡，当有大难。得日辰动爻冲，庶几不死也。《管公口诀》曰：金遇木而逢官，必得当朝之宠命。金遇木而逢福，定为常住之高人。金遇木而逢兄，兄弟来缠。金遇木而逢财，得财还俗。火见火而得子，一定当归也。又有建造梵宫道院者，木见木，寺观重重也。金见金，楼台叠叠也。水见水，佛殿宜修也。土见土，僧房宜整也。火见火，必遇火殃也。父见父，当蒙敕赐也。父旺生世者，殿宇巍峨也。父动化父，与父衰化旺者，必重建乾坤也。父入乾，宜通都大郡也。父入坤，宜田野村郊也。父入震离，宜闹市也。父入艮巽，宜山林也。父入坎兑，宜襟江河而依泉涧也。又鬼动生合世者，宜谒贵也。财旺生合世者，宜化缘也。财鬼空绝、或卦无财鬼者，乏斋粮也。应爻空绝者，无施主也。世财空绝者，不宜买产也。又贵临父母者，本师得道也。父母克身者，蒙师接引也。世绝逢生者，得人点化也。世墓逢冲者，得人开豁也。兄旺化兄者，从众如云也。岁临火父，持世生合世者，宠锡忽颁也。又若招徒以子孙为用也，子旺生合世者，徒得力也。子临死墓绝胎而刑冲克害世者，愚痴而背逆也。子临空破者，从有灾也。子伏鬼化鬼者，从带疾也。卦值游魂归魂六冲者，不久遁去也。又有云游访道者，但得日龙与月虎，动临身世、命或日虎与月龙，动临身世命者，是谓龙虎交驰宜访道也。游魂卦而世带劫刃者，世在五爻带亡劫者，道路灾迍也。世应相随者，不返家乡也。身世命值龙马者，江湖得志也。值福合鬼者，四海驰名也。值兄合勾者，身填沟壑也。值武临财者，没命波寿也。值鬼合虎者，途遇强徒也。值父合虎者，荣归故里也。又有密地修证者，但世持福德生旺，在既济、未济卦者，或在壬午、癸巳、丙子、丁亥、四爻者，或世持火子、伏水化水者、或世持水子、伏火化火者，俱为坎离既济，宜参禅坐关打坐运气也。子孙旺动，生合临持身世命者，成功行满也。身世命爻，值空死墓绝胎，及被四直与动爻，刑害克破者，难守戒行也。身冲世动，与六爻乱动者，心摇惑也。兄动克者，谤讪兴也。鬼动克者，灾讼作也。卦中上爻，[①] 与父母爻，动来生合身世命者，必天祐而人护也。又有修真炼性者，缁衣以金为主，世身命居乾兑而值申酉者，吉也。羽士以木为主，世身命居震巽而值寅卯者吉也。世身命爻安旺者吉。卦无身者，难成正果。世空破者，不登道岸。鬼化子者，先难后易。子化鬼者，有始无终。日龙与月虎，或月龙与日虎，同临身世命爻者，是谓降龙伏虎必炼丹而得道也。卦值内水外火，[②] 或内火外水，[③] 是谓火降水升，必面壁而成功也。世值升爻，登上界也。身居降象，堕阿鼻也。世持水福，而伏火化火，或持火福，而伏水化水者，必飞升也。世持水鬼而伏火化火，或持火鬼，而伏水化水者，必坐化也。世持水福，加龙动者，羽化而登仙也。世持火福，加虎合者，遗蜕而不坏也。[④] 又有僧道还俗者，子财两动者，宜也。游魂化归魂者，宜也。

---

① 六爻为天。

② 未济。

③ 既济。

④ 管公曰：身空遇火，得火燃身。

财子生旺持世生身合命者，宜也。官动克世身命者，多灾讼也。兄动克世身命者，用耗失也。身世命临空死墓绝胎，又被刑害克破者，还俗开斋之后，灾痗荐臻，寿元损坏也。随官入墓者，若祸难逃也。助鬼伤身者，贪淫受累也。

家宅占第三

游南子曰：凡占家宅，分二种焉。有安居来卜者，先看内外卦象，内为宅，外为人。旺相者，人宅兴隆。休囚死者，住居无气，丁畜消损，家庭不发。内外生合比和者吉，相刑冲克害者凶，空亡尤凶。如卦象衰空者，方看爻神，以二爻为宅，五爻为人，人克宅，则造创整齐。宅克人，则住宅不兴，人眷灾迍。二爻旺，屋多。五爻旺，人多。休囚死凶，相生合吉。相刑冲克害凶。如爻神再空，是空而又空也，必有灭门之祸。次看六亲，世为己，应为妻，阳父为父，阴父为母，阳兄为兄弟，阴兄为姐妹，阳财为妻，阴财为妾婢仆，阳子为男，阴子为女，阳鬼为祖，阴鬼为祖妣，用爻上卦吉，用爻旺相，带吉神，得太岁月日生合者吉。用爻休囚死空亡伏藏者凶。带凶杀动，被三传刑害克破者凶。用爻持鬼伏鬼化鬼煞，阳鬼主官讼，阴鬼，必有灾病也。又凡用爻伏于官下者，必有病讼，每事多阻，出入有碍也三。将一岁分四季。如木带吉神，春季见喜，火鬼带杀，夏季生灾。金值妻财，秋宜得利。水逢兄弟，冬必破财。土爻若带吉凶，各随司令决断。[①] 若遇空亡，吉空则凶，凶空反吉。除此大节之外，后将并窗床厕门户道路香火栋梁坟墓六畜，分察吉凶也。又有临事来卜者，便搜目下有何吉凶，遇父动，则子伤畜损。兄动，则妻伤财损。鬼动，伤兄，大小不安，官非事发。子动，克夫，削职。龙鬼持克，喜处生灾。雀鬼雀兄持克，口舌破耗。蛇鬼持克，虚惊常有。玄鬼持克，非阴私盗贼，必奴婢走失。勾鬼持克，必田土交加，契券不明。虎鬼持克，主丧孝刀兵斗伤蹼跌。二爻凶，窗神不安。三爻凶，床席不安。五爻凶，香火不安。此察六爻，厕碓门路坟墓六畜，逐位推详也。

---

① 辰三月，未六月，戌九月，丑十二月也。

鬼谷分爻

祖妣	奴婢	宗	栋柱	墙篱	马
父	宅长	香火	道路	人口	牛
妻	坑厕			外户	羊
伯叔	兄弟	正门	阁房	床碓	猪
母	宅母		学堂	厨灶	猫犬
子孙	基址		沟	井	鸡鸭

一　宅基

以卦身为用也，身旺相，基宽大。休囚，基狭小。属阳基方，属阴基圆也。入卦身临乾，基高。坤临坎基卑下，近湖沼溪塘也。临艮，傍山陵近坟墓也。临震，近闹市林木。临巽，近竹木花果菜园也。临离，乾亢向阳，近窑冶也。临坤，近平郊旷野坟墓也。临兑，近池塘薮泽也。十二支神，身临子，基两尖中阔。临亥、基湾水曲也。临寅、远树椿基。临卯、两家基址相连也。临巳，被人包后。临午，前大后尖也。临申，石砌中宽。临酉，四方不开也。临辰，基高。戌基横，丑基前小后大。未基长，后如钥匙勾转也。身逢重基曲圆，逢交，基方直也。逢刑冲，基高低破缺也。逢生合，基方圆齐整也。逢三合，而遇日辰动爻刑冲克害者，基即有一方缺处也。① 身遇三刑，基在尖角上也。身遇六害，崩败处朔屋基也。卦逢六合，中央地基。卦值六冲，街头巷口地基也。身临父，基有旧屋。身临兄，半为己产。身空伏鬼全是人基也。身下伏官，非官基，必绝地也。身下伏子，道官僧房之基也。② 身不现又不伏，或身临空绝者，非绝户之地，必他人之基也。父化鬼者，绝户官基也。身衰值木者，旧为茅径也。身金化金者，折屋开基也。身土化金者，移高塞低也。身土化土者，填高塞低也。龙父旺动克身者，东屋偪基也。虎父动克身者，右边已卖

① 如子日，或子爻动伤身爻，即北方有缺之例。
② 动为观，静为庵。

也。水鬼克身者，地基水湿也。雀财化父者，火后地基也。二爻克身者，基狭也。身克二爻者，基不方正也。三四克身者，门户冲基也。五爻克身，有路冲。六爻克身，有墙栋冲也。初爻与应爻，带土来生合卦身者，并入基地也。兄临子水动克身者，北方有人争基也。兄临午火动克身者，南方有人争基也。东西仿此。

二 井

以初爻为用也，又以白虎子孙申金为用也，初爻庚子水屋下井，甲子水门前井也。日父母生合初爻，坡下井。初加勾逢三合，井在墙角也。内卦坎化离，初爻水化火，二爻火化水者。俱井灶相连也。初合三爻，房井相连也。龙旺逢冲，新井也。虎逢衰死，旧井也。初空动穿井未完也。空逢冲，穿井未久也。初鬼空，废井也。初水逢死气，井室常闭也。土杀动来刑冲克初爻，井闭塞也。初临龙水遇墓绝，枯井宜开也。初父化兄，相承留下井。初兄化兄，与人合井也。初持父母，有井亭，或肋下井也。初临月日二虎，虎眼井。水化水，双眼井。初爻伏爻化爻同，三眼井。初与三传并合，四眼井也。初临财福青龙，水清盈溢。福及百家也。初加鬼虎，灾生十室也。初加勾土，官符叠叠也。初加雀火，一向干枯也。初加雀水，福禄悠长也。初金蛇动，井埋尸骨也。初巳蛇动，井有蛇怪。加大杀，有毒蛇也。初武水雀旺动，泉不竭也。武大杀动，水黑也。壬戌癸亥动合初，水味咸也。丙午动合初，水味淡也。大杀丙丁动，无水。初壬癸动，泉多也。水值长生，水常泛溢也。合动生合初，水清溢也。水动不积也，土动水浊也。土空是池也。土加咸池杀，水秽气，不可食也。初属木，井边有树也。庚寅辛卯松柏也。庚申辛酉，石榴也。巳未，桂也。戊辰，竹也。壬午癸未，杨柳也。若木鬼带杀动，井上有枯树为精。旺相树大，休囚树小。若逢刑冲，树必损坏。日辰刑冲，其木方砍。月建刑冲，其树斫伐也。初爻土动化木者，井中有树宜去也。兄动合初，一旱无泉也。官动合初，久旱得水也。二爻父母空，无井栏也。父母被刑冲，井栏损也。二爻虎金合，石井栏。辰卯旺合，竹篓为井栏。庚寅旺合，木井栏。戊寅旺合，竹井栏。二爻武旺空，或武动逢冲者，井栏盗去也。

初爻勾逢刑破，井下栅颓也。初受土克，水漏也。初临丑土加勾，井边有半片磨也。金虎动合初勾，井旁有顽石也。初临辛丑，逢勾金动来合，旁有旧缸底也。初加旺虎在艮宫，旁有灰堆也。初加天河、天井、小杀动者，有小儿堕井也。初下伏鬼，井有枯骨也。初下伏卯，井中有竹物也。金动冲合初爻，瓦罐堕井也。初加勾杀动。窑器堕井也。庚戌辛亥冲初爻，首饰堕井也。初持金蛇动，铁钩堕井也。壬申癸酉冲初爻者，剑堕井也。虎加土煞动，石块堕井也。酉金冲合初，鸡飞落井也。初加寅虎动，猫落井也。丙辰加龙德动，井有鱼龙也。金虎加大杀动，井有铁器为精也。初加光影杀动，井有怪异也。初加天烛杀动，及雀临丁巳动，而受刑者，井有火光为妖也。又宅为母，二爻井为子初爻相生合吉，相刑克凶也。又凡卜开井者，但逢玄武水旺动。与申金旺动，者其泉易至也。又日辰，与水动合之爻，其下有泉也。[①] 又耶律氏以卦中申金爻旺动者有井[②]，申金死墓空绝者，枯井也。申下伏鬼者，无栏也。申下伏杀者，水恶也。申下伏财者，水清也。申下伏父簷前井。伏子，路边井，伏兄，与人合井也。卦有两申，双井也。如日辰合住，只一眼汲水也。卦无申爻者，无井。有申无水，亦无井，虽玄武旺动，亦枯井也。玄武旺，遇勾，并合者，枯井可开也。又井爻不动不发，试之极验。

三 住宅

以二爻为用，又以父母为用也，又以父母为堂，官鬼为厅，妻财为仓灶厨房。子孙为廊厦厢房披屋道路，兄弟为门户墙壁。值玄武水爻，为坑厕也。旺相得四直生合，带贵马龙喜德禄财福动者，新创整齐也。休囚空死墓绝胎，逢四直刑冲克害，加蛇虎亡劫刃杀动者，旧居破败也。宅动必伤财也。宅空必见灾也。宅空动，其方主绝也。宅旺动，重建造也。宅旺相，必荣昌也。宅休，宜迁也。宅囚，人亡也。宅死，屋卖也。宅水逢火者，发也。干支合论木遇土者，相资也。火值金者，鼎新也。土值木者，斜损也。木见木者，楼阁重重也。加木命人占，则五门一统也。贵人福德临宅，世代名家也。华盖文昌临宅，当今名宦也。火火无水，贫乏之居

---

① 以支神定其何方。

② 水生申故。

也。水水无金，穷寒之舍也。二水二金，宪台霜肃也。一木二土，台阁流芳也。水见火，临兄弟，和合之门也。水逢金值父母，雍穆之家也。鬼临宅空动，主有大难也。太岁临宅空动，人口必伤也。白虎临宅空动，人死马倒也。[①] 父空，无正堂也。父囚死，堂屋崩颓也。父化父，非有二堂，必楼房也，或折旧屋起大屋也。父化子，折旧屋起小屋也。父化财，折旧屋为厨灶闺房仓库也。父化官，改堂为厅也。凶衰，则没人为官房也。父化兄，安门立厕也。父伏子下，偏屋作正屋也。父伏财下，与灶同间也。父下伏兄，两姓合门出入也。父下伏子，从屋高正屋低也。父下伏官，非宦家，必住官房也。伏鬼带合，停殡在堂也。父下伏木鬼，带火逢空者，草屋也。伏火鬼，逢衰死者，草屋也。火水鬼者，屋下湿漏也。伏土鬼旺相，当簷有教埂。伏鬼逢死墓，下有伏尸也。伏金鬼生旺，有城塔出现。衰是草舍也。雀在前，武在后，龙左，虎右。勾居辰戌之方，蛇乃丑未之地也。鬼空无厅也，鬼化鬼，有二厅也。带杀则宅地不祥，夜多怪梦。如刑冲克害身世，主重重灾讼也。鬼化兄，损财招盗也。鬼化父伏父，非官家，必官房，或没人官房，或家有病人鬼祟，多招是非口舌，贵官则不妨也。兄化兄，重门相对也，主人口啾唧之灾也。兄化鬼，有官符口舌，损妻妾财帛也。

财化财，连厥重灶也。带凶杀则妻妾不宁，加婢走失。财化鬼者，亦然也。财化父，居地窄，小口灾也。财化兄，不利财帛也。财化鬼，贵人升级迁也。财世动，主卖屋，或毁折房屋，克双亲，生鬼祟，财物不能停留也。子化子，侧屋多，幼口灾也。子化兄，住居不安也。子化官，幼口损也。又禄马官贵临宅，出贵也。财禄福喜临宅，发富也。咸池玄武临宅，出淫人贱人也。福空华盖临宅，出僧道也。虎福加天赋临宅，出不良乞丐也。虎杀加刑害临宅，出凶恶也。龙德福喜临宅，出良善也。雀福动，出看经念佛人也。披头杀加白虎临宅，出疯癫人。木狼杀加蛇鬼临宅，出雉颈人。风波杀带玄武鬼临宅，出溺水人。雷火霹雳杀，带雀鬼临宅，出雷击火焚人。金火鬼加天刑羊刃临宅，出刎颈刀伤人也。爻动者验宅爻临鬼动，加伏尸天刑飞廉病符者，与鬼加众杀动克宅爻者，主出带疾

① 以上出《管公口诀》。

之人也。金动阴爻者，出麻面妇人，足上生毒也。火动阴爻者，出跛足妇女，手中疯气也。阳爻木冲者，手足疯，而阴生怪疾也。阳爻火合者，遍身疤，而鼻内涕流也。金多，则露齿无须。土多，则囊大口疙也。

水多，则男女咳嗽。木多，则男女疯魔也。出《管公口诀》。木鬼克宅，主出疯癫瘫痪燥痒麻疯也。水鬼克宅，主出冷瘟湿气崩淋也。火鬼克宅，主出白目，癫痫疾也。土鬼克宅，主出蛊胀黄肿喘急也。金鬼克宅，主出痨瘵瘫痪哑聋喘嗽也。然必宅爻逢绝气者，方可断之。但遇日辰动爻生合者，不可既论。宅爻带鬼杀动，克世身命爻者，亦然也。欲知何人有疾，但看鬼刑害克冲何位，木爻人，与刑害克冲爻人，得病也。若鬼属子属鼠人，子冲午，属马人，子克巳，属蛇人。子刑卯，属兔人是也。《毕法赋》曰：病符克宅全家患，值月之生气者，尤合家病也。值月之死气者，必死也。人口爻带虎鬼动者，尤验。定宅向者。以世爻为坐宅，以相冲者为向道也。世前二爻为宅前，世后二爻为宅后。惟归魂卦为往外复内之象，独以二爻初爻为前，四爻五爻为后。如世值子向朝午之例。然唯世爻旺静，日辰生扶，则依此断。如世动或日辰冲克，则将世前一爻相生者定向，如世前一爻为寅，向在申也。若前之爻，又与世克，则以前为后，以后为前。取持世对冲爻定向道。道如世本属子。反言坐午向子也。向以龙德贵喜财福生旺，与四值生合之方为吉也。

以虎煞亡劫刑刃兄鬼空死墓绝，四直刑害克破之方，为兄也。欲知宅前宅后妨犯，凡前后之爻，遇日辰带父冲克世爻者，屋宇相妨也。日辰带福冲克世爻者，旺则道路妨。衰则私街冷路妨也。日辰带财冲克世者，阳则楼屋户女墙乔木妨，阴则厨灶闺房仓库妨也。日辰带兄冲克世者，旺则门户冲，衰则坑厕簷角冲也。日辰带鬼冲克世者，旺则街坊厅廨冲，衰则庙社冲也。世下伏鬼，坟墓妨也。日带金火鬼冲克世者，石敢当相妨也。金鬼遇长生冲克世者，巷牌影射也。金鬼衰墓并克，来冲克世者，败社枯基妨也。金鬼受刑冲，来冲克世者，坛馆妨也。金鬼旺动遇日冲并，来冲克世者，石冈妨也。火雀鬼遇长生，动来冲克世者，窑灶相妨也。玄水鬼遇生旺来冲克世者，瓦流妨也。玄水鬼遇死墓绝胎，来冲克世者，枯池竭井妨也。木龙鬼遇长生来冲克世者，松柏妨也。死绝为篁竹，带墓，则坟木也。木鬼冲克世者，桥道妨也。生旺，则墩埂城角妨也。土鬼旺动冲克世者，神庙妨也。衰动冲克世，伏尸古墓妨也。[①]

欲知起造，但震巽宫宅爻旺动，与初六爻两木旺动，要构新居也，旺而静。则造成矣！欲知起造修改因何，应冲世者，为阴阳妨碍也。世旺动者，因富贵营建也。动遇合者，有人阻隔也。静逢冲者，有人吹嘘也。日带父克世，因风雨而修也。世临父逢空，为妻身而起也。金木齐兴，修整必速也。一动一静稍迟。木旺金衰者，功已告成也。土金旺动者凿井、穿池、叠砌堆山也。衰动，则改门换壁也。金旺木空者，欲兴工而未能。遇日辰生合，其功必成也。遇日辰刑冲，枉劳心力也。若强成，决损人财。遇太岁冲克者，立见悲惶也。修造兴工以间爻为匠也。又兄为人工，莫伤财位，财为工本，怕遇绝爻。子旺，则酒食丰余。应空，则工程退缓。辰戌兴隆，砖瓦已备。寅卯空伏，料木尚无。土鬼动者灰恶，金爻空者钉缺。世合间生，事未兴而局已备。间空父动，料已具而匠休工。福临应，则匠巧。单占以应为匠兄入应，则匠拙。雀必多言，勾终迟钝。遇龙而才高精巧，逢虎而性浊猖狂，玄官防其窃取，蛇鬼虑乎倾颓也。

宅式：乾圆、坤方、艮重、兑缺、离虚、坎实、震长、巽直也。勾加父，半边破相之屋。蛇加父，牵连之屋。玄加父，披搭之屋。雀加父，间口之屋。虎加父，破损之屋。龙加父长短之屋，蛇加水父休囚，乃茆簷草合也。虎加父动，有搭角屋也。宅爻土化土，拖前带后也。木化木，横屋重楼也。火化火，屋有龟头也。雀克玄者，前高后低也。龙克虎者，左高右低也。金遇勾生者，中突四低也。龙死虎生者，西高东低也。动衰化旺者，前窄后宽也。土旺木衰者，必平屋也。

宅之大小：但宅爻旺相逢生气者，财动生合宅爻，或财旺动化父，与父爻旺相，重重出现者，必大宅也。父衰逢蛇虎者，茅屋。旺相者，带瓦。父旺雀休者，前面黄瓦，或草盖也。逢子北方，丑东北方，余仿此。

宅之新旧：父爻宅爻旺相新，休囚死旧也。父衰宅旺者，半新旧也。爻旺六神衰者，新旧相接也。旺化衰，前新后旧。衰化旺，前旧后新也。财动化父，折旧换新也。

宅之倾倒，但父衰而财旺动者，主倾倒也。以年月日时克冲之支神定

① 出耶律氏《锦囊集》。

其倾倒之日也。又世爻宅爻父爻逢空破墓绝，宅必倾倒破败。如临财虎动者，亦破折房屋也。又父爻宅爻世爻三空者，主三迁，或逃亡绝户之屋也。

宅近何处，临乾兑宫逢子动者，近庵堂寺观。临金虎鬼者，近屠猎军匠人家。逢虎兄动，近赌坊。父动化官，近公馆也。《管公口诀》云：初二爻鬼墓动，屋后有坟。三四爻虎杀墓动，两肋有坟。五六爻土鬼动，开门见坟也。又寅申巳亥，坟在四角。子午卯酉，坟在四旁。辰戌丑未，坟在两肋也。

宅典与人住者，但内卦父爻宅爻合应爻，或应爻克内卦宅爻父爻，或应居二爻，或应爻支神，与宅爻支神同者，俱主屋与人住。应带日辰，则为寄居也。又应临玄刃虎杀来克宅，住屋人奸恶也。应加龙德福喜生合者，住屋人循良也。

住人宅者，但宅爻带父逢空，或父不现，或身世与外卦父母爻相合者，供租赁之宅也。得需颐二卦主店居也。《管公口诀》曰：土空者，赁屋住也。

离祖过房者，凡世空，与世逢冲，或身世临五六爻动，主离祖过房，或出远方也。又世临外卦之爻，与宅爻同支神者，谓世临外宅，动则离祖分居，静亦主住偏宅也。又《指掌诀》云：住冲六位，变祖迁移，两鬼两财，两承宗祀。二父当权，重拜双亲也。

分别住宅吉凶者，《管公口诀》曰：金爻动正西西北，西南皆逃流。东可住，留子孙。水爻空，东北寡，西南孤，西北出烂足，正南可住。火爻动，东方灾困多年，一床快烧，西北两代孤寡，西南逃，东南可住。土爻不空不动，正西难住，主荫三代老寡，两房幼寡，留孙不绝，东北正东可居。木爻动，正东西北东北有子，东南正西主孤，正西不可安床，西南有祸。又曰：木泄无聚，正东难居。木旺有生，正东发福。取天干以合地支五行同以此法推之也。问宅分合者，但宅爻逢合则合，逢冲则分也。兄弟动者分，官鬼动者合。世身静而居库，合住必久。如逢日辰合出，则出祖之命也。世身临兄动，亦主分磐。如逢日辰合进，主前分后合也。若世身遇白虎凶神冲克，得日神合出者，必然改故鼎新也。或世身带金木暗动，意欲重新更改，然后分析也。如二爻空亡带杀，分必不利也。衰化生扶，先贫后富也。旺之冲克，先富后贫也。前卦无财后卦有，分后兴隆也。前卦有财后卦无，分后萧条也。

问宅荫者，但木居外卦，旺动合宅爻父爻者，必有大树庇荫也。如日刑木爻，其木方砢，有月建刑克，木已斫久。若木鬼带螣蛇光影杀动者，宅边有枯树为精也。

问宅饰者，宅爻天干，逢甲为板阁架，乙为板棚，丙丁为彩画，戊己为尘土，庚辛为画饰，壬癸为油漆，或屋下水池也。金子动来生合父，或金子动化父者，有玉砌雕栏也。火子动来生合父，屋内必悬图画。父下伏鬼，是神佛像也。

宅有魔魅者，凡官鬼加虎玄金爻暗动，来刑冲克害父爻世爻宅爻者，俱屋有暗算也。鬼初爻暗动，在后金柱也。二爻动在中栏柱也。三爻动，在大金柱也。四爻动，在前金柱也。五爻动，在前小金柱也。六爻动，在前步柱也。阳在左，阴在右。金鬼，铜铁器物。木鬼，竹木雕刻物。土鬼，砖瓦琢成物，或泥土物。水鬼，纸画形像。火鬼，乃骨物也。鬼加虎，乃走兽须防疾病也。鬼加雀，乃飞禽，当虑官非也。蛇多魔梦虚惊也。玄主奸淫窃盗也。勾则田蚕损耗也。龙则胎产成虚也。鬼临月日，木刻人形。灾生小口也。鬼若逢冲，家人常见。鬼动遇合，灾害不成也。秦人邹道岸，客游燕卫间。专为人取厌魅，获利万金，用此十法也。宅有伏尸藏物者，但财墓于二爻，有财宝埋藏也。鬼墓于二爻，有伏尸也。子入墓，下埋小儿和尚也。阴财入墓，下埋阴人奴婢也。父入墓，下埋老人衣冠文书也。兄入墓，下有孔窍坑井填筑也。加龙在左，加虎在右。雀前武后，勾中蛇侧角也。

宅有怪异者，以鬼爻动为用也。静则无怪。孟月三四为怪爻，仲月二五为怪爻，季月初六为怪爻也。凡怪爻加鬼煞持身世动，或带鬼杀动，来刑害冲克身世，或逢财动助鬼来伤身世者，或身世随鬼入墓者，皆主灾难脱也。怪爻在乾，西北方现也。入艮，东北方现也。入巽，东南方现。入坤，西南方现。离南，坎北，震东，兑西也。鬼爻伏父动，怪在堂也。伏鬼动，怪在厅也。伏财动，怪在厨灶卧房仓库也。伏福动，怪在廊庑厢房也。伏兄动，怪在门户坑厕也。鬼属金，怪从土中出也。属木，怪从水中出也。属水，怪从五金中出也。属火，怪从木中出也。属土，怪从火中出也。如加龙，怪青黑色，长嘴，徵声，有足有尾，善变化也。加雀，怪赤黄色，尖小有嘴口能快飞，或鸟怪也。加勾，怪黄黑色，形矮扁，或山魈野魅也。加蛇，怪红黄色，善走动，或蛇与狐狸也。加虎，怪白色，有须无项，或伏尸为祟也。加武怪黑色活动不定，或獭怪也。

神杀	寅月	卯月	辰月	巳月	午月	未月	申月	酉月	戌月	亥月	子月	丑月
犬怪杀 蛇怪杀	戌	未	辰	丑	戌	未	辰	丑	戌	未	辰	丑
鸟怪杀	未	午	巳	辰	卯	寅	丑	子	亥	戌	酉	申

宅进田产者，但土财生合世身，或勾喜生合世身，与勾克世财者，住主进产。旺多，衰少。惟空则有名无实也。在外卦他宫来生合，得外家分授之产。内卦本宫来生合，乃自己续置田产也。得于何人，六亲定之。得于何方，八卦定之。得于何时，生旺月日定之。凡勾值太岁动，与世克动勾，或财动克勾，或勾临木鬼动，住主退卖田产也。要知因何退卖，以六亲六神推之。雀鬼克世，因讼退也。虎鬼克世，丧葬退也。龙鬼克世，婚嫁退也。蛇鬼克世，求签信佛退也。玄鬼克世，好淫盗贼退也。又宅爻临土空动者，无田地。动而不空，有些产存也。

宅得财者，但之宫内卦财动生合身世者，主得至亲财。本宫外卦，远亲财。他宫内卦，邻里财，他宫外卦，远方爻财。旺多，衰少。以五行定其何物，以八卦定其何方，以六亲定其何人。如卦中无财，厅上变出财来生合生世者，主不意中得直来之物。详见身命贫富占中。

宅嫁娶者，但卦中财鬼二爻同动，来生合世爻宅爻者。或卦有财，而日辰是鬼相生合，或卦有鬼，而日辰是财相生合，或财鬼二爻动，变来生合世爻宅爻，皆主婚姻之喜。宅爻世爻逢空，则不成也。

宅怀孕者，以胎爻为主也。如乾卦以水为子孙，水胎于午。卦中午爻动，或化出午爻者，皆有怀胎之喜也。要知何人受胎，以六亲断之。胎临父母，是叔伯母。临财，则妻妾婢。临兄，则嫂与弟妇姐妹。临子，则女与媳。临鬼，或鬼化出胎者是鬼胎，主虚喜也。胎爻动，生其目下不动尚迟也。

宅添丁口者，但应临财福，生合宅爻世爻者，必进人丁。如世爻动，克应上财福，则有通卖人口之事。应临财福空亡者，谋事难成也。

宅遭回禄者，但人宅相冲。二爻五爻加烛火、天烛、天火、天祸杀，或杀带鬼动，持克世爻宅爻，或世爻宅爻持雀火，动化鬼爻，或雀动，化日辰火鬼，或日辰带雀火鬼，冲克世爻宅爻或日雀与月雀并动，或月雀带鬼，遇日辰冲并动者，俱主失火也。要知何处起火，以八卦推其方所。又世则家下，应乃对门。内为本宅，外则乡邻也。又蛇加巳火，在二爻或六爻空动者，遭回禄过。不空，十日内有火灾。巳在东南，巳冲亥，在西北也。若火鬼暗动来克宅爻，世爻身爻或六爻无鬼，而动化火鬼。刑克宅爻世爻身爻，或应带雀火鬼杀动来刑克宅身世爻者，俱主仇人放火也。如鬼杀不动，或空死墓绝胎，及水爻旺动持世者，皆无火灾。即鬼杀动，而不克宅身世爻者，祈祷可免也。郭雍曰：月破之爻临火杀，岁君冲鬼朱雀发。刑身克宅宅逢空，百计祈祷难解豁。

宅失贼者，但坎宫水鬼动，或兄化鬼，鬼化兄，或玄鬼带天贼杀动，或玄下伏鬼暗动，或日辰带玄鬼暗动，来伤宅世身者，皆主失贼也。暗动者尤验，应在对冲之月。若不伤身世，而克宅爻者，足私房小伙有失。鬼爻休囚，是嬉偷白撞贼也。玄鬼带天盗、劫杀旺动，来克身世，是大伙盗也。财化财，加玄武者，防剪绺贼也。又玄临财动者，但查天贼何月值此爻神，遂以爻神六合之日，断其失贼极验。

宅有官讼者，但雀鬼持克宅爻世爻者，旺则官司，衰亦口舌。父化官官化父，或雀鬼冲克三爻四爻，[①]不拘阴阳，皆有户役官讼也。雀父动，文书尊长之讼。雀福动，少年僧道之讼。雀财动，阴人钱帛之讼。雀兄动，手足朋友之讼。雀伏鬼化鬼，牵连飞来之讼。雀鬼动，化鬼，病讼交加，或一事未了，又惹一事也。本宫，在家事。外宫他处事。若加太岁，讼必经年。又鬼伏兄下，暗动克世身者，必牵连之讼。鬼伏财下，临阴爻，与用爻相合者，必妇人干连之讼。临阳爻相合，则财帛干连之讼也。

宅有琐碎者，但宅爻安静，破日辰并起冲起者，在官爻即忧官。在兄爻，即有兄弟相识事。在财爻，即有阴人钱帛事。在父爻，即有尊长文书事。在福爻，即有子孙僧道事，克世身者尤验。又日辰并冲官爻者，子官

① 三为门，四为户。

休渡海。亥鬼莫临河，酉官香醪少饮，丑官牛肉莫餐，午官忌乘骡马，卯官莫上车舆。申休舞剑，未弗牵羊，巳被蛇伤，戌防犬啮，寅当虎噬，辰被龙惊也。

四　厨灶

以二爻妻财为用也，二爻旺相，新灶。休囚，旧灶。逢冲，破灶也。旺动，厨灶闹热。休静墓绝，灶头冷澹也。临父，楼房重建。临福，增进产业。临兄，必分爨。临妻，必寡居。鬼动，必见灾殃。鬼空，人口瘟疫也。值龙，木年见喜。值雀，累月官符。值勾不动生财，值蛇虎动有祸。值玄武，静者吉，而动失贼也。值太岁动，阴人小口灾也。太岁空，宅长宅母灾也。旺宜守旧，空须更迁也。水动明净，空则失业也。木动烟迷，空则无牕也。土动伤猪畜，空则乖张也。火动簷梁蹊，空则贫寒也。金动锅损，二金动，中锅损，土金动，大锅损，休则小汤锅损，囚则小尺者损也。金空锅缺也。三金并见，五锅之家。[①] 干支二火动，重重口舌也。火鬼动，主汤火之灾。看刑克何人命爻，知其何人被灾也。坤宫乙巳火动，四月十月，防火灾也。[②] 艮宫丙午火动，五月十一月防火灾也。[③] 二木动，楼阁重重。二金动，必见孤寡。二水动，势业难留。二爻戊辰巳丑动，灶前有怪石，休囚必土堆也。二爻甲寅，三爻乙卯动，有横梁灶上，不动者居中，空动者不跨灶也。又灶左为门，灶右为路，左见二木，坤宫乙卯两门相冲。右见二土，艮宫丙辰一路相犯也。[④] 二爻加咸池杀动，灶前有泥土砖石堆，主人口脓血之灾。加天火、天烛、烛火杀动，防灶下火起也。二火空，灶无烟楼，或无大灶，或有废灶也。火鬼动灶必漏烟，火鬼空灶神不安也。火化水，灶前湿漏也。土空欠土修葺也。值勾鬼，泥打灶。勾临金，半泥半砖也。土鬼动，礅砖为灶也。灶墓同宫，下有伏尸也。木旺动，灶上有横梁。木逢死气受刑冲者，旁有横木也。木死绝，乏柴米也。木生旺，多薪谷也。寅空，无提桶。卯辰空，无笼笊。水木空，无钩桶

---

① 干支皆金，本命又金。

② 四月巳。巳冲亥。

③ 五月午，午冲子。

④ 出《管公口诀》。

也。日辰克水库，[1] 水缸损。日辰克水库，[2] 火缸破也。财动化财，又伏财者，有三灶也。财下伏鬼者，灶必坏也。逢金，砖灶。金虎空，无灶梁。金化火锅损，金虎带杀空动，灶锅崩破也。雀加金鬼动，火烧锅裂也。金动冲二爻，锅破也。水动冲二爻，瓶罐破也。酉金冲雀，木杓碎也。雀加土杀动，灶多虫蚁也。鬼加咸池杀动临亥，近猪圈也。兄加咸池杀动，近坑厕也。玄武水动，近水池坑。武水鬼逢冲，灶下屋漏也。玄武加兄，带咸池动。秽污交加也，玄武空，他人之灶也。勾陈动，近墙壁也。蛇鬼空，无烟熜。蛇鬼加水动，烟柜漏烟也。雀加兄鬼动，灶下有呪咀也。

虎加鬼动，人有脓血灾也。雀兄并立，与人合灶也。鬼逢蛇合，不供灶君也。初爻与申爻动，来合二爻者，井灶相连也。三爻合二爻，房灶相连也。临父旺，大屋下灶。临福旺，两厢下灶。四爻兄加咸池动克二爻，厕欺灶，或灶下有坑砖。二爻临兄鬼，加土杀勾陈杀动者，灶间先年是坑基也。三动冲二，房门对灶也。三四动冲克二，两门朝灶也。主有门户官非，且不聚财也。三加虎，冲克二，碓妨灶也。加金蛇马动来冲克，磨妨灶。加木财，福蛇马动来冲克，栊妨灶也。五冲克二路冲灶，阳前阴后也。二冲克五，香火下不宜安灶也。六冲克二，栋冲灶。二冲克六，栋下不宜安灶也。二爻得生扶，二眼灶。逢生合，三眼灶。临四直，四眼灶。休囚无生，独脚灶。木旺动，合二爻初爻又空者，乃行灶也。虎金动合，二爻逢冲者，缸灶也。二临勾逢空冲克者，冷灶。雀逢空冲克者，灶无烟出也。世爻生合二，主人执爨也。财爻生合二，奴婢司炊也。二合正财，灶下有鬟卧榻。二合五福，灶下有小厮眠床，宜徒也。二爻与金爻冲合，在乾宫者，或乾宫金蛇动，冲二爻者，烟柜歪也。二爻合六爻子孙者，灶前挂腌腊味也。子居巽，为薰鸡。艮为野兽及狗肉，坎为风鱼火腿，兑为薰羊肉，坤为腌牛肉，震为蹄肉野味，离为薰雉，乾为马肉，连头带骨，干燥珍味也。

① 辰土。

② 戌土。

五　床

以三爻逢交折者，为床也。旺新，休旧。冲则破也。逢财福吉，遇兄鬼凶也。值龙喜而迁稳处，临虎煞则安恶方也。勾鬼动而婴孩夭折，虎福动而老父孤眠也。蛇鬼动，阳人年损。雀财动，阴人寿促也。财空，三妻一定也。福空，五子皆虚也。兄空，孤身独立也。父空，借床卧寝也。官空，速用迁移也。官旺，阴人失。官衰，小口失也。金动，则多魔。金空，主孤独。酉金动，主利妻也。木动，后嗣荣昌。木空，自己无根也。木财生旺，床席端然。二木冲床，孤辰少子。正南者凶，若居正东，可留一二承嗣也。木财逢冲，床席破损。木财逢空，上无屏风。火金见鬼，刀刃交加。水木见鬼，笔书堆积也。水动渗滴席穿，阴人有痗。火动生灾，火空动主二三妻。火空，下无蹈凳。土动，床不安，宜移干净处。土空则无父，孤儿也。土旺，难为子息。动则应继子，空则抱养子也。又三爻持木伏木更化木者，或四直带木来生合者，房内有三四张床也。三爻第一张，四爻第二张，五爻第三张，六爻第四张，初爻第五张。二爻第六张。

但直申金空动，即断此床无子也。干支皆土，一张地榻。干支皆木，八面深床。水火同爻，床席端正。干金支水，房屋渗漏也。金金无水，东有刀斧，南有大缸古瓮，旧书堆积也。木木无金，东有古桶作怪，壁上有大鹿角，空则无物挂也。火火无水，床厅床足烧损，春夏灾苦，东西宜移，更有高阁床，宜铺旧处也。水水无火，主阴人胎产、淋带、咳嗽、腹症。小儿脐大，男子疯热，目染飞丝也。土土无木，乃亲舍之床，主克妻害子，腹胀足烂，不聚财也。又三爻木旺，东南方多子，木衰，东北方孤独也。火旺巳午方多子，火衰正南正北灾困孤独也。金旺，西南多子。金衰西北绝也。水旺，正西正南吉。值子孙动，尤多男也。水衰，正北、东北、东南孤寡也。土旺则艰嗣，临兄动，应继子孙绳绳也。正东、东南、东北、不宜安床也，日辰冲穿三爻，有日月光照床也。日辰刑克三爻，屏风妖魔声响也。床爻属日，东鸣。金西鸣，水北火南，土四隅鸣也。太岁刑冲克害床，爻阳，则男灾，阴则女痗也。如太岁庚午，庚冲甲、午冲子、午刑午、午害丑、则属人鼠牛马命人受伤也。余仿此。[①]

又都太岁合床，[②] 其年家破人亡也。[③] 三爻逢生，新床。逢旺，好床。沐浴，是破床，或其人裸形淫纵也。衰是接脚床，病有病人，死曾死人。阳男，阴女。墓则下有伏尸，或有坟砖插床。空在阳爻，刑破柱礎插床脚。在金财爻，则有金银珍宝埋床下也。绝是绝户人家床，胎有怀胎妇，养当产育时也。[④] 龙喜持三爻动，主孕育坐喜也。福值长生，多孙子也。三旺初空，无踏脚也。三旺四空，无帐架也。四爻父空，无帐幔也。六木冲三，房有横木也。六火合三，房有天窗也。五冲三，房门对路也。三冲二，房灶相对也。三合二，灶在房内也。三持父，房在正堂，三持鬼，房在厅。三持财，房近灶。三持福，房在廊庑。三持兄，房近厕也。三动合阴爻，床背铺也。三持旺木火父，加龙德来生合者，花床也。

三持财伏财、化财、或干支二财、四直财来生合者，俱多妾媵也。木动床脚跷，木被刑冲，床框损。金加大杀动，床框钉鉼。光影杀临三爻动，床有怪异。加蛇，有蛇怪。加戌，犬上床也。蛇临三爻动，床有绳缚。加鬼杀，床多怪梦。天干金，夜有呻吟之声。地支金，夜有爆裂之声。由匠人魇鬼也。金蛇动，床头有铃铎声也。酉金动化水，床头有酒缸，加雀鬼，必酸酒也。金福旺，房有明镜。动化火者，镜昏暗也。金鬼旺，有锡夜壶。旺新，休旧。冲则破也。

卯木动刑子水，屋有木猫。父临水受冲，床有破被。木受动刑，有折木梳。三动冲福，房有破窗。艮宫子水动冲三爻，床下有鼠穴凶也。龙鬼带杀动克三爻，床有产病妇也。雀火鬼持三爻动，有外来床，多生痨瘵也。又凡卦中寅卯带鬼动，或逢冲动者，主木器厢桶绝户家来者送灾，宜速去之，断之无差也。

六 碓

以三爻为用也，碓与床同宫，动则床冲碓，空则碓冲床，床碓相冲，

① 天干甲庚冲，乙辛冲，丙壬冲，丁癸冲。

② 谓戊己土。

③ 已上杂见《管公口诀》。

④ 长生诀于日辰取之。

灾符不免也。木动冲金，官非不息也。水动克火，灾患长存也。二木逢龙，寅方吉也。二金遇虎，申方吉也。二水遇龙，二方吉也。二火遇雀，南方灾也。金入乾，煞中加煞也。水入坎，空而又空也。土入坤艮，虚惊不免也。未加震巽，造化安然也。火入离，逢水克而多魔。金入兑，遇火攻而为杀也。水空碓无木。金空碓无钳。火空家寒窘，水空碓生尘，土空不发财也。又碓冲栋宇，六爻留子亡妻也。出《管公口诀》。

七　门户

以三爻单重者，为正门；四爻才兄者，为外户也。旺新，休旧，冲则破也。龙宜正出也，虎利斜行也。四直生合门户爻，向利而丁畜盛，八节安也。四直刑冲克害门户爻，向凶而人财破耗也。三四爻带龙喜德贵禄马财福生合世爻宅爻者，在内，有婚姻孕育之喜。在外，仕宦加官禄，庶民进钱谷也。日青龙会月青龙临门户动者，必重重喜庆也。若遇日辰冲破，时下见喜，终为不美。仕进、婚姻、进人、求财、俱有初鲜终。若生男，临盆即死也。鬼临门户动，为门户鬼。占家宅大忌，更遇财动生扶，及三传来克世克身克宅爻者，必有横祸也。雀鬼，官符口舌也。加天火，独火天烛杀动，必遭回禄。空则已往，不空将来也。蛇鬼牵连不了事也。虎鬼，疾病丧亡也。[①] 勾鬼，户婚田产争斗之讼也。玄武鬼，内防走失，外谨穿窬也。玄武鬼会咸池。主淫乱之事。动来合世，家主不正。动来合应，主母不正。动来合父母兄弟妻子，即断其人不正也。六爻动合，主奴婢有阴私之扰。[②] 生旺则事露，休囚，犹可隐匿。如逢冲，必被人撞破也。兄弟临门户动，必破耗财帛也。[③] 又旺金逢火而大富，旺水逢土而贫寒。金见木，巽门吉也。木见金，兑门利也。火见木，离门发也。火见金，兑门利也。金见金，正西宜闭，恐伤手足也。水见水，西南宜闭，恐伤母寿也。水逢火，北处财门也。木见土，艮宫鬼窟也。太岁值门，灾符不免也。喝散值户，口舌潜消也。贵人福德临爻，潭潭相府也。华盖文昌值

---

① 空动者尤验。

② 六爻为奴婢。

③ 群见身命断贫富内。

位，凛凛候门也。逢太岁而灾魔，遇旬空而殃祸也。[①] 三四爻兄弟相冲，肋下有门对冲，不聚财，阴人灾也。五克三四爻，必分门割户也，或路直冲门也。五为人口，又为道路。六克三四爻，栋冲门也。

三四爻木兄动，门一路出入也。两父动，门两家出入也。三四克五爻，开门动香火。[②] 人眷生灾也。三四克六爻，栋下开门不吉也。初冲三爻，当门一井也。勾鬼带咸池动，克三四爻当门有厕也。勾临三四持世，正门闭，旁门出入也。三四相刑害，二门相穿，不凑合也。五六逢鬼墓，开门见坟也。木旺动来合三四，门外树茂也。土旺静来合，门外有田园也。虎兄动来合，门外有灰堆也。土杀加空雀来合，门外有火烧空地也。蛇加土杀来冲，门外有漕堰也。金虎旺动来冲，或土杀带日虎来合，门外有石敢当也。绝木动来冲，门外有柱也。坤宫金财，加勾马破碎杀动来冲合，门前有牛磨也。玄水动来合木，门前有桥也。勾加木动来生扶，门外有屏风也。

玄水冲，门朝水也。四爻土雀旺动，鸟巢当户也。雀临初木兄动，后门作前门。玄临六爻水兄动，前门作后门也。三四临金鬼，门无环，或环脚动而重钉，否必刀伤门也。临水鬼，户枢腐烂，或当门湿漏，或凶水朝门也。临木鬼，门破损。木鬼化木鬼，两处凑合门。木空动，户枢活落。蛇抱木动，门户空自开闭。金蛇空动，门有妖声不祥也。木动来合，修补之门。木兄动逢死废，侧斜之门也。临火鬼，门被火烧。临土鬼，门上有土书泥涂也。逢岁月日破，与破军午爻破碎杀动者，门必破坏。吉神动来生合，门新修也。逢墓绝，门闭塞也。动逢合，门阻不通也。动逢冲，关锁不固也。合逢冲，窗楞不全也。玄动来冲克，门盗去也。四爻空，外户不闭也。卦无兄而三四爻受伤，无门也。父化父，两样门。兄化兄，双扇门也。临子午卯酉，正门也。临辰戌丑未，横门也。临寅申巳亥，石角门也。临蛇鬼在巽宫者，绳缚门扇也。卯动来合，芦门也。辰动来合，竹门也。空亡遇合，亮槅门也。鬼空，无门神。

值午鬼，骑马门神。金鬼，波狮门神。虎鬼旺加将星，将军门神，鬼

① 以上见《管公口诀》。

② 五爻又为香火。

加贵禄。如冠进禄门神。值福德临胎养，童子门神。值华盖、福德，善人门神。值虎鬼、大杀、刑、刃，钟馗门神也。值福禄旺相，有福禄字贴门上也。

八　坑厕

以四爻玄武水兄为用也，旺新休旧，冲则破，空则无也。金动，缸破，长男有瘖也。火动，生瘟疫，宅母灾。木动，壁无泥。水动，湿衣。刑土旺动，壁光辉也。金木空，是高缸。火空，无壁。土空，主绝嗣而坑废也。木受生，坑房洁净。木见木，板铺齐整。[①] 水见水，泥湿无时。水旺加咸池动，秽湿不堪也。兄带金神动，口舌官非也。兄遭太岁冲，瘟灾痢疾也。龙动而多喜庆，虎动而起灾迟。蛇加父母，事业元亨。玄值文书，小人妬害。雀兄独发，财散妻灾。龙值财空，无妻丧子。勾临福动，有讼无拘也。兄入寅申巳亥，外坑也。兄入子午卯酉，簷下坑。兄入辰丑戌未，屋下坑也。龙左，坑右，雀前，武后，勾中央，蛇侧角也。兄动化兄，与兄下伏兄，及卦有两阴水克兄，俱有两厕也。兄下伏火鬼，无厕屋。伏水鬼，亦然。天缸伏蛇鬼，草苫盖。伏勾金鬼，缸半缺。伏虎金鬼，坑无壁也。

勾见勾[②]肋下外姓枯坑也。兄下伏财，坑灶相连。水兄化金鬼，虎蛇马者，碓磨相连也。兄伏丑鬼下，近牛栏。伏未鬼下，近羊栏。伏亥鬼下，坑连猪圈。伏酉鬼下，坑连鸡埘。伏午鬼下，坑连马厩也。[③]

九　香火[④]

以五爻福德为用也，临龙福德贵生旺，与四值生合，不犯刑害克破者，则神佑助，而丁畜安利也。五爻值父，多子孙。值兄，出农工商贾。值子，主有前无后。值鬼，旺则富厚。值财旺，则富，衰则贫也。土动，尘埃积案。木动，栋梁伤损。金动，香炉破损。火动，瘟瘴多魔，烧屋无

---

① 木宫木爻亦然。

② 月勾、日勾。

③ 出《管公口诀》。

④ 六爻宗庙，以官鬼为用，与香火同断。

存。水旺，光明净室。水动，则神堂湿漏也。又二金无火，典屋立火也。二木无金，自手更新也。二金无木，债屋安身也。二土无木，草舍茆簷也。二水无火，孤灯独坐也。[①] 五爻福下伏兄，与福动来合五爻者，俱有两家香火也。父下伏父，另营家庙。兄下伏兄，共合祠堂也。勾鬼动家堂，土地为祸。若克世者，家破人灾也。雀兄加大杀动，香火下有呪咀，主人眷不安，田土口舌也。福下伏爻，谓之食虎伤人，香火不利，主上世出孤寡，下代出游荡之人，遇禄马贵人，不作此断也。子下伏财，旺富衰贫，得日辰助之则吉也。子下伏子，为相并，香火不安也。子下伏官，动用忧攒也。日辰带木鬼动冲福者，前有台阁相犯，主丁畜消损也。

日辰带金鬼动冲福，前有破头朱雀，或近石冈，而神宅不宁也。日带水鬼冲，前有凶水朝，遇刑冲并墓，则沼沚相冲，衰则当门屋漏也。日带火鬼冲，正屋必崩颓，衰则正堂安灶相妨，或牌位火烧也。日带土鬼冲，主兴工动土相妨。衰则修作石攒，改门攒壁相妨。并墓，则凿井穿池相妨，主宅长损而丁畜消也。[②] 五爻火福动化火，加堂火灾。空则已往，不空将来也。金鬼化火，香炉破损。木鬼化金，神堂钉鉡也。鬼旺动，夜有鬼神出现也。虎财逢空绝，旛盖供器不完也。雀鬼旺动，供器焚烧也。勾鬼旺动，尘垢交加也。武鬼旺动，神堂湿漏也。虎鬼加杀动，神像不安。蛇鬼加杀动，神像破损也。蛇鬼动逢合，有卷起神像也。

子下伏鬼或子动化鬼者，佛像神图混杂也。子属木非木牌，则木雕像也。子属金非观音，则金妆像也。子属火，乃绯衣牙骨像也。子属水，是真武纸绘像也。子属土，是土地泥塑像也。六爻无子，与子空死墓绝胎者，非无香火，必不敬香火也。世冲克五爻，家主不敬。应克冲五爻，主母不敬。官鬼冲克，公姑不敬。父母兄弟妻子冲克五爻，各以用爻断其不敬香火也。又五爻子孙动，香火主分也。水鬼空合，水盂破也。木鬼空合，阴则花瓶损，阳则烛台牌位损也。木官受克，神龛破也。木官逢冲，烛台花瓶不成对也。金官逢冲，香炉破损也。

五爻水鬼，会玄武咸池动，厌秽逼神也。虎加子动，或雀父动化鬼，

① 以上出《管公口诀》。

② 出《锦囊集》。

或鬼下伏子临重动，或子伏岁杀下动者，皆主旧愿不还也。子伏水火鬼下，佛愿子带凶杀，伏火鬼下，神愿。子伏省父下，经愿。子伏财下，福礼愿。子伏龙父下，素愿。鬼化亥未，猪一愿。子化申辰，灯油愿也。

十　人口

以五爻为用也，五爻动，人口生灾。五爻空，人口散失散亡也。土旺人口无多，主艰嗣也。土动，其方主绝，而有继子。土空，则有抱养子。土持福静，只主单传也。木旺，人财拔萃。金旺，早发易彫。如申金动者，必克子。水旺，晚发悠久。火旺，人口灾瘴。木多无火，人丁耗损。金多无土，夭折子孙。火多无水，财源不聚。土多无火，钱谷耗散。水多无金，贫困无资。火旺土衰，田园不失。火多土旺，家业无穷也。[①] 五爻带勾陈杀动，旺则官灾，衰则疾病也。日辰临鬼动，尊长灾也。时建加鬼动，卑幼灾也。[②] 五爻遇刑冲克害者，在子则小口灾。在父则父母灾，在兄则兄弟灾，在财则妻妾奴婢灾，在鬼则公姑灾也。[③]

五爻持父动，子孙灾。子动，公姑灾。兄动，妻妾奴婢灾。财动，父母灾。鬼动，兄弟灾也。或子爻带鬼安静，被日辰冲并动者，即知人口有灾也。要知何灾，以六神定之。如鬼属土，则火生土。五月或午日见灾。土生申，则七月或申日见灾。又三六九十二月，与辰戌丑未日见灾也。[④] 五爻持鬼墓，家有病人。鬼墓加虎杀动克五爻者，目下家染瘟疫也。太岁临五爻动，阳爻，阳人灾。阴爻，阴人灾。冲动，小口灾也。[⑤] 五爻持父动者，无子，纵有克过也。六神，龙临五爻动入水土者，主少年谐婚，妇人孕育，庶民进财，官人得禄也。龙入土，主进财喜。入金主克妻，阴人灾。入火，主父母虑子孙灾惊。入巳火，主子孙不和也。雀持五爻动，入火，主在官迁升，在家官灾也。入水，阴人灾病。入金主口舌，因得财起讼。入土，有公门文书事。入木，主得小利，家有不祥事，防之可免。

---

① 《管公口诀》。

② 阳男阴女。

③ 俱分阴阳以别男女。

④ 金木水火仿此。

⑤ 刑害克冲本命者凶。

雀入鬼空动，家出师巫也。勾持五爻动，入木，主退田产。入金，病药无效，又主口舌。入水，主脓血疥疮灾。入火，主妇人齿痛。入土，主文书争讼。带鬼，则人眷不宁也。加三传，主田产十分。多勾连琐碎事也。蛇持五爻动，入木主人口有灾，迁移不定。入土主人口梦魇。家多妖怪。土杀为祸，入火，主小口、痘疹，兼汤火血光灾。入水，主孕妇灾，防水厄。入金，主女人卒暴，饮食中得病，家长目疾。入福，主养外儿。入财，必作经商也。虎持五爻动，入火，不能为祸。入金，主脚痛，刀斧血光、扑跌。入水，不利小口，主瘟疫瘴。入土，主宅母灾。入木，主有横祸丧服血光事。虎加鬼动，带丧门吊客、死符、病符，主疾病丧亡。各随五爻之亲属，断之无差也。白虎空动，决生死亡，得日辰福动来冲克，或止重病，免于倾命也。

武持五爻动，入水，主盗贼阴谋，小人侵侮，及水厄，六甲灾。入火，失财。入水产妇灾，及汤火之厄。入金，阴人口舌，火土奴婢走失，病痛盗贼也。[①] 论人口多少，但五爻阳男多，五爻阴女多。生旺，丁多。衰死墓绝，丁少也。四直生合者多，刑害克冲者少也。如五爻旺相，而卦中六亲不全者，必亲丁寡而假丁众也。欲知家有几人，大户，则将甲己子午九，乙庚丑未八，丙辛寅申七，丁壬卯酉六，戊癸辰戌五，巳亥常加四，先干后支数之。小户，则将一水、二火、三木、四金、五土，之数推之。俱旺相加倍，休得本数，囚死减半言之也。

十一　家长

以五爻为用也。旺相，少年家长。休囚，老年家长。阳日阴爻，阴人家长。阴日阳爻，阳人家长。父化父，伯叔当家。父化官，外姓同居当家，或女婿当家。父化兄，兄弟当家。父化子，子侄当家。父化财，阴人当家。五爻空，无家主也。世居五爻，当家早也。八纯六冲，家长不和也。

① 六神临世爻宅爻俱同断。

十二　道路

以五爻螣蛇子孙为用也，从青龙、财、福、方出入吉。从蛇、虎、兄、鬼方出入，凶也。五爻遇德、贵、禄、马、喜神喝散，与四直生合，道必利，而丁畜茂盛，四时纳祉也。遇亡劫、破耗、大杀、持克，与四直刑害冲并，路不利，而丁畜消衰，八节迍蹇也。带大杀并冲身世者，家长带疾也。子加亡劫、耗、杀、羊刃、刑并身世者，必有孤孀带疾，或生良荡之子也。加虎杀克身世，必白虎头上往来，主退人丁也。持虎福，遇衰死墓绝胎，必良荡无情，不利出入，丁畜消损也。持龙福生合身世，必委曲有情，有来龙之脉也。[①] 五爻火福空，宅主生灾。木福空，宅母有痗。水福空，人财进退。金福空，阴人冤讼。土福空，田土空张。喝散值路，口舌潜消，三杀值路，必产凶强。道路逢囚，人亡可必。太岁冲路，灾符竞起。[②] 五爻子孙逢合，或子动化子，与子下伏子者，俱有两路可进也。

福加龙，左来。加虎，右来。雀前来，武后来。勾辰戌方来，蛇丑未方来也。福加蛇，必屈曲而来。巽宫，东南来。艮宫，东北来。乾宫，西北来。坤宫，西南来。坎离震兑宫，则南北东西来也。福蛇遇六冲，必四路俱通也。寅申巳亥冲，斜行路也。子午卯酉冲，中心路也。辰戌丑未冲，两肋路也。五受刑，三曲路也。五三合，盘旋路也。合丁己，丁己路也。日辰合五爻，穿心路也。五冲身世爻，直来路也，加驿马，官塘路。卯来合，草塞路。五临勾，圆转三叉路也。旺相，新路，大路。休囚，旧路、小路。衰败，败路。绝乃断头路。临鬼墓，近坟路。逢长生鬼，乃古路也。逢暗冲，暗箭路也。临土在艮，近山路。临土在坤，田暗路也。临金，砖砌石铺路，或路傍有石也。临木，路傍有树也。临子水，路傍有汪洋之派。亥水，乃屈曲之流，水静。与动逢合者，路傍有死水，或闸断之水。动逢冲者，急水。木动合水者，水上有木与桥也。又子水加蛇动，路傍有阳沟。亥水加蛇动，路傍有阴沟也。五临旺父，遇日冲者，有骑路屋也。福被日辰刑冲者，路破损也。五合初爻水者，路傍有井也。旺加龙父，上有井亭也。五冲兄世，路

---

① 出《囊橐集》。

② 出《管公口诀》。

冲门也。五福加华盖，路傍有庙也。五临父，路傍有正屋也。临虎兄，路有灰堆。虎金动合五，路傍有石碑。临火鬼，路近化人坛也。

十三　栋梁

以六爻木父为用也，阳为栋柱，阴为栋梁也。加贵、马、龙、德、禄、喜，与四直生合者，新创整齐也。加虎、杀、破军、午爻破碎与四直刑害克冲者，破败倾冲也。[①] 三木并见，[②] 楼阁重重也。三土并见，创造将兴而子亡也。三金并见，中堂欲改而妻亡也。三杀如逢，官符不免。碓三爻冲栋宇，留子亡妻。水见水者圮漏，[③] 火见火者倾斜，子旺动，则孕育麒麟。鬼旺动，则音和琴瑟。衰水加财，去而不返。旺火遇兄，求而得成。火动，屡见官符。木动，再修栋宇。[④] 父加蛇水动，栋下漏也。父加蛇，带破碎杀动，与父下伏鬼，或六爻鬼空者，俱主梁栋崩摧也。

父下伏水鬼，栋必漏也。木父加虎动，与日雀日虎，动冲木父者阴爻，栋蛀。阳爻，柱蛀也。父下伏土鬼，墩磉下有怪异也。金鬼暗动，刑冲木父或蛇虎鬼暗动，来刑害克冲，或鬼伏六爻暗动者，主有魇魅在梁斗上也。[⑤] 日辰带兄来冲，主风雨摧倒也。木鬼冲动六爻父母去刑克世身，或六爻木父化鬼刑害身世者，俱有折梁倾压之患也。父临死绝者，宜增梁换柱改接也。六爻空土合木，用茆接屋也。父下伏火鬼暗动，与雀鬼加天火，独火天烛杀。动来克冲六爻，及身世者，有火灾也。[⑥] 初克六爻，冲门有井，或空地也。二克六爻，栋下作灶不安也。五克六爻，香火高搁，或栋下有路也。四冲六爻，栋下有门，不吉也。勾加木父，栋梁多节也。六临勾土，梁有污泥也。六金旺动，梁上有铜环也。金冲木父，梁柱有刀斧痕也。火冲木父，有火伤痕也。木父衰败逢冲，栋梁欲折也。旺相逢冲，栋柱有眼也。临龙福，梁上画藻也。金官衰，梁有宝钞也。火福加蛇，梁上

---

① 虽新剏亦当崩损墙篱屋彣同断。

② 木宫木爻木合。

③ 卦水爻水或干支皆水。

④ 出《管公口诀》。

⑤ 用邹道岸法推之极验。

⑥ 动已往静将来。

有各富也。卯木动来合，梁上有稻秧也。木蛇带福禄，上有福禄字也。虎加喜动，上有蟢窠也。雀土旺动，上有燕巢也。光影杀、带蛇入巳动，梁上见蛇也。龙加金动逢日冲，栋有虚声也。木龙鬼逢破，有云梯在上为祟也。

十四　墙垣

以六爻土兄为用也，旺相者坚固，死绝者倾圮。墓胎者，低下被刑害克破者，崩倒也。勾逢六合，四围周匝也。日辰动克土兄，所克之方有缺。[①]三爻冲六，主墙有一缺出入，走失奴婢也。又床克墙垣，孤辰少子也。[②]土鬼动冲六爻兄弟，去刑害克破身世，或六爻土兄动化鬼伤身世，或身世持兄弟动化土鬼回头来克者，俱防墙壁倾压之祸也。土旺加勾，泥墙也。金旺加虎，石萧墙也。土旺加虎，砖墙也。己虎旺，粉墙或画麒麟也。虎土旺合门爻，照墙也。虎土旺，壁画虎。龙土旺，壁画龙。土加禄，壁画鹿。酉虎旺，画鹤。酉雀旺，画凤与孔雀也。雀带喜，画鹊。酉加勾，画鹰。木加武，画松柏也。龙父旺，壁上题诗也。土兄空逢冲，四边无墙也。土鬼加蛇暗动，匠人魇镇也。

十五　篱落

以六爻木兄为用也，旺新衰旧，冲则破暴，胎则低也。衰加破军，破碎杀动者，籓篱破损也。兄下伏兄，离坚固也。兄下伏财，木蓊郁也。兄下伏子，篁竹茂也。兄下伏鬼，多罅隙也。

十六　屋守

以六爻木鬼为用也。鬼下伏子，与木下伏金鬼，或伏鬼空亡者，俱主屋房颓落也。火雀鬼与金鬼福动者，屋房必草苫盖也。

十七　明堂

以间爻为用也，旺相宽阔。休囚，狭窄。空绝，无明堂。旺加官贵，

① 按支神断之。
② 三为床爻。

为甬道也。合逢冲散，明堂两开也。龙福旺相，开爽洁净也。金虎旺，石铺也。土虎旺，砖砌也。木财旺相，庭栽花卉也。癸亥旺动，庭养金鱼也。壬午旺动，庭养麋鹿也。加玄武咸池，垢秽不净也。

十八 窗户

以间爻木子为用也，木子旺动，与父下伏木子，及爻动化木子者，俱明窗净户也。衰则旧，冲则破，空绝则无户也。合处逢冲者，户楞不全也。

十九 巷

二爻为宅，以穿二爻者为巷也。寅巳相害，左一巷。申亥相害，右一巷。午害丑、未害子、宅中有穿心巷。戌害酉，亦右巷也。

二十 仓廒

以伏父下，与财化财，财化父者，必营仓库也。又财加龙，临庚申、丁酉、癸酉、相生有气，为仓廒，动变则非也。

二十一 比邻

管公以初爻六爻为邻也。初爻六爻值空者，即知此处无邻也。[①] 耶律先生以世爻为主，如世属子水，午动来冲，前邻凌我。日子来并，后户助侵也。[②] 酉金来生，西舍绸缪。卯木未刑，东家嫉妒。己巳为墓绝之乡，观面无情。未申为生养之地，姻亲可托。又[③]丑动为合，寅动为泄，东北之淑慝攸分。戌兴则克，亥兴则和，西北之疏密已判。[④] 旺相者富，休囚者贫。木遇虎而罄废。金加雀而散逃，水逢勾则衰败，土临龙而凋零。火若遭玄，先炎后寂。龙旺，则邻家闹热。龙空，则败宅重新。四直土木遇勾雀，邻家万户。蛇虎休空逢金鬼，只火孤烟。带禄马官贵者，仕宦。加财福禄喜者，富豪。加龙德者，忠厚。值虎杀者，凶狂。玄武咸池同位，淫乱之家。兄鬼四废并临，荒凉之室。

① 如遇卦初爻子水空，北无邻。若六爻戌土空，西北无邻，余仿此。

② 旺比则助，逢刑则侵。

③ 与子为三合，未与子为六害，不可与己丑同论。

④ 余仿此。

玄武动加天贼，邻有穿窬。天烛动克内世，火沿我宅也。

二十二　坟墓

《管公口诀》，以世爻为主，世上一爻为祖墓，祖上一爻为曾祖坟，曾祖上一爻为高祖墓。世下一爻为父母坟，父母下一爻为兄弟坟。生合世爻者吉，刑冲克害世爻者凶。六兽静来生合穴者吉，动来冲克穴者凶。坟爻带月虎月勾空动者，绝也。木加龙，下代兴隆。金见虎，出入强暴。水加龙，职在当朝。虎加福，当居山野。合中再合，水绕沙回。空动又冲，气飞风播。水鬼动，奇形怪穴。木父动，蹊路绕山。火见金，而岩岩出现。水合火，而水水相朝。木空，有死木也。木旺，有大木盖坟也。木见木休囚，有亭破多年也。金动，有白石也。水囚，水法破裂也。金见金临玄武，傍有岩泉也。土见土，有横路交加也。水冲克刑害，坟有斜水相冲也。坟爻逢官贵禄马者，发贵。逢财、福、德、禄、生气、旺相者，发富。逢空休死败及四直刑冲克害者，出贫贱。

逢孤辰华盖羊刃者，出僧道。逢旺福，发丁。福逢刑害克冲，出子孙不肖，且多残疾。福逢空绝者，绝也。坟爻属木，下一爻又是木者，坟下有小坟。主阴人腹灾杂症，幼口惊嗽。年月小祈小祷不绝也。坟爻属水，下一爻又是水者，主穴下有水，出恶毒妇人淋漓产伤，幼口失水也。坟爻属金，下一爻又是金者，主穴下有石。远年雷伤，目下痃症，祖宗牌位破裂，有人发肺痈而死也。坟爻属土下一爻又是土者，主横路交加，出大腹胖体人，后有虫亡水死，日伤者，不死亦有争田夺地之官符也。坟爻属火，下一爻又是火者，主加遭回禄，出忤逆妇人为非，子孙横暴，刀伤人命之事也。又凡穴爻受伤者，以八卦定其何方受伤，以五行定其何物所伤，以六亲定其被何人伤也。若问子孙何房盛衰，何房发，何房绝者，但以坟爻为主也，坟上一爻为长房，坟爻为次房，坟下一爻为三房，坟上二爻为四房，坟下二爻为五房，坟上三爻为六房也。上下轮飞，切勿错乱。看其盛衰发绝，如坟爻旺，上下二爻衰，则中房发达。坟上一爻旺，长房兴。坟下一爻旺，三房兴。若见外爻旺，则四五六房发达也。[①]

① 杂见《易学空青》、《管公口诀》。

校正全本易隐卷三

迁移占第四

游南子曰：人之移居，或避凶而趋吉，或舍旧而图新，凡以求其吉康也。尽有迁徙之后，祯祥未观，而灾祸荐臻者，乃聚族而悔去之不如守也。然而晚矣，故不可不慎厥始也。

鬼谷分爻

省道	山林
州府	
县郭	
场镇	
市井	
乡村	

凡分官旺相。带财、福、龙、喜，遇四直生合者，即知此地吉利，可移居也。若临空死墓绝胎，带兄、鬼蛇、虎、勾、雀、武动，遇四直刑害克冲者，即知此地不宜居也。

论吉凶

未住者，以外卦五爻为宅，内卦二爻为人也。外卦旺相者吉，胎没次之，死囚休废者凶也。内卦旺相者，不宜迁，胎没可守，死囚休废者，宜逃移也。人克宅，可迁。宅克人，不可迁。人宅俱旺，去住皆安。人宅皆空，去住皆凶也。又世克应，新不如旧，应克世，旧不如新。世应生合比和，可迁可守。世应俱空，新旧皆凶也。龙值财福临宅旺动者，宜迁。蛇虎雀勾武兄，鬼临宅动者，宜守也。卦逢六冲，与八纯、游魂、及世居五爻者，宜迁也。卦逢六合归魂与六爻安静，六爻乱动者，俱宜守也。二爻世爻动，化财福生旺合扶者，迁吉。化兄鬼金死墓绝胎，及刑害克冲者迁凶也。卦冲化合，迁后吉也。卦合化冲，迁居不稳也。卦旺化衰者凶，卦衰化旺者吉。[①] 世空动者，迁移未决也。世墓胎者，欲迁未能也。世动逢合者，欲移被阻也。世动逢冲者，欲移又止也。游魂化归魂者，未迁则犹豫两端，已迁则怀旧不置也。

附：断例

庚寅年戊寅月甲寅旬癸亥日，占迁移，得夬之大过，世居酉福，正西吉也。火能克金，南方大忌。鬼临寅上，东北莫居。土虽生金，终嫌兄弟，况丑为世墓，戌为世害，西北东北，尤不宜居，北虽财方，化兄受克，总不吉也。

庚寅年庚辰月甲寅旬丁巳日，占迁移，得豫之小过，木来克世，不利东迁。土赖火生，宜居巳上。岂知土绝在巳，东南不宜。戌财刑未，西北难居。鬼在申方，西南尤忌。止喜福居午上，宜徙正南也。

① 内卦。

树艺占第五

游南子曰：占树艺五谷者，先观天时，次察田亩，而后考人事之勤怠，和苗之旺衰，与收成之丰歉，而树艺之占备矣！

一　天时

木鬼旺动克世者，涝也。火鬼旺动克世者，旱也。水鬼化火鬼，火鬼化水鬼者，旱涝不常也。水火生合世者，雨旸若时也。木官旺动克世者，禾遭风败也。木鬼化水鬼，水鬼化木鬼者，风潮不一也。金官旺动克世者，蝗灾也。土鬼旺动克世者，天多阴晦，水旱不调也。卦无水，或水爻空墓绝胎者，旱也。卦无火，或火爻空墓绝胎者，涝也。六爻纯阴不生，纯阳不长也。阴阳相半者，丰年也。太岁临龙喜财福出现，旺动生合世者，年丰。太岁临虎杀兄鬼，冲克刑害世者，年饥也。[①] 世持龙喜财福旺相，与木财旺静持世者，丰年也。世临岁破月破者，无收也。财临二耗动者，半收也。财福化空者，谷多秕也。凡五行临鬼动，带大杀者无收。带喜神者，半收也。鬼动逢空墓绝胎及受刑害克冲者，无害也。

二　田亩

世为田，父母为田，应为天也。父持世，己田也。应父生合世者，佃人田也。世下伏兄，或世动化兄，或父化兄兄化父者，与人合田也。世上化鬼，与世父化鬼者，官田也。月日动爻冲世父者，有人争田也。世合逢冲，一田两分。世冲逢合，两田合一。世动逢合，人争不去也。世父旺相者，田阔。休囚者，窄狭。临财福旺相者，田肥。临兄鬼休囚者，田瘠。金旺，田多石。土旺，田高。水旺，田低下。火旺，沙田。水旺动，田畔有禽。卯木旺，田多蒿菜也。丑动来冲克，牛扰田。未动来冲克，羊蹊田。子动来冲克，田鼠伤。酉旺动者，多田鸡。世父受刑害克者，田塍被

① 占年以太岁为主。

侵也。欲知田之形状，世父属子，两尖中阔。属亥，水曲田湾。属寅，形如鼓，或有树绕。卯则两田相连。巳则形如靴脚。午则前大后尖，申则两尖中阔。酉则形如响板，辰高戌横未长，丑前狭后阔也。武克雀者，后高前低。龙克虎者，左高右低。

勾蛇生旺者，中凸四低。勾蛇休死受伤者，中凹四高。龙旺虎衰者，东高西低。雀旺武衰者，前高后低。勾蛇持鬼墓者，田中有坟。雀武龙虎持鬼墓者，前后左右有坟也。欲知田之亩数，则以甲己子午九，乙庚丑未八，丙辛寅申七，丁壬卯酉六，戊癸辰戌五，巳亥常加四之数取之。如世值甲子爻，则二九一十八亩，旺相加倍，休如数，囚死减半也。如世空，则取父母爻定之。

三　人事稼穑丰歉

鬼谷分爻

<table>
<tr><td>水</td><td>田夫
晚禾</td></tr>
<tr><td>天</td><td>收成
早禾</td></tr>
<tr><td>牛</td><td>秋苗
大麦
豆</td></tr>
<tr><td>人工</td><td>夏苗
小麦
棉花</td></tr>
<tr><td colspan="2">苗秧</td></tr>
<tr><td colspan="2">谷种</td></tr>
</table>

初爻临鬼，种不树，或不出。逢空，则无种也。二爻临鬼，秧揭伤，或再种。逢空，则秧少也。三爻临鬼，夏苗损，难耘，加虎动工人病。逢空，则无人工，或人力不到，而苗损也，又棉花小麦损也。四爻临鬼，秋苗损，牛有灾。鬼化鬼，或兄化鬼，乃与人合，牛不便工作也。逢空，则

缺壅料，或无牛，又荳与大麦损也。五爻临鬼，天意不顺，难收割。逢空，谷多秕无实，又早禾伤也。六爻临鬼，田夫灾病，非水灾，则水缺。逢空，无家主，又晚禾伤也。[1] 又子孙为苗禾，财为谷，兄为耗神，鬼为灾神。父母动，耘耔费力。财化鬼者，无收。鬼化财者，宜晚种。财龙内动，宜早栽。财龙外动，宜迟种。蛇生武动者，宜速锄。龙合虎冲者，后有灾。雀虎世动，与应加雀虎动克世者，蝗灾也。[2] 武鬼动克世者，未获，防人偷窃，已刈只可输粮也。世持勾土动克应者，水少也。财临二耗动者半收也。鬼现动者，宜还神愿也。

育蚕占第六

游南子曰：桑之务，女红任之，故先观蚕妇之宜蚕不宜蚕，而后推蚕命之吉凶。蚕命吉矣，则夫种也，苗也，在筐与上簇，结而为茧，缫而为丝，孰利孰害，又宜次第而推也。然而桑叶之贵贱，尤不可以不占焉。

一　蚕妇

外卦与应爻，蚕也。内卦与世爻，蚕妇也。内外世应生合比和者，吉也。刑害克冲者，凶也。蚕妇本命与巳午蚕命及应爻相冲者，凶也。世命持龙喜财福生旺，无刑害克冲者吉。四直与动爻，带龙喜财福动来生合世命者吉。鬼临应，蚕损。鬼持克世，蚕妇病，宜祈祷。世鬼空衰，则蚕妇损也。内卦世爻旺者，人多。外卦应爻旺者，蚕多也。

二　蚕命

巳午二爻，及子孙为蚕命也。命爻上卦者吉，旺动带龙喜财福者吉。四直与动爻带龙喜财福生合命爻者，吉。刑害鬼冲命爻者，凶也。命爻临耗杀兄鬼值空死墓绝者，凶也。卦身值四五月者，吉也。

---

① 《玉灵经》：以甲乙为种，丙丁为秧，戊己为田，庚辛为秋收，壬癸为冬藏。

② 金鬼持世亦然。

三　蚕事始终利害

鬼谷分爻

茧　簇　筐　叶人　苗　种

分爻旺相，带龙喜财福者吉。遇死墓绝空或受刑害克冲，或带耗杀动者，凶也。初爻临鬼，子不出，逢空，无蚕子。二爻临鬼，苗受殃。逢空，苗耗失。三爻临鬼，叶贵，蚕娘病，逢空，叶少乏人力。四爻临鬼，筐上损。水鬼，湿死也。子水鬼，鼠耗也。金鬼，吃叶多白僵也。木鬼，三眠伤。火鬼，头黄不生壳。土鬼，蚕沙热蒸，多黄肿也。四爻逢空，筐不足也。五爻临鬼，上簇损。逢空，簇上暗耗也。六爻临鬼，茧丝薄。逢空，缕不出也。[①] 龙鬼旺动者，孕育鼓歌妨也。雀鬼旺动者，喧打争闹妨也。加天火、天烛、独火杀、防回禄也。勾鬼旺动者，起造动土，妨蚕黄肿也。勾财旺，黄茧多也。蛇鬼旺动者，惊吓妨。蛇入水，蚕受寒，难缕丝也。虎鬼旺动者，丧家妨，蚕白僵也。武鬼旺动者，秽气触也。加咸池，女人秽压，蚕多水湿也。鬼动而子丝不受伤者，祈祷有收也。鬼空鬼无者，吉也。鬼化财福者，倍利也。鬼化兄者，半收也。鬼化父者，晚丝吉也。父安静者，吉也。财伏鬼下，鬼伏财下者，损也。财加二耗动，与财伏父下旺相者，半收也。月日值财者，倍利也。

四　叶价

以火为用也，叶乃受财取用，故财逢木火则贵，逢水金土则贱也。财旺生克世者贵，财衰受世克者，贱也。财值火者价日增，值水者价日减。财逢生旺日，价必高。财逢空败死墓绝胎，价必轻。财化兄鬼，子化父者，价前重而后轻。财化子，鬼化财者，价前轻而后重。内财旺而外财衰，正卦有财，而变卦无财者，他乡贱而迟买价轻也。内财衰，而外财旺，正卦无财，而变卦有财者，本处贱，而先买价轻也。

---

① 《玉灵经》：以龙为一眠，雀为二眠，勾为三眠，蛇为四眠，玄武为丝，白虎为茧。

六畜占第七

鬼谷分爻

马　牛　羊　猪　猫犬　鸡鹅鸭

主人　人力　马牛　水草　犁鞍　栏厩

游南子曰：凡占六畜产者，以本命所属以为用，如牛用丑，马用午，猪用亥，羊用未，狗用戌，猫用寅，鸡用酉，是也。如卦无生肖爻，则有伏神。若伏神又无者，则取分宫断之。如远年之畜，即以乾马、坤牛、坎豕、艮狗、巽鸡、兑羊之类推之也。凡用爻与分宫得其冲与动爻带吉神，来生合者吉，带凶杀来刑害克冲者凶也。持财福生旺者吉，持兄鬼休囚者灾也。财福加二耗动者，有益有损也。虎加鬼杀，逢刑害克冲者，前损后益也。父动者，宜改栈。父化父者，频易主也。兄乱动者，失群。子化鬼者，偷去。鬼化子者，窃来。财化鬼者，无利息也。子临刑害者，羸瘦。金官动值者，啮人。雀官动值者，招讼。武官动值者，走失。勾官动值者，灾病。蛇官动值者，作怪。虎官动值者，狸虎伤也。龙福旺持者，盛也。刑刀及刀砧杀动值者，必屠宰也。四直胎养动，来生合者，旺盛。来刑害克冲者，衰死也。福临胎爻生旺者，必怀胎抱卵也。临空死墓绝者，病死也。卦六合，可畜。六冲，不可畜也。合逢冲，畜不久也。动带吉神，畜驯良。动逢凶煞者，顽劣。旺则肥，而衰则瘦也。动加劫杀，多羯牛、羯羊、羯鸡、猫善捕鼠，猪方剬，犬马狠劣也。财福生世命者，得利。财福化空破死绝者，折本。

休空者无，旺空者病，鬼空者伤也。寅克丑未戌者，虎伤牛羊犬。戌克二爻，犬伤猫。寅克初爻，猫狸伤鸡鹅鸭。巳克酉，蛇伤鸡也。值四墓，老畜。生旺，方壮。胎养，小畜也。兄化兄，与人合养也。值阳者，多雄牡。值阴者，多雌牝也。金鬼空动，非时夜鸣。木鬼，败肚。木鬼，脚伤。土鬼，时瘴。火鬼，喘热疮疽也。父官衰绝有制者，病可医也。《管公口诀》云：虎加丑逢月杀，牛畜遭殃。蛇加午遇日杀，马畜当灾。月杀加寅伤牛位，五爻牛惧虎殃。日杀加寅伤马位，六爻马惊虎难。又虎动鸭难养，蛇动猪难养也。淳风云：占马，看乘人本命，占猪，看内助本命。

占牛羊犬猫鸡鹅鸭，俱看主人本命，与六畜爻生合吉，刑冲克害者，凶也。困、颐、噬嗑、明夷，猪羊鸡犬所忌也。遇鬼煞动者，必宰割也。得龙动救助，亦尪羸也。泰益咸需谦剥坎离大过无妄，牛马所忌也，遇鬼杀动者，必宰剥也。得中孚大壮夬者，吉也。又别六畜之颜色，用爻所临为本色也。龙与武，黑也。雀勾蛇，黄也。虎白也。安静无冲破生克者，一色也。动爻来生克者，杂色也。如用临玄武，被虎动来生克者，黑白相间也。武旺黑多，虎旺白多。衰旺相均，则黑白半也。再加勾来生克，则黑白黄色相间，乃玳瑁斑也。虎在乾宫来生克，头白也。虎在坤，腹白。虎在坎，耳白。虎在离，目白。虎在兑，口尾白。虎在艮，前足与背鼻白。虎在震，后足白。虎在巽，腰白也。[①] 又有六畜走失者，但看生肖爻与子孙爻，空绝者，难寻。胎墓者，关拦住也。带生气者，尚活。带死气，及刀砧杀者，必烹宰也。但从用爻生旺方隅寻之，可见。或至用爻生用日时，可得也。

附：断例

庚寅年辛巳月甲辰旬戊申日，占六畜，得蒙之师卦，子孙持世，又投长生于申日，但嫌太岁寅木动来克世，喜其为旬空日绝，变出酉财克之，不能为害，故许十分之利也。以本命生肖爻推之，寅为猫，正值旬空。唯上九爻动出，不为空。临太岁父母，又居阳爻，主其家有一大雄猫，喜走人家。化出财来克之，不能捕鼠也。戌为犬，临福德持世，伏下是财，又长生于申，更属阴爻，知有母狗，多生育而吉也。午为马，临兄弟爻，又嫌亥鬼伏其下，火绝子亥，主无马也，或有马而病死也。亥为猪，临白虎官鬼伏兄弟下。值日刑月破，主瘟死也。未为羊，伏官鬼下，此戌刑之，主不吉。丑为牛，临子孙，又伏子孙之下，更值申日长生，主有子母牛也。酉为鸡，属妻财伏世下，飞神生之，巳月长生，申日邦扶，主种类繁

① 余仿此。

衍，唯鹅鸭分宫在初爻，既犯旬空，又绝于申日，畜之断不利也。

纳奴婢占第八

游南子曰：纳婢仆者，将以得其力也。故先问其人之贤否，次观其心之服否，再推其人之事我有始有卒否，而后占今日之事之成与否也。

一　贤否

读书皆以财为用，卦无财则取伏财。如伏下，又无财，则取应爻为用也。[①] 用爻生旺带龙喜德合者，贤也。四直动爻生合用爻者贤也。用临死墓绝胎破者，劣也。逢四直动爻刑害克冲者，劣也。临龙和牙秀气，工巧晓能也。临雀多言，喜生是非也。加勾迟钝带吉，有规矩，入土则遇痴也。加蛇多心机，虚浮少诚实也。加虎性强，好勇斗狠也。加武奴则阴谋诡谲，婢多暧昧阴私。加咸池，必淫邪无度也。用爻持空化空者，少诚实而懈懒也。财伏父下或化父者，伶俐学好，为人厚重，能书算也。财伏子下，或化子者，性善不损物，好打扮也。财伏兄下，或化兄者，貌丑性贪淫，好赌也。财伏鬼下，或化鬼者，性酷烈带疾也。财伏财下，或化财者貌美，性安和有材识，能掌管财帛也。财下伏鬼者，有疾也。财下伏父者，寿促。财下伏兄者，多灾。财下伏子者，好善不猜忌也。

二　协助有终否

外卦生合内卦，应爻财爻生合世身者，得其力也。外卦与应爻财爻，刑害克冲内卦及世身者，难服其心也。世克用者，服我使也。世生用者，蒙主眷也。世合用者，得主心也。用空破者，无能。用动冲者，心变也。卦值游魂用动者，有去志也。卦逢六合用静者，无贰心也。卦值六冲用动者，情意离也。合逢冲者，先服后变也。冲化合者，先变后服也。用加马动者，欲逋逃也。加玄武窃物而逃也。更带咸池，拐婢随奴而逃也。财加

① 管公以子孙为奴，妻财为婢。

武动化兄者，防阴私也。财加龙动化福者，堪付托也。

三　讨奴婢成否

世应两空者，不成。世应空合者，虚约也。财生合世，而日辰合财者，有人争讨也。应财动生合世，而月日与动爻冲应冲财者，被人破也。应财动生合世，或带退悔杀，或化退神者，初尤而后欲也。间爻兄鬼两动者，牙人作祟也。间动伤世者，牙人局骗也。鬼兄空动者，卖主争财也。六爻乱动者，多变更也。六爻安静者，无欺诈也。父化兄者，虚契。父化父者，改契也。父空绝者，无人执笔也。父化胎墓者，押契不发也。

脱祸占第九

游南子曰：人之占脱祸也，惟其有所歉也，是以有所疑，疑者宜示之以信，则必先告以祸之所由起，而后徐谕之曰：若可脱也，若不可脱也，知其可脱矣。则又示之曰：此地可脱也，彼地不可脱也，或有己身幸免，而遗累亲属者，亦何容隐而不发也。

一　祸端

凡卦静者，遇日辰冲并起鬼爻，即有祸到也，以六神定其何祸也。兄动化鬼克世，与鬼伏而动兄冲并起者，祸由兄弟姐妹朋友也。财动化鬼克世，与鬼伏，而动财冲并起者，祸由妻妾奴婢买卖借贷也。福动化鬼克世，与鬼伏而福动冲并起者，祸由子孙、僧道、医药、六畜、饮食也。父动化鬼克世，与鬼伏而动，父冲并起者，祸由尊长、文书、房屋、坟墓舟车衣服也。

二　可脱否

身世空亡，与子孙持身世，子旺动生世身，或世旺应衰，或鬼静财空，或卦无财鬼，或月日制鬼，或世鬼动化子化空，或官逢死墓绝胎，或官动化死墓绝胎，或世持龙喜喝散解神动，或外卦逢震巽无气者，皆无虞也。若外卦克内，应爻伤世，日月临鬼世官化财，或身世持官，伏官，化官，或鬼旺动刑害克破身世，或世身随鬼入墓，或财动助鬼伤身世，或鬼与世身三六合，或用临月破者，皆难脱也。世持官动，复化官者，必灾祸重重，全家受累也。

三 避地

鬼临子午卯酉勿往北，南东西也。鬼临乾坤巽艮，勿往西北，西南东南东北也。水鬼动，勿入江海混堂。火鬼动，勿入炉冶闹市。木鬼动，勿入山林树场。金鬼动，勿入占争杀地。土鬼动，勿入田园山岭坟墓也。龙鬼动，勿作保为媒。雀鬼动，勿添言寄信。勾鬼动，勿兴工动土。蛇鬼动，勿光棍交游。虎鬼动，勿屠宰而吊丧。武鬼动，虑阴私盗贼也。又凡子孙生旺临值之方，居之吉也。

四 遗累

日克子孙，与子孙伏鬼化鬼者，遗累子孙也。日克父母，与父母伏鬼化鬼者，遗累二人也。日克兄弟妻财，与兄财伏鬼化鬼者，遗累兄弟妻孥也。本宫内卦，则家亲。本宫外卦，则外亲。他宫内卦则近邻，他宫外卦则远住也。

附：断例

庚寅年己卯月甲申旬庚寅日有虑火灾者，卜得萃之困，世临乙巳鬼动，岁日刑之，乃自身有祸也。不合克应上兄弟，则遗祸及他人矣。卦内两重父母，皆值旬空，父母为房屋，必是火起，延烧及邻家也。又不宜化出辰土父母，伤克子孙，后果小儿烧死也。

庚寅年庚辰月甲子旬戊辰日，有恐盗拔者，卜得井之节，三爻门户鬼动，初爻，化爻，二财助鬼刑世，又初爻化出巳火，子孙刑克，世下伏官，后果为盗累也。

庚寅年庚辰月甲戌旬辛巳日，有恐讼累者，卜得需之蹇，寅兄发动冲世，更逢财动助鬼伤世，日辰又刑世，祸不可支，喜世空，己得避脱，而兄弟反遭伤克矣。两爻兄弟俱系他宫，鬼又动化文书，后果因官捕捉，自身逃匿，累及内兄弟也。

庚寅年巳卯月甲辰日，有拐人女子者，卜得井之临，鬼居门户动，初爻、化爻、二财助鬼刑世，初爻又化出子孙克世下伏鬼，而世财伏官，动化文书，后果被其缉着，讼官而受刑罚也。

庚寅年己卯月甲申日，有欲避难，投托一人者，卜得大畜之损，应持子水，生世上寅木，人皆云吉，不知子水与动爻辰兄作合，其伏下申金子孙，暗中刑克世上飞神，申子辰又会水局，克世下午火伏神，后果为投托之人所发，而反受其累也。

征战占第十

游南子曰：兵凶战危，古人慎之，谓其关人命之生死，系宗稷之安危也。故观八卦，以知方向。观世应以知彼己，观六亲以知师徒。观五行以知器具，观日辰，以知我兵之淑慝，盖绳绳乎其慎之也。

一　方向

内卦为我寨，外卦为彼营也。内卦，旺相者，吉也。胎没次之，死囚伏废者，凶也。立春后艮旺、震相、巽胎、离没、坤死、兑囚、乾休、坎废也。春分后震旺、巽相、离胎、坤没、兑死、乾囚、坎休、艮废也。立夏后巽旺、离相、坤胎、兑没、乾死、坎囚、艮休、震废也。夏至后离旺、坤相、兑胎、乾没、坎死、艮囚、震休、巽废也。立秋后坤旺、兑相、乾胎、坎没、艮死、震囚、巽休、离废也。秋分后兑旺、乾相、坎胎、艮没、震死、巽囚、离休、坤废也。立冬后乾旺、坎相、艮胎、震没、巽死、离囚、坤休、兑废也。冬至后坎旺、艮相、震胎、巽没、离死、坤囚、兑休、乾废也。又青龙财、福、旺动之宫可居也。白虎足鬼、飞廉、大杀、凶神、劫杀、旺动之宫，不可居也。日辰与动爻刑害克破，及旬空、月破、与动化死墓绝胎之宫，不可居。世爻死墓绝胎之宫，不可居也。又凡出战者，内旺外衰者，可战。内衰外旺者，宜守。内克外者，可战。外克内者，宜守也。内宫之方，可战可攻。世爻生旺之方，可遁可避也。又应爻鬼爻生旺之方，宜避其锐。败死绝之方，宜击其懈。墓胎之方，宜防其伏也。

二　彼己

世为我帅，应为彼将也。世空，则取子为用。应空，则取鬼为用也。世旺应衰者，我强彼弱，宜攻也。世衰应旺者，我弱彼强，宜守也。世克应者，可战。应克世者，宜守，且宜防贼来也。世阳而动者，宜出师。世阴而静者，宜坚壁也。世空，我有难。应空，彼必伤。世应俱空，两将休兵也。世入墓胎者，宜退也。世应皆旺，或相生合比和者，必不交锋，战亦胜负难决也。世应持金火鬼旺动者，两败俱伤也。世持虎福旺相者，决胜千里也。加日辰生扶者，百战百胜也。世临龙福，加将星动者，良将也。临虎福者，猛将也。临勾福者，密遣擒贼也。临雀福者，号令严明也。临蛇福者，变幻不测也。临武福者，善用囊沙背水之术，或巧于偷营劫寨也。世加往亡归忌，受死、大败、四废、月厌、飞廉、大杀、亡神、劫杀、动者，宜坚壁不出，出则必败也。鬼克世者，彼胜。鬼克应者，他欲退也。鬼持世者，防围困也。鬼暗动，加大杀、劫杀、刑、刃、克世者，防刺客也。若遇福动，刺客必擒也。日辰冲克世爻伏鬼，刑害飞神者，防下人谋我也。无子动来救，鬼生旺日必见祸也。世衰而鬼杀旺动者，军机泄露也。内外两鬼动克世者，防内应外合也。世被日辰、动爻、刑害克冲者，防奇兵冲突也。世化空死墓绝胎者，将不遁即死也。世应皆旺者，看日辰生合刑害克破何爻，以决胜负也。

三　六亲

父为军师，为旌旗，财为粮草，子为先锋，兄为埋伏，鬼为敌人也。父下伏子，众将慑服，擒纵如意也。父下伏财，备器足饷，智无遗算，但左右防伏戎也。父下伏兄，贪财好色，狎侮私人也。父下伏鬼，智短计拙，动见疏虞也。父临衰墓，军师老耄也。父临生旺，军师少壮也。父临胎养，不威重也。父临刑害，不恤众也。父旺外动，彼兴兵也。父旺内动，我出师也。父带虎杀外动，战失利也。父外动克世，他来侵也。父外动克应，他自退也。世持父动者，将不惜士也。加大杀，劫杀动，不惜士而防兵变也。又父旺相，则旗帜新。带龙雀，则画彩鲜丽也。父衰墓则旧，加勾蛇虎武，则敝垢无色也。卦无父或父空绝者，乃帜不备也。父被刑害克破者，宜改旗帜也。父静财动者，功成拔帜也。内财动克外父者，我夺彼帜也。外财动克内父者，彼夺我帜也。又财旺相，粮草丰足也。财衰败，粮草无余也。财墓胎，粮草不发也。财空绝或卦无财者，粮草缺绝也。

子化财者，呼庚邻国也。财加武动者，下人偷窃也。内兄动克财者，督饷侵渔也。外兄动克财者，敌人劫掠也。子旺相，先锋谋勇也。子衰墓，懦弱无能也。子空绝，先锋有难也。子化败死墓绝胎，必败续也。子带大杀动克应爻者，先锋无突取胜也。子旺受刑害克冲者，勿轻出也。子衰而得日辰动爻生合者，用多取胜也。子旺而动克众官者，用少取胜也。子化兄者，将弱而功成也。子化父者，兵骄而致败也。世下伏子合应者，先锋降敌也。加日辰生子者，必被人唆赞而降仇也。兄旺动，有埋伏也。若来冲世冲子者，防劫营也。兄如暗动来冲者，防奸细也。欲知何日来犯，则在兄爻，生旺日时也。鬼衰静，敌胆怯，鬼旺动，敌势盛也。更加财动助之者，则诡计多端，变诈百出也。鬼空者，敌必灭。内外无鬼，与鬼墓绝胎者，敌必遁去也。鬼衰得扶，勿穷追也。鬼带亡神劫杀在内卦动者，防奸细也。如得世爻旺动伤克鬼，奸细必擒也。世鬼动，而生合应者，以无援而降也。卦无财，而应克世者，以食尽而毙也。

四　五行

木为舟楫，火为营寨，土为炮石，金为刀刃，水为水泉也。木旺动，利舟师也。木旺，舟大。木衰，舟小。木空绝，无舟也。又青龙为船柁为左也。白虎为樯帆锚链为右也。勾陈为平基跳板，为中仓也。螣蛇为索缆也。朱雀为烟灶，为船头也。玄武为挠头挡浪，为后稍也。旺相新，休囚旧。空则无，冲则破漏。受刑害克，及木持动鬼，与木下伏鬼者，必损伤也。伏土鬼者，舟湊浅也。伏火鬼者，舟燥裂也。伏金鬼者，钉眼处损也。又木带鬼者，贼船也。火动生合世者，立营得地利也。火动冲克刑害世者，立营失地利也。火鬼持世动者，被贼围也。火鬼贴世者，贼寨相近也。火旺，营大。火衰，营小。火空，营危险。火绝，无出路也。火动，利迁营。火鬼伤世，防劫营也。加龙，贼左来。加虎，贼右来。雀前来，武后来。

勾蛇，四隅来也。阳土鬼旺动，带大杀来刑害克冲世者，防炮石也。阴土鬼旺动，带阴杀来冲刑克害世者，防陷井也。世爻子爻临阳土，伤应伤鬼者，利用炮石也。临阴土，伤应与鬼者，利用机井也，当于应爻鬼爻死墓绝胎之右设伏也。金旺，兵甲新。加龙雀虎者，光明耀日也。金衰，兵甲旧。加勾蛇武者，钝敝无色也。金胎墓，弓櫜戈戢也。金动，将战斗也。金动带刑刃，战必伤人也。金空动，征鼓齐鸣，兵刃既接也。水旺则盈，衰绝则竭也。申爻旺动者，有水，以八卦定其何方。初爻旺动者，有井，以十二支神定其何方也。[①] 初爻庚子水，屋下有井。甲子水，门前有井也。初木动树下有井，初值土水浊。初值火，井干。初土空，有一池也。水鬼旺动克世者，敌将灌水也。水子旺动克应者，我可囊沙也，或用背水阵也。阴水兄旺动克应者，渡冰踏雪，夜晦擒贼也。

五　日辰

日辰为我兵也，日辰生合世爻子爻者，士卒用命也。冲克世爻子爻者，兵骄难制也。世爻子爻克日辰者，上不惜下也。加龙德喜神动者，将帅御下严肃也。日辰克应克鬼者，我兵胜也。应爻鬼爻克日辰者，敌兵强也。日加龙动生世者，在内卦，则兵守纪律。在外卦，则作止听令也。日加雀喜动者，善间谍也。加日雀鬼动逢空者，在内则造言兴谤。在外，则探听无实也。日加勾土鬼动者，在内，则阻令不遵。在外。则退缩不进

① 申爻水源，初爻为井。

也。日加蛇鬼动者，在内，则诡谲多端。在外，则兴妖惑众也。日加虎鬼动者，在内，则偏强难驯。在外，则轻敌偾事也。日加武鬼动者，在内，则瞩垣窃听。在外，则攫功利己也。日加武鬼，带天贼、天盗、劫杀、旺动克世者，内则窃符盗印，外则掠妇劫财也。

校正全本易隐卷四

坟茔占第十一

游南子曰：占风水者，首观山局之完亏，二推山运之否泰，三察形势之壮丽，四考坐向之吉凶，五详人地之生克，六看穴情之真假，然后案山、明堂、龙、虎、靠山、来龙、水口、次第以审其为顺为逆，孰识孰伤，而堪舆之事毕矣。

一　买地成否

以世爻身爻为主，世有生扶而身空者，地虽称意，事恐不成。身无伤损，而世空者，风水无破，而主意不欲。[①]

二　六亲坟茔定位

鬼谷分爻

祖坟　父坟　妻坟　叔伯兄弟坟　母坟　子坟

曾祖坟　父坟　祖坟　曾祖妣坟　母坟　祖妣坟

分宫看何爻伤克身世，又看何爻空死败绝，及被四直动爻刑害克冲，即知此坟无气，不利于我也。若分宫旺相无伤，而生合身世，便是佳城。此祖宗坟墓大概之占也。又已葬之穴，以鬼为尸，鬼旺生合身世者吉，冲伤身世者凶。鬼无气，而世有气，已非此地所荫也。世无气而鬼有气，坟必荫在他枝也。

① 卦身无藏，则不必论。

三　山局山运

占坟先以局数为主，大象有情，方可断其山明水秀，人杰家肥。如本局值三传刑破克空，断主人财雕落。欲知何年兴败，当以局上所主爻起运，又将占人本命合推，如世局属木，本命属土，即土命子孙不利。倘运值财福旺相，带进神者，即地运发而财丁盛。运值父兄，加刑害破空败绝退神者，则地运退而人财消。值财禄德合，旺生者，发富。官贵禄马生旺者，发贵。若鬼加羊刃，天刑亡劫、孤寡、二耗、大杀者，必遭祸重重，出孤寡败绝也。如占得既济卦，世爻属水，三合论之。亥卯未，乃木局也。又世爻亥水一数，应爻子水，亦一数，其二数，乃二行运也。即于世上起二数，随阴阳顺逆行之，每限管二十年，小限五年，一官以世爻相生之数论之。

如既济卦，世属亥水，水生木，木数三。亦从世上起数，随阴阳顺逆行之，则大限在四爻，小限在五爻也。兴败荣枯，依神杀断。[①] 高鹤沧曰：三合之局，取始生中旺后墓也。唯世持子午卯酉，得四直动爻又来会局，则主富贵绵远，绳绳不绝也。若有生而无墓者，先发后衰。有墓而无生者，先衰后发。如世不居于四正，[②] 而在生墓之乡，亦得四直动爻来会局者，则但得此山之余气而发福，非真龙正穴也。至卦中但见生墓而无主象者，特假局耳，安冀其繁衍螽斯？奋扬鹏翮也哉？

四　形势

以卦身断，身在乾，势如龙马奔骤。坤如牛眠平坦，坎如豕临溪涧。离如飞鸟伏龟。震如龙蛇蟠曲。巽如锦鸡振羽。艮如伏虎眠犬。兑如羊队粉纭也。隗炤《形势歌》曰：子身直陇地横簪，丑是横山华盖心。寅似鼓形安侧顶。卯为旗翼带腰裙。辰为钗插名姝首，又似飞禽与落鸿。巳乃簸箕中一丛。午如龟背后参成。未乃钥匙湾里穴。申为荷叶背中陈。酉似弯刀并响板，戌似鸳鸯定藕心。亥乃莲心边外立，细分凶吉假和真。郭璞

① 出郭璞《八神筮法》。

② 子午卯酉。

曰：戌似老人扶拄杖，亥如带笠一仙人。

五　坐山

以世爻断，世爻生旺，山高厚。死墓绝胎，山低小微薄。世持寅申巳亥，山雄地壮。持子午卯酉，正大开朗。持辰戌丑未，平洋宽阔。逢生合，而夹辅有情，带杀冲则欹斜破相。① 临贵喜龙德，坐山尊严。临福坐山秀气，加龙形状巍峨也。临财，山尖奇。加龙，山两脉来也。世临长生木，在震巽宫者，必近繁林，衰则凋落也。世会金局，在艮宫旺相者，四边石岭重重也。土局在坤宫旺相者，近田舍也。火局在离宫旺相者，山无树木近窑靠炉冶闹市也。水局在坎兑宫，旺相者，近溪潭也。

六　辨穴墓向

内为穴，世是也。外为墓，世墓之支神是也。世冲者，为穴向，墓合者，为墓向也。向爻，墓爻。卦中不必明见。如姤卦丑爻持世，丑冲未为穴向，丑土墓于辰，辰合酉，酉为墓向。若被日辰动爻属申，隔断未酉二向者，主金井与墓门向道各别也。又墓穴之向本不相异，但不隔断，便言内外同向，不可拘泥。出入神筮法。

七　穴向

世为穴，世冲之支为穴向，世前二爻为穴前，世后二爻为穴后。惟归魂卦，为往外复内之象。独以二爻初爻为前，四爻五爻为后。如世值子，向在午也。然惟世爻旺静，日辰生扶，则依此断。如世动，或日建冲克世，则将世前一爻相生者，定向道。若前之爻又与世克，则以前为后，以后为前。取持世对冲者，定向道。如世本属子，反言坐午向子也。② 凡向道与四直生合，或带贵福德禄生旺，必是迎官就禄，其向吉利。如向逢四直刑害克破，或临空败死绝，加亡劫杀刃者必向凶方。二十四向中，唯辰戌二向，为天罡河魁，天罗地网，贵人不临之地，向之不吉也。

---

① 带破军破碎杀亦然。

② 出耶律先生《锦囊集》。

八　前后妨害

凡前后爻，日辰临父动来刑害克破世爻者，有屋宇妨坟也。临福动伤世，有道路妨坟也。日临财动伤世，有楼阁乔木妨坟也。日临兄动伤世，水口门户妨坟也。日临鬼动伤世，阳则庙社妨，阴则坟墓妨也。木鬼动伤世，遇长生，松柏妨。遇死绝，篁竹妨，遇墓，坟木妨也。加龙，桥道妨也。火雀鬼动伤世，遇长生，窑灶妨也。土勾鬼动伤世，旺则古庙城郭妨，衰则古墓妨也。火蛇鬼动伤世，道路妨也。金虎鬼动伤世，石岗相妨。山峰如刀刃者相妨也，玄水鬼动伤世，生旺。则溪涧流泉相妨。死墓绝胎，则枯池竭泽相妨也。其妨害之方，以八卦断之。

九　人地论

阴宅以内卦为地，外卦为人，若内外俱旺相，即知地灵人杰。内外俱衰空者，即知坟茔无气。财丁消损也。内克外，人丁损失。外克内，便作吉祥。内生外，子孙繁衍。外生内，后代平常。要知何枝荣谢，但看外为何卦。乾坤为父母，包举众房。如外属乾坤，受内卦之生者，众房皆吉也。外属震巽，为长房，如受内卦之生者，长房吉也。外属坎离为二房，艮兑为三房，如受内卦之克者，中房三房不利也。其祸福之应，俱以神煞之性言之。[1] 欲知应于何年，但以一坎、二坤、三震、四巽、五寄坤、六乾、七兑、八艮、九离断之，即知其几年后应也，此大象之说也。若大象休空，则取二爻为地，五爻为人。二爻旺相，吉地兴隆。五爻旺相，人丁茂盛。二爻休囚，地不发福。五爻衰则丁少，空则丁绝。人克地，主修改培植。地克人，主人眷灾迍。惟二五比和生合者吉也，欲知何枝兴败，但以坟爻为主。[2] 坟上一爻为长房，上二爻为四房，上三爻为六房，坟爻为二房，坟下一爻为三房，下二爻为五房。其祸福之应，亦以神煞之性断之。欲知应于几年，则以一水、二火、三木、四金、五土之数断之。旺相

---

① 见家宅占。

② 看分宫。

加倍，休如数，囚死减半也。[①]

十　已葬之穴

已葬之地，以世为穴，鬼为亡人。父为家长，兄为卑幼，财为家业，子为祭主也。世空，穴不正。世持水鬼，与坎宫水世者，穴中有水也。世持辰巳带勾陈杀，与巽宫木兄持世动者，穴有地风也。[②] 世持空虎，穴生白蚁，或猫狸穴冢也。[③] 世持龙德贵喜，穴干净。值长生中有寿域，阴世阴宫，寒冷之地。阳世阳宫，高爽之区。鬼空，尸腐毁也。鬼败绝，荒坟无气。鬼空旺，穴破骨存也。卦无鬼与游魂卦，鬼动者，魂不入墓也。卦无子或子空绝，或世父旺动者，出独夫。卦无财或财空绝或世兄旺动者，出鳏夫。卦无鬼或鬼空绝，或子世旺动者，出寡妇。卦无父，或父空绝，或财世旺动者，出孤子。卦无兄，或兄空绝，或鬼世旺动者，主只影也。三传生合子者，多男。生旺者聪俊，衰逢合生者。丁少而不绝，加官贵者，发科甲。加龙贵者，多财艺。加刑刃者，出凶徒。加德喜者，出善良。子逢冲动，离祖过房。空子扶世，假枝兴旺。阴子下伏鬼，与阴子化阳子者，招婿成家也。财带禄旺静者，发富。财化鬼、兄空破败绝者，贫也。子逢劫墓，子息伤也。父空带劫杀动，阳损父，阴损母也。财墓带阴杀动，阳伤妻，阴损妾也。世临财带勾杀动，主发掘也。子化子，小口灾厄。财化财，妻奴逃散。父化父，改旧葬新。鬼化鬼，葬地不祥。兄化兄，门户荒凉，家多争竞也。鬼旺静，亡人吉。太岁与五爻生子者，子孙贵。[④] 世旺身生，官入墓者，阳发而阴泰也。[⑤]

十一　未葬之穴

未葬之地，以世为主山，二爻为正穴，螣蛇为旁穴，父母又为坟地也。二爻空破绝者，无正穴。螣蛇空破绝者，并无旁穴也。卦无子，风水

---

① 详见家宅坟墓。

② 巽为风，兄主风。又木动为风也。

③ 空空亦然。

④ 太岁五爻，俱为天子。

⑤ 富贵贫贱带疾，详见身命占。

散乱也。无兄地势不住，无脉也。无父，穴不结。无鬼，穴无气。无财，山无木，子孙贫不出贵也。穴临月破白虎，有古塚也。穴临空鬼，必废穴也。穴持鬼墓，有旧坟也。穴爻左右空，有风吹穴也。穴临四废，主废弃不用也。

十二　穴高低

以世为用，世逢生合，葬低。逢冲，葬高。初二世葬低，三四世，葬半山。五六世，葬高也。世旺者，依此断之。如世值死墓绝胎，或三传刑害克冲，则又平洋也。卦逢八纯，游魂言主阴阳反背，葬于背陇石岗也。凡六冲之卦，水走沙飞，纯阴不生，纯阳不化。无因获福，虽安静，不宜也。又世化水冲者，主为洪浸漂没也。

十三　案山

以应爻及朱雀为案也，应爻带雀，案山两重。应雀旺而世衰，坐山低，案山高。应雀死墓绝胎，而世生旺，坐山高案山低也。雀应生合世，端正有情，空动则案山不正。带杀逢冲，则欹斜破相。带有禄生旺，案山丛秀，金案员秀，或如覆釜。在艮宫者，前有石也。木案头圆身尖，旺则如文笔，衰则书笔也。水案低曲而动，有波浪起伏也。火案尖秀有颖锷，旺则笔架峰也。土案方平雍肿，旺如御屏。衰如横几也。应如雀火旺动，山必火烧四边偏窄，朝高而坐低，得水动制之乃吉。火雀静气色峥嵘，火雀带父出现，必文笔案。雀加土动，逢月日刑冲，朱雀开口也。又雀动者，案山有人行路也。应临龙，盘龙案。龙加贵，文峰秀杰。值武，回龙顾祖，衰则探头侧面也。加勾，四山环聚。加蛇，案如蜈蚣蜒蚰。加虎，案峰如刀剑，且有石也。应临鬼墓，对山吉地累累也。

十四　明堂

以间爻为用，间爻旺相，明堂宽阔。休囚者，狭窄也。应生世者，开洋。应冲世者，逼迫。间空墓绝胎者，局促。静者聚窝，动则泄泻。临月建者，明堂容万马也。水加贵禄龙喜动来生合间者，四水归堂也。间值庚寅辛卯旺相，松柏蓊郁也。戊辰竹也，巳未桂也。乾宫午爻旺，有石马也。寅爻旺，有石虎。加贵禄，有石朝官也。兑宫未爻旺，有石羊。金虎加父旺，有石碑。金化金旺相，有华表柱也。应爻土见土，明堂关锁也。

十五　龙虎

以青龙白虎爻为用，旺相高大，囚死低远，空则缺凹，动则路遥，绝则无龙虎。遇财福吉神，端圆尖秀。逢兄鬼恶杀，头欹无情。龙在寅卯辰者，为真龙。虎在未申酉者，为正虎。龙入辰，虎入寅，与财化财，福化福，或日建龙虎，会月建龙虎，俱重龙重虎也。[①] 龙虎生合世，就身起龙虎为案，拱抱有情也。在世前者，为逆龙逆虎。在世后者，为顺也。龙逢冲，虎生世者，龙去虎回也。虎逢冲龙生世者，虎去龙回也。龙虎比和世者，左右齐到也。龙虎相冲者，斗也。龙克虎，龙强虎弱也。虎克龙，虎过明堂也。持世者，龙虎紧抱也。贴世者近，克世者偪穴也。持世旺相者，左右山高压也。旺相逢冲，龙虎昂头也。世克龙虎，沙走窜也。龙虎动，左右有人行路也。鬼墓临龙虎，左右臂上有坟也。鬼墓逢空，穴已破也。木加龙虎穴动，左右有折树也。武带金刃克木，树被盗斫也。值水则近水，生旺者活泒。

囚死者，池塘也。水逢月日克合者，死水。得金动生之，则水死而流长也。又如子水在北，遇午日冲之，断为东西，余仿此。[②] 值金，旺则带石嵯峨，衰则为城堪也。值水，加财福旺相，则林木蓊郁。加兄鬼囚死，则落箨凋林也。值火，生旺，则左右有人家。死墓绝胎，则有冷屋。带鬼，则为庵庙也。火空动，山焚烧也。火加龙动，为摆尾。火加虎动，有绝坟也。值土，旺则山峰壮丽，衰则低小凹缺。土旺逢生，左右有人家烟火。衰逢鬼，非古墓，必冷庙也。《管公口诀》曰：二木在震，回转青龙。二金居兑，昂头白虎。木见木，青龙重重包裹，主发福绵长也。木见火，双龙加护，外龙不转，而本龙转也。木见土，龙在东住也。逢空，则长房绝。不空，则长房吉也。木见水，龙龙相护，主出善人，而无嫉妒也。木

---

① 阳为雄阴为雌。

② 见《锦囊集》。

见金，春占不绝，秋占主绝也。[1] 金见金，主有头无尾，三房绝也。金见火，主发财。子孙为杂职官也。金见水，主伏龙重重，后代出贤能也。金见木，主白虎藏头缩足，中断漏风，宜补种松竹也。金见土，主白虎三层，回转到穴，世代出英杰也。[2]

十六　后山

以玄武为用，临金圆秀，木高耸，水湾曲，火尖锐，土方平也。武空，龙掘断。武动，山后有路。武空动，来山不正。武上空，后背寒冷。武土动，后有池潭。武加水入坎宫，北方有水，动则水走无情。武加水动冲世，常有贼水也。

十七　龙祖

以勾陈为用，勾持世者，来龙必远，一起一伏，如活龙也。勾入子，状如巨浸滔流层波叠浪也。勾入丑，状如怒牛脱靷，且奔且顾也。勾入寅，状如虎走，足跃尾摇也。勾入卯，状如脱兔，跳跃忙奔也。勾入辰，状如龙行，蛇蜒起伏也。勾入巳，状如惊蛇，盘旋屈曲也。勾入午或加天马驿马，状如马骤，逆上斜转也。勾入未，状如羊队纷纭，踊跃争先也。勾入申，状如瓜藤延引，蔓蔓不绝也。勾入酉，状如惊凤翔舞，群雀相随也。勾入戌，状如步兵荷戈，且战且却也。勾入亥，关状如河流九曲，委折生情也。勾逢冲克，来脉受伤也。勾生合世，来脉有情也。勾空动者，依山浅葬也。勾带禄马官贵，得四直生扶者，龙必贵也，带亡劫刑刃大杀，被四直克伤者，龙必凶也。勾带勾陈杀，在坤艮宫，加鬼动者，地龙下有邪崇潜藏也。

十八　水口

以六爻为用，六爻生合世，水口有情。加贵马龙德财子者，水口重关锁也。六爻刑害克世，水口无情，或割脚也。冲世则水射心肋也。日辰带

① 此言青龙。
② 此言白虎。

贵禄龙德来冲，或罗星塞水口也。火见水合勾陈，一针水口也。水加父动，为邱浮水面也。水加鬼动，鬼把城门也。六爻寅木，五爻伏亥水者，水口有桥。旺高，衰低也。[①] 寅下伏子水，水口有船舫也。又水旺木衰为桥，水衰木旺，为船舫水阁也。蛇加福动，水口有路。雀加财动，水口有烟火人家。虎加鬼动，水口有庙也。鬼属火，赵玄坛五福祠也。属水，观音三官玄帝龙王祠也。属土，土谷祠。属木，东岳帝祠。属金，关帝。释伽及金妆像也。六爻带亡劫刑刃，大杀来冲克世者，行至山运衰处，必被祸也。坎宫蛇水世动者，水环绕也。[②] 间爻动水，动有腰带水也。临卦无水爻者，但从玄武断之。玄武生旺，水汪洋也。空绝墓胎，干流也。旺空，水散漫也。休则浅近，囚死则停蓄死水也。

十九　辨土色

以世爻为用，土黄、木青、水黑、火赤、金白、又龙青，雀蛇赤，勾黄，虎白，武黑也。若龙加土，则青黄二色。雀蛇加木，则红青二色。勾加水，则黄黑二色。虎加水，则黑白二色。[③] 世逢六合，五色备也。逢三合，有三色也。土之深者，看世下伏神。

二十　辨穴中物

以世持墓爻，世下伏爻为用。世持财墓，穴中有财物也。临金，有五金物，旺则金银，衰乃铜铁也。临木逢死绝，下有朽木，伏下木爻刑害冲克世者，下有树根侵棺也。临巳蛇下有蚓蛇。临寅虎，下有蚁穴。临玄水，世在离宫者，下有龟蟹也。世持鬼墓，下有伏尸古塚。世持兄墓，下有孔窍。世持金伏金，值月日长生者，下有石也。

二十一　辨何物伤穴

寅爻带劫杀冲害穴爻，旺则狸猫穿穴，衰有白蚁也。临子，鼠也，临

① 寅为人马之宫，故云桥道。
② 水动何爻，即知何方。
③ 余仿此。

卯，兔也，辰巳，蛇蚓也。戌为獾狗。亥为獾猪也。临丑未，牛羊践踏。临申酉，石角侵伤也。

二十二　辨棺椁

世财值辰戌丑未者，土椁。寅申巳亥者，石椁。子午卯酉者，火化骨葬也。财鬼不见，棺椁俱无。鬼伤财空，棺椁粗恶也。

二十三　辨葬法

已葬之坟，看鬼伏处，鬼下伏金火，骨葬也。鬼下伏水木土，棺埋也。未葬之穴，看鬼生方。鬼生金火，宜骨葬也。鬼生水木土，宜棺埋也。

二十四　辨坟多少

世爻穴爻持旺鬼者，即以一水、二火、三木、四金、五土之数断之。休减三分之一，囚死减半也。[①] 又世爻穴爻值辰土，则凡年月日时，及旁爻、伏爻、化爻、属水土者，同墓于辰也。三四位，三四墓。五六位，五六墓也。阳男墓，阴女墓也。[②] 加龙旺相，新坟，加虎休囚，旧葬。动逢合者，新坟。冲又空者，旧葬也。值空绝者，绝坟。值胎养者，有小儿坟也。世鬼同墓者，家人共葬。应鬼同墓者，外人共葬也。

二十五　侵地为坟

世并日辰克应者，我侵人地作坟也。动爻与应爻，并日辰克世爻穴爻者，人侵我地为坟也。

二十六　出殡

世持衰空，出殡零落。世逢生旺，击鼓鸣铙。咸池羊刃克世，葬日凶徒挠阻。贵人禄马生世，埋时贵客送迎。乾离宫火雀加福动，葬日天晴。

---

① 鬼化鬼亦同断。

② 金墓丑，木墓未，火墓戌，同断。

坎兑宫水玄加父动，埋时雨湿。巽宫木兄动，须防风暴。坤艮宫土兄动，必起阴云。震宫木鬼动，风雷交作。财动者，久雨得晴。父摇者，久晴忽雨。火化水而子化父，先晴后雨。内水父而外火福，先雨后晴也。

二十七　迁坟

凡葬而复迁者，以内卦与二爻为尸，外卦及五爻为地也。龙外动宜迁，虎外动宜守。内衰空宜迁，内生旺宜守。鬼化福宜迁，财化鬼宜守。刑害变生合者，迁后亨通。财禄化破败者，迁后消耗。鬼动者可迁，父动者必迁。财化财，父化父，鬼化鬼，兄化兄，者宜迁。四直动爻来冲者，宜迁。游魂八纯卦，逢世动者必迁也。游魂化归魂，六冲化六合者，犹豫不决也。鬼动逢空逢合者，有人阻止也。鬼动而遇日辰冲克者，欲迁而无资也。

二十八　客死客葬

游魂卦逢鬼外动者，穴逢空，而墓于外卦应爻者，鬼动墓于外卦应爻者，皆主死葬他乡也。鬼空、穴空、墓空者，主倒路死，而无埋葬之地也，否亦招魂附葬也。

二十九　辨凶亡少鬼

以鬼杀克亡命者断之，日辰带火鬼克亡命者，瘟疫死。日辰带金鬼克亡命者，刀兵死。日辰带水鬼加浮沉、风波、浴盆杀、克亡命者，溺水死。日辰带木蛇鬼加勾绞木狼杀，克亡命者，雉颈死。日辰带金虎鬼，加吞啖杀，克亡命者，虎咬死。日带金虎鬼，加病符克者，痨瘵死。日带土官，加病符克者，咽喉脾胃黄肿死。亡命冲土鬼者，主压死。日带火鬼，加雷火，霹雳杀克者，雷击死。日带火鬼，加天火独火、天烛杀、克者，火烧死，衰则热病死，或火葬也。日带木鬼加大杀，天刑羊刃，刑冲亡命者，打死；加跌扑杀者，跌扑死。金木鬼，加刑刃朱雀官符克者，刑杖死。金虎鬼，加刑刃大杀临亡命者，自刎死。玄武鬼，加天贼天盗劫杀刑刃，临亡命者，为盗致死。玄武鬼加咸池、红艳杀、克亡命者，因奸致死。玄武加暗金、阴杀、血刃、克者、产难死也。

三十　劫塚开棺

应加玄武天贼天盗劫杀，并月日冲破世爻穴爻者，劫发坟墓也。冲克亡命者，暴露骸骨也。世爻冲破穴爻者，自己移葬也。克伤亡命者，暴露不埋也。《黄金策》曰：犯天地四大空亡之杀，骸骨不明。[①]

三十一　补遗

郭璞《八神筮法》曰：凡占生坟，要本命得穴爻与山运生旺之气，忌穴爻山运与本命相刑害克冲，亦忌穴爻与山运自相伤克，空亦忌之。耶律氏《锦囊集》曰：乾宫福旺，百子千孙。坤象福刚，三男二女。震坎艮强男子盛。巽离兑旺女人多。若游魂八纯卦，世临兄鬼动被月日合出者，必主为商，出继入赘，衰则九流艺术之人也。归魂卦，为外游失位而复返之象，故占为失地也。坎卦愈凶，余卦亦主子孙消废而无福也。《易学空青》，《福德旺空歌》曰：木若逢时枝叶茂，水如旺处愈洋洋，土若旺时生万物，金如旺处定销镕[②]火位旺衰应有数，焰高顿见霎时空。金若逢空必有声，木空则绝杳无人。水空流绝人无种，火焰腾空必化尘。土堪脱空人未绝，断他屡屡必灾迍。

附：耶律氏断例

丙辰年丙子月甲子旬丁卯日，占坟茔，得睽之归妹，鬼为亡人，子为后嗣，财为产业，父为棺椁，占坟喜官鬼旺静，今有气而动，非吉也。旁爻火父，衰而又空，是坟决在古塚之畔，坐下无穴，地气不荫。寅属虎，棺中非有白蚁，必猫狸入塚。本宫子孙，被寅动一冲，又扶丑土下，金墓于丑，子孙入墓，主损少丁。本宫水财虽旺，但嫌伏于兄劫之下，葬此地后，必退财，旁爻子孙临世自刑，有过房子孙，及赘婿之属，俱不利。然此却非绝地，盖本宫中金子孙，伏丑土下受生，但不旺人丁与财禄耳。亡

---

① 甲午、甲申、甲戌、壬子、壬寅、壬辰、乙丑、乙亥、乙酉、癸未、癸巳、癸卯，为天地四大空亡。

② 金为杀气旺则生意潜然，得火制之，乃有用也。

人不安，子孙贫乏而不绝也。[1]

晴雨占第十二

游南子曰：时久晴则欲雨，久雨则欲晴，而天道不可测也。于是有晴雨之占焉。而诸说纷纷，未有定论。有以分宫生克决晴雨者，有以五行动静决晴雨者，有以六亲动静决晴雨者，或以六神，或以天干，或以内外世应，或以八卦，各有徵验。大都从其旺相无伤者断之，为不爽也。

鬼谷分爻

占雨　天　雨　雷　风　电　云

初旺浓云，衰则薄雾也。二旺电光，衰则热闷也。三旺大风，衰则微风也。四旺大雷，衰则轻雷也。五旺大雨，衰则微雨也。六旺动，翻江倒海，衰则阴天也。三动克初，风卷云散也。三动生初，风送行云也。二四相生，雷电交作也。三五相生，风雨骤至也。三动克五，风发雨止也。六爻逢冲者，大雨。日合六爻者，无雨也。

占晴　天　日　月　虹　霞　露　云

初旺，天晴云密，衰则薄云将散也。二旺露浓，衰则薄露也。三旺朝霞，衰则晚霞也。四旺虹截雨，衰则浮云也。五阳旺，皎日，阳衰，淡日也。五阴旺，月明，阴衰，月淡也。六旺天朗，衰则天阴也。初动生二，云散露收也。初动克五，云掩日月也。五动克二，日出露晞也。五动生二，月冷露零也。五动生合三，霞随日出也。四动克五，虹贯日也。初动克六，云蔽天也。

一　五行

占目前晴雨，以水火为凭，水动雨也，火动晴也。木动，风也。土动，阴也。金动，雨也。水静逢冲者雨，水旺动者骤雨，衰则细雨也。水动，而遇日辰动爻，刑害克破者，虽雨不多也。水土俱动者，雨不多也。

[1] 此伏藏卦，故取本官伏神断之。

火衰水旺者，雨也。卦无火，与火逢空墓绝胎者，雨也。水火两空，或水火俱无，或水静土动也，阴也。火旺动者午晴，衰则缓晴也。火静逢冲者晴，水衰火旺者晴。卦无水，与水逢空墓绝胎者，晴也。火动，而遇日辰动爻，刑害克破者晴也。水火俱动者，如水内火外，则朝雨暮晴。如火内水外，则朝晴暮雨也。水化火者，先雨后晴，或虹截雨也。火化水者，先晴后雨也。《管公口诀》曰：水爻生旺日有雨，火爻生旺日开晴。久雨者，水动而反晴。久晴者，火动而反雨也。《磨镜药》曰：子为云，又为江湖水神也。丑，雨师也。寅，风伯也。卯，雷震也。辰，务也。巳，虹也。午，电母也。未，风伯也。申，水母也。酉为阴，戌为阴也。亥为雨水，又为天河也。逢旺动者，则各以其类应之也。严君平曰：箕主风，寅是也。毕主雨，酉是也。寅酉两动者，风雨骤至也。木空动则无风而晴也。[①] 金空动，则不雨而风也。[②] 土空动，则不阴，而雨也。[③]

二　六亲

占晴以子孙为用，占雨以父母为用也。子孙，日月也。父母，雨也。妻财，云雾也。兄弟，风露也。官鬼，雷也。子孙持身世，不空墓绝胎，而无刑害克破者，虽安静亦晴也。旺动，则久晴，衰动，亦暂晴也。值日，则一日晴，值月，则一月晴也。父旺子衰者雨，子旺父衰者晴。父兄子兼动者，主不晴，且多风也。子动化子化兄者久晴，子动化父者，晴变雨也。父持身世不空死墓绝胎，而无刑害克破者，虽安静亦雨也。旺动则大雨，衰动亦小雨也。值日，一日雨，值月，一月雨也。父衰财旺者，雨少。父旺财衰者，雨多。父财鬼兼动者，久雨，且多雷也。父化父者，雨连绵也。父化兄者，风雨交作也。父化鬼者，雨后雷发也。父化财子者，雨变而晴也。父化空墓绝胎者，雨中得晴也。财被刑冲克害者，晴不可期也。日辰动爻合父，被鬼冲开者，见雷则雨也。日辰动爻合财，被兄冲开者，见风则晴也。父财同动者，半晴半雨也。财鬼同动者，多雾多烟也。

---

① 木朽则焚。

② 金空则鸣。

③ 土崩则金现也。

父静逢冲者，天变。化财化鬼，鬼化财者，阴晴未定也。兄化父者，风雨不常也。兄坐长生者，狂风浃日也。火鬼动者，烟雾起。水福动者，电虹现。土鬼动持世者，落黄沙也。

三　六神

占目前晴雨，又以雀武为凭。《磨镜药》曰：青龙，雨师也，朱雀，行火招风之神也。勾陈，兴云之神。蛇为电母，虎为电雷、为冻、为大风也。玄武为水神也。逢旺动者，则各以其类应之也。龙临水动者雨，龙临木动者阴。雀入火动者晴，雀入水动者阴。雀入勾动者，云中见日。勾临土动者，阴雾，勾加木动者，云雾渐开。蛇加金动者，雨中有电。虎持木动者，烈风拨木也。虎加水动者雨，虎持金动者，旺则雪雹，衰则水霰也。虎持水动者大雨，武持土动者，阴雾。雀飞龙潜者晴。[1] 龙升雀伏者雨，[2] 雀居巢者风徵。[3] 武入穴者，雨徵也。[4]

四　天干

甲乙动者风，丙丁动者晴，戊己动者阴，庚辛动者雷电，壬癸动者雨也。东方朔曰：丙辛化水者雨，戊癸化火者晴，甲己化土者阴，乙庚化金者微雨，丁壬化木者风也。

五　内外世应

占久远晴雨，以内外世应为凭，外卦应爻为天，内卦世爻为地也。外克内、应克世者晴。内克外，世克应者雨。外卦乾离，加火雀爻动者，久晴。外卦坎兑，加水武动者，久雨。外卦坤艮，加兄虎动者，烟雾腾空。外卦巽，加兄虎动者，狂风拔木也。外卦震，加虎鬼动者，疾雷伤人。如冬月无雷，主大风怒号，林木振响也。外坎化离，雨变晴也。外离化坎，晴变雨也。外坎化兑，兑化坎，雨雪连绵也。外坎化巽，风雨交作也。外

---

① 龙居内，雀居外。

② 龙居外，雀居内。

③ 雀入午也，巢居知风。

④ 武入亥也，穴居知雨。

震化坎，雷震交作也。外离化乾，天朗气清也。外坎化坤艮，阴雾朦胧也。世空者，无雨也。应空者，祈雨不雨，祈晴不晴也。应生世者，天泽下降而雨也。世生应者，地气上升为云也。久雨久晴者，应空则止也。应克父世者，应爻值日则晴。应克子世者，应爻值日则雨也。世应三合财局者，不雨。三合父局者，不晴也。

六　八卦

纯乾纯离晴，纯坤纯坎雨也。纯震纯巽，飞砂走石，霾山蔽日也。纯艮，久雨久晴皆止也。纯兑，雨也。晋、大有、同人、晴也。小畜、小过、密云不雨也。既济、未济、日出雨下，乍晴乍雨也。随、临、即雨也。屯、解、雷雨也。明夷，天晦也。泰、需、比，昏暗也。噬嗑，雷电也。观、升、风发也。中孚、大过、雨雪也。蒙、咸、蹇，雨也。涣，风后雨也。井，雨后风也。萃、细雨也。否，不雨也。旅，晴也。讼、大壮、雨也，寅午日晴也。

七　期日

用动，则以六合之日为期也。用静，则以冲动之日为期也。用伏藏旺相，则以用爻值日为期，出现休囚，则以生旺之日为期也。

神杀	正月	二月	三月	四月	五月	六月	七月	八月	九月	十月	十一月	十二月
八妖	午	未	申	酉	戌	亥	子	丑	寅	卯	辰	巳
晴朗	午	未	申	酉	戌	亥	子	丑	寅	卯	辰	巳
风杀	申	未	午	巳	辰	卯	寅	丑	子	亥	戌	酉
雨杀	子	卯	午	酉	子	卯	午	酉	子	卯	午	酉
雷杀	巳	申	亥	寅	巳	申	亥	寅	巳	申	亥	寅
月符	辰	辰	辰	未	未	未	戌	戌	戌	丑	丑	丑

朝廷占第十三

游南子曰：朝廷之占，与臣庶异，世爻所居之卦为国也。世爻为君，五爻亦为君也。主上自占，以世爻为用。庶代卜，以五爻为用也。应为后，二爻亦为后也。子孙为国储，妻财为妃嫔，亦为帑藏。父母为城池，兄弟为劫神，官鬼为奸贼也。又初爻民，二爻士，三爻大夫，四爻公卿，五爻天子，六爻宗庙朝廷也。察各爻之生克旺衰，而国家之利弊兴替，已了若指掌也。若乃卜世卜年，又自有一法焉。

一　大象

世爻所居之卦为国，旺相，则国治，而天下平也。胎没次之，死囚休废，则国祚陵夷也。空亡，则巡游无度也。冲破则疆围不固也。刑克，则奸宄窃发也。受害，则臣庶离心也。岁生旺官者，国运炎隆也。岁克衰卦者，宗社将倾也。鬼带亡劫在内卦动者，防奸细也。鬼带亡劫，暗动伤身世者，有阴谋也。金鬼带大杀，临旺官动者，兵革兴也。水鬼带大杀，临旺宫动者，洪浸灾也。火鬼带大杀，临旺宫动者，旱魃虐也。木鬼带大杀，临旺宫动者，稼穑痒也。土鬼带大杀，临旺宫动者，疫疠作也。鬼空动者，虽凶无害也。欲知何方，以八卦定之也。又鬼杀值胎养长生者，乱方始也。值临官帝旺者，乱正炽也。值死墓绝者，乱将止也。离动化坎，将北狩也。兑动化震，思东迁也。坎动化离，欲南渡也。震动化兑，必西征也。卦逢六合，安静者太平。逢六冲乱动者，则多变故也。

二　国君

世与五爻旺相，居阳宫阳爻者，明君。旺静，则福主也。带龙喜德合福贵动者，仁主。加刑杀则威震臣邻也，带虎鬼大杀、刑、刃、旺动者，暴虐不道，肆情诛夷也。带玄武咸池动者，荒淫无度也。带兄、耗、羊刃动者，多靡不节也。带虎、鬼、死符、病符动者，体常倦勤也。休囚而被太岁冲克，与随鬼入墓者，殂落不久也。土鬼旺动伤世者，贼攻城也。财带阴贵、大杀动伤世爻五爻者，妇寺专权蠹国也。父带禄、贵、大杀，动伤世爻五爻者，勋戚尾大不悼也。兄带阴贵大杀，动伤世爻五爻者，贵戚怙宠骄恣也。子带华盖大杀，动伤世爻五爻者，妖僧方士蛊惑君心也。

三　后妃

应爻二爻与世爻五爻生合比和者，好逑也。应爻克世，二爻克五者，脱环进规也。应爻二爻带龙喜、德、合、福、贵、旺相者，女中尧舜也。带玄武咸池者，艳妻煽处也。带父母旺相者，攻书史也。带子孙旺相者，繁螽斯也。子动生财者，能逮下也。应居五爻阳位加太岁，紫微华盖贵、马，旺相聚于一爻者，垂帘听政也。

四　青宫

以子孙为用，凡三传动爻生合子孙，或子孙带龙、德、贵、马、福禄旺相者，贤而有德也。福临木爻生旺者，储德必厚也。[①] 世生合子孙者，得主眷也。世冲克刑害子孙者，忤主心也。子临劫杀、大杀、动者，必更立也。子被四爻刑害克破者，防篡逆也。四爻带龙德生合子者，保传贤也。四爻带武鬼、咸池，合福者，保传邪佞也。子带咸池者，偏宫出也。

五　谏官

以子孙为用，子动克世者，直臣匡敕也。子动刑冲世者，直臣撄鳞也。子动合世者，谀臣将顺也。子临岁月动克四爻，生合五爻者，子生旺日，必有直臣纠劾权臣也。子动，克四五爻，与日辰生合者，可其奏也。与日辰刑害克冲者，疏既不允，反遭贬责也。

六　城池

以父母为用，旺相逢生合，则坚固。休囚遇伤克，则疏虞也。父下伏鬼，或父动化鬼者，须防奸细临城也。

---

① 青宫属木。

七　帑藏

以妻财为用，旺相逢生合，则丰盈缄固。败死绝空，逢刑害克破，则匮之漏卮也。兄爻旺动，则多侵蚀。鬼爻旺动，则多耗费也。

八　奸贼

以官鬼为用，鬼带杀刃动，在乾坤卦，则祸起官中。在坎离震兑，则祸起四方也。又木鬼，东寇也。金鬼，西贼也。火鬼，南盗也。水鬼，北酋也。土鬼，四方散起也。

九　分官

初爻临鬼，黔首灾，空则民有离心也。生旺则民安物阜也。衰而受伤，则民遭涂炭也。二爻临鬼，士子灾也，空则士不豫附也。金空动，则士多横议也。生旺加文昌，则文运盛，衰而受伤，则士多屈抑也。三爻持兄鬼，吏多贪酷，空则无良吏也。生旺带龙喜贵马进神动者，多善政上闻，晋秩超迁也。衰而受伤，加虎蛇刃劫退神动者，多簠簋不饰，贬秩褫职也。四爻持鬼，公卿多奸伪。空则鳏旷，不称任也。临子，则多忠义。子空动，则忠义挂冠也。生旺带贵马龙德遇四直生扶者，老成镇重，夷夏慑服也。休囚遇蛇虎鬼凶亡劫，被四直刑害克破者，模稜伴食，朝野失望也。[①] 六爻旺逢生合，则宗庙奠安，朝廷肃靖也。

动衰受伤，则鬼神震恫，王纲顿驰也。空则饗祀不举，朝观失废也。万金赋穿，断法曰：五动生初，君忧民也。三动生初，吏恤民也。四动生初，相动民也。初爻生五，民戴君也。初合三四，民服官也。三四五带虎杀动克初者，民受害也。初冲克三四五者，民胥谗也。五生合二者，君礼士也。三四生合二者，臣下贤也。三四合二生五者，臣荐贤于上也。二生三四者，上景从也。二临父克五者，书生进牍也。四生克三者，大臣能任百官，陟贤黜奸也。三持财动生世者，下赂上也。五生合三者，人主奖资良吏也。五生合四者，委心执政也。四生合五者，摅诚报主也。四持蛇虎

① 五爻天子，见前。

兄鬼亡劫刑刃，而五动克之者，黜远奸佞也。四持凶杀而五动生合之者，信任谗邪也。四持金虎鬼杀，动克五者，大臣谋主也。得日辰动爻合制之，庶无大咎。四带玄咸生合五，阿谀取容也。五持父动克四者，忠言逆耳也。四加福德将星，被五爻刑害克破者，良将冤死也。

十　爻象

鄱阳汪所性《占例》曰：比屯豫利封建也。涣萃利告庙也。益随利郊天也。升利封禅也。晋宜受朝观也。屯豫利立君也。豫既济师离谦利征伐也。乾利即位也。师解巽利田猎也。比屯恒不利田猎也。涣利发号施令也。革利改朔也。夬利去小人也。师利赏战功也。家人宜纳后也。归妹宜嫁妹也。蛊利求嗣。井利改邑也。剥遁宜选宫嫔寺人也。鼎利正位号也。姤巽宜颁抚恤之诏也。大有丰泰天下平也，否国步艰也，大过国祚危也。

十一　卜世卜年

《易学主表》曰：凡天子自占，以世为主也。如世爻动变者，则日世爻数至变爻以定其世与年也。如纯乾卦，世爻壬戌动化泽天夬卦，丁未爻，则从壬戌数至丁未，乃四十六世，卜年，则四十六年也。如卦变，而世不动者，则以正变，二世爻数之，如乾之姤，自壬戌至辛丑世，则四十世，年则四十年也。如六爻安静者，则自所卜之年，数至世爻，如庚寅年卜，则自庚寅数至壬戌，乃三十三世也，年则三十三年也。若臣民代占者，以五爻为主也。如甲子年卜得乾卦，五爻壬申，自甲子至壬申，卜世则九世卜，年则九年也。[①]

附：古占验

明正统己巳，英宗既北狩，命全寅筮之，得乾之巽，寅曰：乾若象龙，变化之物也。初四之应，龙潜跃必以秋应以庚午，浃岁而更。庚者，更也。庚午中秋，车驾其旋乎？还则必幽，弗用故也。或跃应焉，或之者，疑之也。后七八年，必复辟。午火正丁壬合也。岁丁丑，月壬寅日壬

① 余仿此。

子，其合乎，岁更九跃则必飞，九者究也，乾之用也。南面，子冲午也。必正南面，故大吉也。后英宗南旋，及锢南内，最后夺门复辟，年月日悉符其占。

庚申年戊子月甲子日，宋太祖即位，召陈抟问享国长短，得离之明夷。抟曰：陛下得国中原，而逢南方，火盛之卦，非吉也。太祖曰：朕寿几何？丙子年庚子月子日，陛下终于火日之下，离为火日，陛下之子孙尽矣。[①]太祖曰：孰敢为之？抟指离九三及明夷之九三曰，此人为之。其人在西北，陛下之亲也。太祖又问后复若有？抟曰：后一百九岁，南方有妖气入中国，中国用之，天下自此多事矣！太祖又问宋之子孙？抟曰：甲午之岁，有金字者出，己酉金为妻财，子孙生之，其祸滋甚，又六年而通于中国，又六年丙午縢蛇。宋其危乎！有二君者，实受其祸。宋火德也。火德犹盛，宋之子孙，当有兴于东北，终于东南。有近君者，实窃其位。明夷之六四曰，获明夷之心，于出门庭，东北之位也。出涕沱若，兴复之志也。近君者虽窃其位，火德也，丁巳岁其危乎？太祖又问中原可复得乎？曰陛下得国之初，而卜得东南旺卦，亦终而已矣！岁在癸巳，灭我者其衰乎？甲午宋当复兴，有贤人扶之，则可复占。如非其人，虽能复之，亦旋失之。岁在庚申，宋之祚其衰矣。自辛酉至庚申，已三百年，过此以往，未之或知也。

年时占第十四

游南子曰：古君相之于岁旦也，必命太人豫占一岁之吉凶。以前知九有之安危，兆姓之灾福，非迂也。盖居上而忧民忧，乐民乐，意合如此之击且深也。何可废岁时之占？

总　论

占年时者，以太岁为用也，岁临财子龙喜贵赦生合身世者，四方戢宁也。临兄鬼蛇虎大煞劫煞，动伤身世者，九围灾变也。又内卦世爻为地，

① 太祖讳灵。

外卦应爻为天也。外应克内世者，天心不顺也。外应生世内者，天泽下施也。内卦世爻，空死墓绝胎者，人物灾遁也。内卦世爻生旺者，人物安阜也。世持太岁加财福者，年丰民泰也。世持太岁加兄鬼者，岁饥年凶也。爻象阳多，雀火旺动，或父母空绝，或妻财独发者，旱魃为虐也。爻象阴多，武水旺动，或子孙空绝，或父母独发者，洪浸为灾也。

风波杀动、玄武鬼动伤身世者，民多淹死也。金虎鬼加大煞旺动者，干戈扰攘也。雀火鬼，加天火天烛独火天祸杀旺动者，回禄炎炽也。勾土鬼，加伏尸病符旺动者，疫疠渐染也。勾上空亡，带荒芜杀动者，地白田荒也。蛇火鬼旺动，加小杀刑害子孙者，痘疹为殃也。蛇金鬼，旺动克木世者，蟊螟为灾也。蛇金鬼带天怪杀，旺动克身世者，妖魅书见也。武鬼，加天贼天盗劫杀旺动克身世者，盗贼蜂起也。玄水鬼旺动，岁多阴雨也。木兄鬼旺动，岁多烈风也。虎鬼带雷火霹雳杀旺动，岁多雷电也。克世身者，民多雷殛死也。虎鬼入寅爻，旺动伤身世者，虎狼当道也。蛇鬼入巳爻，旺动伤身世者，虺蛇载涂也。又金鬼动，民多咳嗽。木鬼动，民多疯症。火鬼动，民多热虐、疮痍、目疾。土鬼动，民多时疫、肚腹之疾。水鬼动，民多寒虐、痢疾也。又初爻为物，二爻为民，遇鬼者灾，逢空者损，加天瘟杀者，人畜必染瘟疫也。又财绝兄兴者，民饥。子空鬼动者，蚕损。天猪杀入亥爻旺动，猪畜灾。天牛杀入丑爻旺动，牛畜灾也。卜一方者，以十二支神定其何方，卜天下者，以八卦定其向方也。

附：断例

戊寅月甲寅日，卜一方年时，得咸卦安静。兄居申酉正西，西南荒歉，申犯月日刑破克，西南尤甚。子在亥爻，月日合之，正北丰稔。父在辰未，东南西南蚕畜不利。鬼居午位，南方多灾。午鬼加雀，月日生合之，东北正南，尤防西南灾歉。武兄动，而盗贼繁。应在未地，西南方蚕蓄不起，宜居丑地。父爻属酉，正西一隅蚕禾荒歉，西南尤甚。子居坎兴隆，正北丰安，雀福动而尊崇神鬼，祷宜早也。蛇火摇而痘疹沿传，宜多南国。辰临勾鬼，东南病疫也，禾尤为不利。

校正全本易隐卷五

婚姻占第十五

游南子曰：婚姻人道之始事，是不可不慎其占也。然婚姻之求，必先于男，故择妇之占，尤当慎之。占其门第，占其德行，占其性情容貌，及子嗣之有无，入门之吉凶，聘奁之厚薄，而后占其婚姻之成否也。然而匪媒不得，则月老亦不可以不占也。

鬼谷分爻

祖宗　父母　外氏　婿妇　媒妁　自身

一　门第

内卦世爻旺，男家富。外卦应爻旺，女家富。应临贵马德合不空破克伤者贵。逢月旺日衰者，近年退也。应爻财爻衰，而外卦旺，富止虚名。应爻财爻旺，而外卦衰，家窘而女有德色也。凡富贵贫贱俱见身命占。德行性情容貌，俱见妻妾类中，故不复赘。

二　子息

卦无子孙，与子孙逢空绝破，财爻带孤寡，天狗杀动，或卦值纯阳纯阴者，俱主不生育而无子也。子孙胎爻两备者，有子。子化鬼，与胎爻临父者，有子难招。有胎无子者，孕而不育。有子无胎者，庶出螟蛉。子值阳多男，值阴多女。水子化鬼，头胎难招。火子化鬼，二胎难招。木子化鬼，三胎难招。金子化鬼，四胎难招。土子化鬼，五胎难招。子之多少，以一水二火三木四金五土推之，旺相加倍，休如数，囚死减半。

三　入门

财空绝者，伤妻。鬼空绝者，伤夫。财遇刑刃劫杀者，妻灾。鬼遇刑刃劫杀者，夫厄。财化鬼破者，妻带病。官化鬼破者，夫带疾。财动，则公姑不协。父动，则卑幼不睦。兄动，妻灾。子动夫灾。鬼动，则妯娌姑嫂不和。[①] 子带龙喜德贵持世动，妻夺夫权。子世旺静，妻必嫌夫。子世旺动，夫必遭伤。财世旺动者，克公姑，兄世旺静者，夫嫌妻。兄世旺动者，妻遭伤也。两鬼旺相，而月日与动爻刑冲克害财爻者，必生离改嫁也。世应财鬼带刑刃鳏寡杀动，夫妻不久。世应生合，而财官空绝，半世夫妻。合而又生者，偕老。冲而又克者，生离。前卦冲而变合，初乖后睦。前卦合而化冲，先睦后睽。世应财鬼生合，而被日辰动爻冲克，因入门而不睦。世应财鬼冲克，而日辰与动爻类合局者，得人劝而复和。

阳鬼阴财其一卦旺静者，必亲上成亲，齐眉偕老也。动爻冲克父，尊长不全也。动爻冲克财，主分离耗财帛，奴婢无力也。动爻冲克子，主无子，有亦不多也。动爻冲克兄，姑嫂妯娌兄弟不睦也。动爻冲克鬼，不利丈夫也。鬼动化财者，女不妨夫必再嫁。财动化鬼者，男不妨妻必再婚。卜娶而遇两财者，停妻再娶。卜嫁而逢两鬼者，抛夫改嫁。官鬼动者，夫必朝东而暮西也。游魂，主离别。八纯，主反目。咸恒节泰者，和谐。睽革解离者，乖忤。女得坎离者，再嫁。男得震巽者，重婚。坤化坎者，男破体。乾化离者，女非真。夫阳壮而伤妻，妇阴强而欺夫。蒙则不有其躬，渐则夫征不复。内卦乾坤受伤，舅姑不睦。坎艮震受伤，丈夫叔伯不睦。巽离兑受伤！姑嫂妯娌不睦。外卦乾坤生内，舅姑悦也。坎艮震生内，丈夫叔伯悦也。巽离兑生内，姑嫂妯娌悦也。[②]

四　聘奁

卦无父者，无雁币，或无婚书也。财旺币厚，财衰币薄。无财及财化

---

① 丑未相冲亦然。

② 择婿见身命占。

空绝，无币礼也。金财生合应，聘金厚。木财生合应，果核盛。火财生合应，缎疋多。水财生合应，珠玉鱼酒丰。土财生合应，以田产代币。未财旺，则羊肥。亥财旺，则猪硕。龙财旺相，奁具精巧。虎财旺相，奁具粗恶。财衰，则奁薄。卦无财，或财化空绝，无奁也。金财生合世，多宝玉五金器，木财生合世，多木器。火财生合世，多锦绣绫罗。土财生合世，多奁产。水财生合世，多珍珠布帛衣饰。应财伏财，有媵婢也。应财化子，有仆从也。

五　成否

世应财鬼生合比和者，成也。阴世，女家许配。阳应，男子求婚。世生应，男求女。应生世，女求男。世克应，用强劫娶，世应日辰三全合，因人成事。世应父母动合，两亲家杯酒而成。世应子孙动合，两男女割襟而成。官化父，男家尊长成合。财化父，女家尊长成合。世与财爻生合，女家亲人成合。世与鬼爻生合，男家亲人成合。卦六合者成，卦六冲者不成。前卦合而变冲，成后复退。前卦冲而化合，退后复成。卦六冲或世应动，而被日辰合住者，欲退而不得。世应财鬼冲克，逢日辰动爻生合者不成。而得人赞成，世应财鬼生合，逢日辰、动爻、冲克者，成而被破。世应财鬼虽相生合，或临死墓绝胎，被刑冲克害，或动化死墓绝胎，刑冲克害者，在世爻鬼爻，则男家不允。在应爻财爻，主女家不允。父化官，男家尊长阻隔。父化财，女家尊长阻隔。父空，无主婚之人，苟合成也。父克世应，父母阻。兄冲世应，兄弟阻。兄加杀动，必争竞。鬼化鬼，男家反覆。兄化兄，见阻方成。两父齐兴，主婚非一。财官动合，先奸后娶。[①] 二官并动，两家求娶。两鬼克应，女许二家。卦值纯阳纯阴者不成。龙动生世应者成。虎动克世应者不成。蛇动克，牵缠不允。雀动克，口舌非常。武动克者，阴人破。勾动克者，小人挠。又世临外卦财爻动，身世命爻去合应财、或命爻鬼爻伏墓应财之下者，俱主入赘。鬼居应财居世，与世鬼属阴，应财属阳者，蜚入赘，必夫妇相凌也。

① 自刑者验。

六　媒约

以间爻为用，世生合间，男家之亲。应生合间，女家之亲。世应俱生合间，两家皆亲。间阳男媒，间阴女媒。衰墓，老媒。生旺，少媒。间阴化阳，女人先说。间空化空，更人为媒。间兄两动，二人争媒。蛇武兄动，冰人诡诈。朱雀旺空，媒多诳语。白虎间动，媒来损害。龙喜间摇，赖其吹嘘。勾陈间动，必多阻隔。间临贵马，仕宦为媒。二间俱空，必无月老。间生合世应，善于调停。间刑冲克害世应，心怀欺骗。世应冲克间，两家相怨。日辰动爻带虎雀刑冲克害间者，群口交谪也。欲知过聘下定之月，则以月卦临直为期也。又单占媒人贤奸者，则以应爻为用也。

附：断例

己丑年丁卯月甲戌旬戊寅日，女占姻，得剥之观。本宫寅财，伏巳火鬼干，又居应上，乃有夫之妇。寅巳相刑，必夫妻不睦，而欲改嫁也。又本宫寅财，与午鬼相生合，决是与人私通，而欲嫁之也。但世上申兄动冲寅财，必有人破其妇。世上傍爻，子孙动冲午鬼，必有人破其夫。况午鬼伏墓戌土之下，世应相冲刑克，必不成也。

己丑年丙子月甲子旬丁卯日，男占婚，得睽之归妹。本宫子水财，正值月建。离卦无气，而财爻有气，家虽贫而貌则美。但性急贪淫，色黑而面圆耳。奈财伏兄下，世应化爻俱兄，克财者多，决有人互相把持。应又冲世，化爻又冲应，本宫父母真空，是无主婚之人，故不成也。细看财官同居外卦，唯西北方亲上做亲者，是其姻缘也。

己丑年丙子月甲寅旬戊午日，男占婚，得困之解。世应生合，本宜成就，却被酉兄动冲卯财，化出申兄，又刑冲克世上寅财，必被人破也。

庚寅年戊寅月甲寅旬癸亥日，男占婚，得复之颐。六爻酉子动化寅官与亥财合，月日又值财官世应又合，两家俱肯，婚大吉也。但五爻亥财自刑，妇性峭刻，貌美，面尖微黑，初爻单，则足小也。

胎产占第十六

游南子曰：占胎产者，始焉占其孕之有无，既焉占其孕之男女，既焉占其孕之生期，与夫临盆之吉凶而已。

鬼谷分爻

公姑　收生　夫身　看生　胞胎　产母

初临鬼母灾。空则母损。二临鬼子灾，空则胎堕。三临鬼难生，空则无人看生。四临鬼，损夫，空则背爹落地。五临鬼，化婆有力，空则无人收生。六临鬼，损公姑，空则不见公姑也。第二爻为胎爻也。

一　有无

凡占俱以子孙为用，惟子占母孕者，以兄弟为用也。用爻出现，或用爻与二爻，带龙喜旺相者，有也。胎爻出现者，有也。[①] 卦得大畜与涣者，有也。用爻胎爻不上卦，与逢空绝者，无也。二爻与胎爻带鬼者，母怀胎而有病。带鬼而又逢日辰动爻，刑害克破者，不足月而堕胎也。龙福空，而二爻胎爻动者，或福喜空，而虎鬼临二爻胎爻动者堕胎也。虎临二爻胎爻动者，漏胎也。子爻二爻胎爻动化刑害克破空者，堕胎也。子空动者，胎损也。子爻二爻胎爻，逢冲暗动者，曾转胎也。卦六合者，月足胎全也。卦六冲者，月前小产也。勾土旺临二爻胎爻者，孕彰露也。龙动合二爻胎爻者，孕隐藏也。欲知小产之期，待虎动龙空日。或冲动子爻三爻，胎爻之日也。或父官临值之时，或子孙遇空败死绝之时也。

二　受胎

受胎之月日，但看卦中子孙爻，与化出子孙之动爻，若子孙爻衰者，则取子孙长生，月日受孕。如子孙爻属水土，则申月戊申日受孕之类。子

---

① 子孙属水土，午为胎爻。子孙属金，卯为胎爻。子孙属木，酉为胎爻。子孙属火，子为胎爻。

孙爻旺者，则取子孙胎月胎日受孕。如子孙爻属水土，则午月或午日受孕之类。如卦无子孙，而动爻化出子孙者，则取动爻月日受孕。如金动化福，则申酉月日受孕之类。又凡占安胎者，但取子孙生旺临值之日，则制鬼安财也，或生合胎爻之日安也。

三　男女

先取子孙动变之爻断之。变爻属阳为男，阴为女。变卦为阳，生男，阴生女也。如卦有两子旺动，一变阳宫阳爻，一变阴宫阴爻，则断为双生，一男一女也。内阳外阴，先兄后妹。内阴外阳，先姐后弟。如变为二阳，则两男。二阴，则两女也。如子孙安静者，则取大象阴阳相包者断之。如天泽履卦，乃阳包阴生女也。雷地豫卦，乃阴包阳，生男也。如阴阳不相包者，后取子孙爻断之，阳男阴女也。若卦又无子孙者，则取伏卦子孙之阴阳断之。如伏卦又无子孙者，方取互卦大象之子孙，随阴阳而断其男女。若互卦大象，又不见子孙，此孕必为虚喜也。卦得八纯旺相，及胎爻两见而有气者，俱双生也。

四　生期

远则取胎爻遇空之旬生也。如卦无胎爻者，则于二爻取之。近则取冲龙冲虎冲胎爻之日，或兄弟临值之日生也。子孙居内卦旺动者，则世爻胎养之日生。衰动则子孙长生之日生。卦无子孙而伏下见子孙者，则子孙临值之日生。子孙居空墓者，逢冲之日生。子孙逢绝者长生之日生。又胎爻属勾土者，过月方生。值武水者，不出月而生也。

五　产难易

世为母，应为子。世生应，子吉。应生世，母吉。世克应，子凶。应克世，母凶。世应比和，母子俱吉也。世应俱空者，母子皆全。世动应空者，虚喜。世空应动者，即生。内卦乾兑坎离者，顺生。[①] 内卦坤震巽者，

① 乾首兑口坎耳离目。

逆生。[①] 太岁临兄弟，加暗金杀动者，母灾。太岁临父母，加阴杀动者，儿灾。财子动，而父兄发来刑害者，母子俱危。财子带阴杀动，胎难出。财子死绝，而月日动爻来生扶者，将危有救。子爻胎爻俱动，而父鬼动来合住者，难产。虎空者，难产。胎爻值鬼，加阴杀飞廉大杀动者，难产。财动化鬼空墓绝者，母死。子动化鬼空墓绝者，子死。胎爻不见，而子值空墓绝者，胎里死。鬼化子者，母去子留。财化子者，易生。子动者，易生。鬼动者，胎易落。父兄逢空死墓绝胎败，与受刑害克破者，产必无处。龙虎临财子动者，易产。蛇加阴杀动，玄临身世，加浴盆杀动者，难产。又玄临财动者，胎冷稽迟也。

六　稳婆

应爻财爻为用，应爻财爻生世生身生初爻二爻子爻胎爻者，可用。刑冲克害世身初爻二爻胎爻子爻，不可用也。临空墓死绝胎者，无能。受刑害克冲者，招怨也。

七　乳母

应爻财爻为用，应爻财爻生合世身子孙者，可用。刑害克冲身世子孙者，不可用也。临金水旺动者，乳多。衰静者，乳少。卦无金水，及金水空绝者，无乳也。应持父动者，不善护恤婴儿也。应爻持鬼、伏鬼、化鬼、或财爻伏鬼、化鬼者，必多灾病。持雀鬼动，易惹是非。持蛇鬼动，儿多惊吓。持勾鬼动儿防跌扑。持虎鬼动，儿常哭泣。持龙鬼动，乳哺无节，寒燠不调。持武鬼动，防其偷窃。武加咸池合世，与主私通。武加咸池动来刑克克破世者，因与私而堕其计也。应持兄动，耗损必多，又福动化财者，食乳粗，儿易养也。

① 坤腹艮指震足巽股。

痘疹占第十七

以官鬼为用，鬼不上卦，与鬼化死墓绝胎空，及被刑害克破者，皆不出也。若鬼虽衰死受伤，而化出生旺，无鬼而月建临官，鬼静而日当生旺，与火鬼加蛇旺动者，皆出也。欲知出痘疹之期，以官鬼生旺之年月日断之。欲知痘疹之稀密，但鬼衰子旺，与子持身世者必稀朗。鬼旺子衰，与鬼持身世者，必稠密。父动者重，兄动者轻。福临空死墓绝胎，与受刑害克冲者，命必难保也。

取嗣占第十八

问子有无，以胎爻福爻为用。有胎无福者，虚孕，有福无胎者，螟蛉。胎福俱无者，无子。胎福俱全者，有子。福德上卦者，有子。伏藏衰静者，迟招。出现旺动者，早得子旺，则胎养之年有。子衰，则兄弟临值之年有。子衰而又化空死墓绝者，虽有子而不育也。世爻空者，男子精气衰弱，宜医便也。应爻空者，妻之命不招儿，宜纳妾也。世应不空而子孙空绝者，乃命中无子，难强求也。

延师占第十九

游南子曰：弟承师训，不可无资。师道尊严，所尚在学。宾主贵乎投合。训导期于尽心，而后可计其终岁之损益也。若夫舌耕有觅馆，得失难凭。手艺者投师，授受有数，亦师弟之附占也。

一　童蒙

以子孙为用，子孙加龙者，聪俊，加雀者，智慧。加勾者，鲁愚。加蛇者，虚浮。加虎者，顽劣。加武者，佻达。八纯卦逢子动者，心不专。六合卦，值子静者，志必笃。游魂卦而子加马动者，必好闲游。归魂卦而子马加动者，常恋家室也。子加病符或伏鬼、化鬼者，多灾病。子入墓胎者，书懒读。子入阳宫阳爻者聪敏。入阴宫阴爻者，痴蠢也。

二　师尊

以应爻为用，父母为文学，应爻生旺，带龙喜德贵者，名师。临死墓绝胎，受刑害克破者，庸师。应临岁月日破，与随官入墓者，非灾即讼。应持父雀生旺，不犯刑伤者，制艺精妙也。应入乾坤离三卦者，八斗之才也。又应入乾，刚果严肃也。入坤，含容有度也。入震，好动易怒也。入坎，信实有成也。入艮，沉静谦卑也。入巽，心毒无恒也。入离，虚心明哲也。入兑，讲习和易也。应持鬼动，谲诈也。父动，苛刻也。子动，和易也。兄动，贪黩妄。财动，阅文不恕也。应生合子孙，师斜弟去。子孙生合应，弟出从师也。问专何经，父属金，春秋。土，易。木，诗。水，书。火，礼记也。

三　宾主

世为己，应为师，世应生合比和者，宾主相得。刑冲克害者，彼此猜嫌。世空，则主慢师。应空，则师嫉主。世应俱动，两家心变。世应俱空，两情恝然。六冲者，彼此无缘。六合者，始终如一。合化冲者，有初鲜终。冲化合者，始离后合。游魂应动，师朝东而幕西。归魂应动，师晨定而昏省也。

附：觅馆占

世为己，应为东主。父为书馆，子为生徒。财为东修，鬼为荐人。兄为谋夺之人。世爻、应爻、父爻、空绝者，无馆。父值墓胎，无好馆。财空墓绝胎者，修薄。子空墓绝胎者，徒少。鬼空墓绝胎者，无荐人。兄空墓绝胎者，无谋夺人也。游魂卦，宜别图。归魂卦，宜仍旧。六冲卦，无馆，六合卦，有馆。合逢冲者，被人破。合变冲者，初尤而终拒也。官加贵、三合世应者，贵人荐也。兄动克世者，有人争夺。财动化兄者，荐人分脩。世动化鬼者，浼人转荐。鬼动化兄者，先索谢仪。子合逢冲者，从聚复散。子衰得助者，徒少后增也。欲知关约之来，以父母为用也。卦无父者，死值之日来。父母旺，则合日来。父母衰，则生旺日来。父母空墓，逢冲之日来。又父母生世合世之日，亦可成关得关也。

附：投师占

儒释道之师，以父母为用。百工之师，以兄弟为用。又俱以应爻为师，世爻为己。世空破者，己意更变。用爻、应爻、空破者，师不传授。旺相生合世，必获其传。刑害克破世，难精其业。卦值六冲，彼此不尽其心。卦逢六合，授受相成其美也。

小试占第二十

游南子曰：凡应童子试及科举者，俱以父母为用，父母乃文章，官鬼则试官也。但父母旺相，得官鬼动来生合之，或得四值生合之，或月建合官，生身世爻，或三传值文书，加雷火杀临身世爻，决然高掇。纵财子动，亦无害。或父母空亡，得旺用动生官爻或子动化官生世父者，俱许中选。最忌父官衰空刑害克破，或身世爻临兄子财动。兄动主雷同，子动为剥官杀，财动为阻滞神，有制不妨。岁月持福德动者，决不取。身世临二耗动者，多费资财。若身世犯三刑劫杀，或刑劫动克身世者，必求荣得辱也。

又曰：占小试者，一看分官之吉凶，二推命题之难易，三观文字之优劣，四察衡文之愉愠，五定名次之高下而已。因而推之乡试、会试、殿试、武试，何独不然！

鬼谷分爻

考场　试官　誊录　三篇　二篇　一篇

搜检　覆试　道考　府考　县考

分官看何爻，刑害克冲身世，又看何爻，受四直动爻刑害克冲，即知此处疏虞，不慊意也。若分爻生扶身世，而又旺相无伤者，便是得意处也。

一　题目

以父母为用，父伏墓下，未尝经目之题。父伏空下，向虽讲究，今已忘之。父伏兄下，枯涩题。父伏子下，小巧题。父伏父下，旺则连章，衰则巧搭照应题。父伏财下，枯窘棘手题，或不完篇。父旺相出现，冠冕大题。父合世，做过题也。

二　文字

以父母为用，父旺，加龙喜，佳文得旨。父衰加虎杀，文失旨。父化父，文多杂犯。父化鬼，意思未奇。父冲父，题目生疏。父克月日，主文不喜。父合月日，称主司意。父入巳，文藻丽典则，衰则鄙俚无收拾。父入午，文笔刚劲捷速，多用典故。衰则美中多暇，前紧后驰。父入申，文快利，有气势，衰则多滞句。父入酉，文笔矫劲，运局周匝，衰则浮蔓无断制。父入寅，文雍和雅致，衰则葛藤。父入卯，文爽恺而气雄锐，衰则散漫无纪。父入子，文清真不靡，衰则泛滥不根。父入亥，文圆转深沉，多颖句逸致，衰则意纤词险。父入辰戌，文气古朴坚劲。父入丑未，文致淹雅浩落，衰则拙钝重实而已。雀加火父动化水，文防点污。父带玄咸动，受刑害冲克者，文必涂抹。月日克父，违式不录。大象、父爻、世爻三空，卷必遗失。父空绝者，或递白卷。父衰而得日辰动爻变爻，带官贵来生合者，须求情而得名也。

三　考官

月建为督学，取四时巡环之象。日建为府县官，取朝旦临民之象。遇生合世身者，入彀。刑冲克害者，孙山。父旺官衰者，见遗。父衰官旺者，姑取。姑且取之。

四　名次高下

父官并旺，或加四直临身世者，名必高。父临月建，官值日建者，批首。世父生旺，带贵马德禄龙喜居五爻者，批首。二爻，弟二。六爻，弟三。三爻，弟四。四爻，弟五。初爻，弟六。[①] 父官两旺，生持身世，财又旺静，兄弟不动者，必补粮。若兄动财空者，只二等。父官相气无伤者，二等。父衰逢冲克，得鬼动生合，在子水爻者，三等。[②] 月建克身，木官刑世在二爻者，四等。[③] 世持子动，化鬼生身者，其祸减半。故为青衣。[④] 若世父被伤，身宫又化空死墓绝，月日又持财子者，六等。其他名次，以世上纳甲取之。甲己子午九，乙庚丑未八，丙辛寅申七，丁卯壬酉六，戊癸辰戌五，巳亥常加四。世动则合变卦纳甲取之。或占时四直，有与世同干支者，亦合取之。积算至几十几名是也。此断一二四等法也。若三等，旺则看世上支神，以一水二火三木四金五土断之。相则以世上纳甲之干支取之，休则取干支而倍之，如一十三作二十六是也。囚死则取干支而进之，如一十进一百，三进三十是也。[⑤] 又凡雀喜临门户爻动者，[⑥] 捷音即至也。

乡会试占第二十一

游南子曰：此亦以文书为主，官鬼为用也。文书遇贵官旺生之者，或禄马德贵临月将合官生世者，三传加官印持身世者，或官印旺动三合身世，或卦无官印，而伏出变出官印临三传者，皆中式也。如身世伤官克印，或官印衰，而被刑害克破，或卦有官无印，或财爻、兄爻、子爻、旺动独发而无制，或三传临兄财子，与刑劫临官印动者，俱不中也。世衰伏旺鬼，中后必病。劫杀临官克世身，中后必死。父官旺相，而逢财子，白虎俱动，或带白衣杀动者，中后丁忧。官值升阴升阳之爻，衰而受克者，今科偃蹇，下科必中。官加贵马，在外卦，他宫六爻动，世上文书生旺者，冒籍外省而中。父母无气，得日辰旁爻变爻，带贵马生父合官者，请

---

① 出《穿壬透易》。
② 子为海水，三等为入海也。
③ 三爻为臀，木刑为责。
④ 五等。
⑤ 出《前知集》。
⑥ 三爻门四爻户。

讬而中也。

鬼谷分爻

棘闱　主考　房考　三场　二场　一场

终场　试官　监察　同年　伴人　己身

凡分宫带官印贵马禄喜龙德，生合身世，而又旺相无伤者，便是吉处。若受四直动爻变爻伏爻刑害克冲，或带凶神克世身官印爻者，便是疏虞处也。

一　考官

以岁破爻为试官，取外省宪臣遥对天子之象，又取帘幕贵人为用。如书占得夜贵是也。甲戊庚日，见未贵，乙巳日，见申贵，丙丁日，见酉贵。壬癸日，见卯贵。六辛日，见寅贵，为帘墓贵人也。凡乡会试，遇岁破爻，及帘幕贵人爻，生合身世上官印者，必高中。刑害克冲身世官印爻者，不中。身世临雀父，动克岁破爻，与帘幕官爻者，其文不当主司意。若卦内无此二用者，以分宫四五爻，及官鬼爻为用也。[1]

二　名次高下

父加雀火持世旺相，又得四直生合，更贵马德合聚于一爻，无刑害克破者，中元也。又丑未二贵，同临身世者，中魁。丑中有斗，未中有鬼，合而为魁也。酉贵临身世爻者，中亚魁。以酉为从魁也，其他名次，依小试之法断之。

殿试占第二十二

廷试主文，以太岁为用，取天子之象。如太岁不上卦，则以五爻为用也，太岁临扶身世，更官贵禄马龙喜皇恩聚于一爻，在五位二位者，状元。在三爻、六爻者，榜眼。在初爻、四爻者，探花。月建带诸吉神，临

① 出《毕法赋》、《磨镜药》二书。

扶世身上官印者，二甲。月建带诸吉神，临扶世上官印者，三甲也。其二三甲名次，亦以小试之法推之。《毕法赋》注曰：德加亥临身世官贵爻者，必登高甲。德者，得也。亥为天门。

武试占第二十三

鬼谷分爻

终场　主考　监察　策论　步射　马射

乡场以月建为主考，日建为监察。会场以太岁为主文，岁破为监察。如卦无岁月日爻，则看分宫。又巳为弓，申为箭，午为马，巳申午爻生旺，无刑害克破者，或带贵马财禄龙喜，旺生身世者，马步两场决中。又身世带官贵禄马，加大杀月杀羊刃白虎旺动者，决中。看中箭之法，世为己，应为垛，世应合生者，箭中。世克应者，亦中。世合克应午者，中红心。[①] 世合克应爻，寅申巳亥者，中四角。世合克应爻子午卯酉者，中当中。世爻败死墓绝胎于应爻中者，脱垛也。[②] 中数以一水、二火、三木、四金、五土，凭世上支神断之，旺相加倍，休加数，囚死减半也。三场策论，以父母为用，中式与元鬼名次，皆与文举一例推之。[③]

官禄占第二十四

游南子曰：官禄之占，其未仕也，占其仕为何官，选在何月，领凭于何日，任所在何方也。其既仕也，占其赴任之吉凶，在任之休咎，升除于何日，替代于何时也。若乃为官之贪廉，与夫为官而失职，而补任，而丁制，而起复，亦官禄之附占也。

鬼谷分爻

执政　朝仕　监司　长官　曹官　吏人

---

① 午为红心。

② 申爻亦然。

③ 参《六壬磨镜药》。

但看所占是何官职，各于分爻取用，断其吉凶也。

一　何官

凡四直贵马聚于身世爻，更德合相扶，在官印阳爻者，必职在阿衡助和鼎昧也。加刑刃大杀者，出将入相也。加太岁或五爻生合之者，必荣膺燕赐，后荫前卦也。又太岁与五爻生合世身者，朝仕也。冲克世身者，外任也。世爻官爻在内卦动者，外任也。在外卦动者，朝仕也。[①] 官贵持世，在阳宫阳爻者，文职。阴宫阴爻者，武弁也。世持岁破者朝仕，则六部通都在大也。外任，则布按都司也。[②] 世持月建者，巡方安抚行人也。[③] 世持日建者，郡邑之宰也。[④] 世持官贵禄马，又得岁月文书来生合，威权风宪之职也。世持官印旺相，而旁爻带贵人禄马来扶者，但为正官，而不风宪也。又世持官贵禄马，不空刑克破者，其在金爻旺相，京官则司马、司寇、大理中丞也。衰则尚宝乡、武选、车驾、职方、武库郎也。

武则，五府衣使也。在外任者，旺则总制抚按、观察、总兵也。衰则恤刑司理、参游、把总也。木爻旺相，京官则司空，衰则营缮、虞衡司也。在外任者，旺则关津主税，衰亦税课茶水之职也。水爻旺相，京官则，家宰也。[⑤] 衰则文选、稽勋、封验、都水郎也。在外任者，旺则盐漕河道操江也。衰则水利、盐运粮运之职也。火爻旺相，京官，则宗伯、宫詹、学士、司成、司业、太常、翰林之官也。衰，则中书也。旺加雀，则科道。衰则鸿臚也。在午爻者，旺则司马、衰亦苑马也。在外任者、带文昌驿马，加月建者，非典试之官，必督学之官也。衰则文学炉冶、坑场之职也。上爻旺相，京官，则司农、京兆巡城、仓院也。加龙德，则光禄也。在外任者，旺则方伯、屯田督运、督粮也。衰则郡守、邑宰、开矿、取石垦辟之使也。世持官贵禄而无印绶者，佐贰也。世持衰官、得日辰动财来生合，或伏财化财者。仓场府库驿典之官也。世持官印，而无财者，

① 五为君位，四六皆近君者。

② 太岁为天子，岁破取重臣，遥对天子之象。

③ 取四时巡环之象。

④ 取朝夕莅民之象。

⑤ 取其诠衡如水之平。

非正选，而差委之官也。[1] 官衰印旺者，署印官也。

二　候选

官临身世，与财爻独发，或世官加书贵，带龙雀动，或岁月带官印生合世身者，选也。世下伏官，或伏驿马印绶者，迟选。世持官贵，值升爻，而休囚受克者，下选。世加夜贵、带龙雀动者，方催选陪点也。卦无官印、与官印空绝，或身世空绝，或子持世旺动，或子孙独发者，俱不得选也。鬼化鬼者，事多反覆也。鬼动而财空绝者，选司无力也。官绝逢生者，事虽有沮，终得贵人力而成也。身世随鬼入墓者，选不成，成亦不如意也。若值丁未戊戌二杀墓者，虽选官到任，而旅亲回乡也。鬼带亡劫、大杀、克世身者，虽选官而不得赴任也。卦有官无父，或父值空死墓绝胎者，无在所也。欲知何日得官，官旺动者，远则以值年合月为期，近则以值月合日为期也。官旺静者，以冲动之年月日为期也。官伏藏者，以临值之年月日为期也。官临火动，选速。水动，选迟也。又看卦宫，宫居艮，立春后选。宫居震，春分后选。宫居巽，立夏后选。宫居离，夏至后选。宫居坤，立秋后选。宫居兑，秋分后选。宫居乾，立冬后选。宫居坎，冬至后选也。

三　领凭

以文书为用，旺则墓日可领，衰则生旺日可领，伏藏则临值之日领也。卦无父、与父临空死墓绝胎者，候久而不得也。又父化父者，文凭不实也。

四　任所

一二世者近，三四世者远，五六世者愈远也。六合近，而六冲远也。世属子，则坎宫女虚危三宿之分野。今山东济南、东昌、青州、登州、莱州五府之地也。世属丑，则艮宫，牛斗二宿之分野。今南京应天、扬州、徽州、宁国、池州、太平、安庆、苏州、松江、常州、镇江等府，与浙江

---

① 《筮诀》曰：卦若无财必非正选。

杭州、嘉兴、湖州、宁波、绍兴、台州、金华、衢州、严州、温州、处州等府，与江西南昌、瑞州、饶州、抚州、建昌、吉安、南安、临江、赣州、南康、九江、广信等府。与福建福州、泉州、兴化、福宁州、邵武、延平、建宁、汀州、漳州等府，及广东广州、南雄、惠州、潮州、肇庆、高州、琼州之地也。世属寅，则艮宫，尾、箕二宿分野，今北京顺天、昌平、永平、保定、河间等府，与辽东沈阳等处地也。世属卯，则震宫，氐房心三宿之分野，今南京徐州、淮安之地也。世属辰，则巽宫，角亢二宿之分野，今山东兖州府之地也。世属巳，则巽宫，翼、轸二宿之分野，今湖广荆州、岳州、长沙、宝庆、辰州、常德、衡州、永州、武昌、黄州、承天等府，与四川夔州府、贵州铜仁、黎平府、广东、廉州府、广西桂林、梧州、浔州、南宁、太平、思明、柳州、庆远、思恩、镇安等府之地也。世属午，则离宫，柳星张三宿之分野，今河南河南府、南阳府、湖广郧阳、襄阳、德安三府之地也。

世属未，则坤宫，井鬼二宿之分野，今陕西西安、汉中、凤翔、平凉、临洮、巩昌、庆阳、延安等府，甘州、潼关、榆林、宁夏、甘肃等处，与四川成都、龙安、顺庆、保宁、重庆、叙州、马湖等府，卢州、嘉定州、卯州、眉州、雅州等处，与云南云南府、临安、广西、楚雄、姚安、武定、景东、顺宁、大理、蒙化、永宁、永昌等府，北胜州、云州、丽江府、鹤庆府、与贵州贵阳、都匀、思州、石阡、铜仁等府之地也。世属申，则坤宫，毕觜参三宿之分野，今山西太原、平阳、潞安府、沁州、泽州、汾州、渣州之地也。世属酉，则兑宫，胃昴二宿之分野，今北直真定、顺德二府、山西大同府之地也。世属戌，则乾宫，奎娄二宿之分野，今南京凤阳、卢州二府、徐州之地也。世属亥，则乾宫，室壁二宿之分野，今河南开封、彰德、卫辉、怀庆、汝州、汝宁等府，与北直大名府之地也。

五　赴任

鬼谷分爻

任所　道路宾师　车马　家眷　伴侣　行李

分爻值旺相而逢生合者吉，遇鬼值空，而被刑害克破者，必有灾难也。又世为官，应为任所。世克应，道途无阻。应克世，到任不利。世生应，因官耗损。应生世，因官进益也。世空必有灾难，陆行忧跌扑，舟行忧风浪。若旺空，惟病而已，或得日辰动爻来冲克，庶几免咎也。

六　在任

官加贵禄临扶身世者，到任操权也。父加贵马临扶身世者，临庭掌印也。官加龙贵，在阳宫阳爻旺相者，政声籍甚也。父受伤而财空绝者，地瘠民贫也。父身动而兄世动者，政繁赋缺也。日并兄动伤世者，吏多舞文也。兄化子孙克世者，民多梗化也。道路爻空，巡方之使多惊。子孙旺动，剿捕之官奏凯。太岁伤官，朝仕必黜。月日生世，外任可升。官化财，非奖，则荐也。官贵旺动生合世者，目下蒙荐也。岁月带父旺动者，朝有宣勅也。太岁与五爻动来生合世者，征召入朝也。官爻世爻临五爻或临太岁，得父动来生合者，名书御榻也。三传加财动生合世者，受赐赍也。太岁与五爻生合父母，椿萱受赠。生合妻财，室人受诰。生合子孙，儿孙得荫。生合官鬼，祖妣恩荣也。财化福者，加俸秩财化兄者，罚俸粮也。月日刑害克破官爻世爻，或贵官动伤身世者，被人弹劾也。官父逢空死墓绝胎，与被刑害克破，或官父动化福，化空死墓绝胎，或化刑害克破者，俱降职也。世官空动者，将失职也。官化退神。[①] 游魂化归魂者，宜致仕也。世空杀动者，宜避罪也。世持官加大杀动，或鬼带亡劫动伤衰世，或世爻、身爻、命爻、俱空死墓绝者，皆死于任所也。

七　升迁

世为臣，应为君，世应生合比和者，升。世生应，我求进，应生世，人荐举。应冲克世，外除，应生合世内除也。世官旺动者，升。财子同动者，升。财爻独发者，升。岁月生扶身世者，升。官临唐符国印动者，升。鬼加雀带雷火杀动者，升。官化财者，平升。鬼化鬼，逢进神[②]则超迁。逢退神，则调简。归魂卦，官爻旺静者，必复任，游魂卦，官爻旺动

① 丁丑、丁未、壬辰、壬戌。

② 甲子、甲午、己卯、己酉。

者，必远升。游魂化游魂，升后再升，远处也。卦有两父两官旺动者，鸳鸯求仕也。内旺外衰，宜守旧。内衰外旺，宜图新。内外俱旺，彼此如意也。雀临门户爻动者，吉报至也。若世空、官空、或官爻安静伏藏，与身动刑岁月者，皆不升也。

八　替代

官旺者，官逢死墓绝日代也。子旺动者，即时可代。卦无官者，绝日可代。外卦阳者，代速。阴者，替迟也。占代官来者，以应爻生旺世爻墓绝之日为期，或官爻生旺月日为期也。

九　贪廉

官印皆旺，财爻不见者廉。世持兄旺动者，贪也。世下伏兄化兄者，贪也。世持虎鬼，加刑刃劫杀动者，酷也。世持鬼，加玄武、咸池、荒芜、四废杀、动者，罢软也。世持虎鬼，加雷火、卒暴杀动者，浮躁也。世加天解、天赦、喝散、动者，昭雪滞狱也。财空鬼旺者，廉名振而囊橐空也。父空官旺者，爵位高而琴鹤随也。[①] 又初爻为吏民初爻克官克世者，主贤明，吏民亲迩也。世爻官爻克初者，主苛刻。吏民畏避，生初爻者，主慈爱吏民也。

十　官职退复

子旺动，父休空，官墓绝者，必退职也。欲知退职岁时，但以卦身为主。如丑月来卜，得噬嗑卦，身在戌也，则戌亥子，退度三位，乃失职三月也。又如午月来卜，得艮卦，身在巳也，退度一位，乃失职一月也。又如辰月来卜，得蛊卦，身在寅也，退度二位，乃失职二月也。（余仿此）。又官遇三传生扶者，必起复也。世下伏官，与伏印马者，必官印临值之年月日起官也。官父持身世旺静者，必冲动官印之年月日起官也。旁爻带贵马旺动来生身世上官印者，必得贵人提拔，以相生之年月日起官也。若旁爻兄弟旺动，带亡劫隔神来刑冲克害身世上官印者，必有匪人相隔坏

① 父母为行李。

事也。

十一 丁忧起复

凡财爻带白衣杀，或财加虎杀，会月建动来刑克父母爻者，阳丁父艰，阴丁母艰也。又二爻、五爻，[①]带白衣杀旺动伤世克官者，二爻则母忧，五爻则父忧也。后遇生合官印之年月必起复，或官印生旺之年月起官也。

附：断例

己丑年壬申月甲子旬乙丑日，占求官，得震之豫，此卦己事不成，代占则成也。但费心力多用财耳。旧初爻子水文书，与申金官鬼，三合应上辰土。世为己，应为人也。所以费力者，盖子水动化未土，文书受伤，又应财亦克文书。所云克我者，他来就我易。我克者，我去就他难也。所喜日辰丑土，冲未合子，子水又长生于月建申中，故只损心神。行财贿，终必成也。若夫世爻旬空，丑日又刑之，己事必不可成也。

己丑年癸酉月甲子旬丁酉日，婿占岳翁，在京选官否，得晋之噬嗑，此卦父临岁破，巳官旬空，又初爻动化福来伤官，木宫午官伏酉兄之下，火死于酉，且月日冲动卯财，克伏下辰土父母。戌土父母，虽伏巳官下受生，奈巳火空亡，土又败于酉也，毫无生气，故今岁恐选不成，待次年庚寅，火官长生，正月可选，五月可到任也。

己丑年丙子月甲子旬丁卯日，占求官，得睽之归妹。本官寅宫，动合世下戌兄，所托贵人得力。父母属火，文书难立时空，得日辰生扶，必可成也。但本宫午火自刑，求仕文书，字眼必有疏驳处，得旁爻卯官相生，又得官府主张成就，本宫寅官，又伏傍爻巳火文书下，必另有贵人保举，或别经勘验，方得完备，乃经两三衙门之事也。毕竟火空无气，须待立春后官现，方准。立夏后文书旺，方完备。官动六爻，地方远。外离化震，必选东方也。

庚寅年庚辰月甲戌旬戊寅日，占为官安否，得剥之观。本宫午官，伏

---

① 二为母，五为父。

墓戌土下，午为自刑，傍爻子动冲官伤官，必曾冒犯官长。官不莅事。本宫父母，又值旬空季空，此因文书不明，而忤上台也。问之果然。

庚寅年辛巳月甲申旬壬辰日，占求官，得需卦安静。本宫巳火文书，临月建，伏在官鬼之下，又巳火生世丁丑土，求官必得，所嫌旁爻申金持世，与月建六合来克官，日辰又生之，主暂时阻节，终是夏金逢时空，不能为祸。本宫卯木官，伏辰土兄弟下，日辰又是兄弟，为劫财之神，无旁爻寅鬼与本宫巳父相刑，乃所掌官吏，有求索之意，若与之贿，事必谐矣！

庚寅年辛巳月甲子旬丁酉日，占求官，得乾之离。二五爻辞，俱有利见大人本吉。但六冲化六冲，又寅财动克文书中，兄动多阻隔，目下不成，直待辰戌印绶年可求。午火官鬼年，可得官也。

庚寅年壬午月甲戌日，占在任安否，得归妹之泰。午得化入戌墓，丑印化入辰墓，主灾死，唯致仕可免也。

是月是日，有占起官者，得剥之晋。世临子水，伏申金，金生水为印绶，又寅年、午月、戌日，马聚于申，世下伏印马，后必起官，但嫌本宫午官伏戌墓下，须待壬辰年冲开戌墓，透出午官。又辰年与世爻飞伏申子三合，故其年上寅月，可用财求谋。官生在寅也。丙午月得官。官旺于午也。近则未月到任，远则戌月到任也。土为印绶，未与午官六合，戌与午官三合也。

文书占第二十五

游南子曰：文书之占，有公私之辨焉。虽俱以父母为用，然公占，则以官旺为助。私占则以子旺为助也。三传刑害克破父母者，不成。卦无官父或官父临空绝，与化空绝者，非不发，则遗失。父值墓胎，与化墓胎，或加勾土旺动者，必阻滞耽隔，逗留月日也。若乃在官而占，文凭诰勅，与夫公文差劄者，但身世坐禄马贵官印绶，或三传值官印动来生合身世者，必可得也。为商而占盐引钞文，与私居而占契券田贴者，但父母旺动生合世身，而财子旺静者，有也。应爻空绝墓胎，与世持财加武动者，无也。[①] 至问文书何时可得者，旺则待入墓之月日，衰则候生旺之月日。旺动，则逢合之月日，旺静，则冲动之月日也。若文书伏藏者，待文书临值之月日得也。

附：断例

庚寅年戊寅月乙卯日，代占求文书，得剥之观，傍爻巳官临应，受岁月日生，人多云吉。终是被岁月刑巳，又世上旁爻子动伤官，本宫辰戌文书，皆值时空，三传克之，且世应相克，人事不和，决主徒劳无成也。

庚寅年庚辰月己巳日，占托人求文书，得丰之复。主文书却在，其人必死也。缘申金文书，与月辰巳火六合，而动爻亥水兄弟，化入辰墓，又犯月破，况病于岁建寅，申墓于月建辰，申绝于日建巳中，故知其必死也。

庚寅年甲申月庚辰日，求占文书，得升之小过。二爻亥水文书，动化午火子孙，水胎于午，是为文收化入胎爻，乃小墓也；主事难成。却喜申月旺生，文书化胎不能为害，后于子日成就，盖文书旺于子，且冲破午胎也。

寅年丁亥月丁酉日，日占托人求文书，得大壮安静。主本月可成，出月则不成也。盖世持午火文书，生本宫世下丑土，应上飞神，子与世下丑合，应下伏神未，与世上午合，故可成也。若出月，则十一月建子，并动应爻，冲脱文书，所以不成也。

---

① 财克文书，武克朱雀。

谒贵占第二十六

游南子曰：人之谒贵，必有所求，必有所托也。故始焉，恐其不得见也。见矣，恐其不如所请也。是不可以无占也。

鬼谷分爻

大贵　中贵　朝贵　州郡省贵　县贵　乡贵

占者，但看所谒之贵，是何分爻出现。旺动生合身世者，往必得见，见必如吾所请也。如逢伏藏空死墓绝胎，而刑害克冲世身者，往必不见，见必不遂吾求也。

一　见否

外卦与应爻官爻属阴者，在家也。属阳者，出外也。阳变阴者，外方回也。阴变阳者，方出外也。应爻官爻出现者，在家也。伏藏者，不在也。动者，难见，空者，不见。空而旺者，过旬乃见。出现旺动而不带土者，不见也。阴爻化阳者，而见而遇。阳爻化阴者，再见而拒也。占六合者见，六冲者不见也。卦无身，或无鬼，或世应俱空，世应俱鬼者，不必往见也。凡世应内外官鬼生合比和者，待应爻官爻生世合世之日可见。或应爻官爻生旺之日，相见也。

二　相见喜怒

外卦与应爻官爻，生合世身内卦者，见而悦也。刑害克冲世身内卦者，见而嗔也。应爻官爻虽生合身世，而变爻刑害克冲者，先悦后嗔也。先刑害克冲身世，而变来生合者，先怒后善也。应爻官爻受日辰动爻刑害克破，或化死墓绝胎者，彼有灾病祸事也。加龙动者，和蔼多情。加雀动者，多言易怒。加勾动者，率直无文。加蛇动者，多疑寡信。加虎动者，狠毒无恩。加武动者，狡诈多端也。凡寅援与兴讼，及上书献策而谒贵者，以官鬼为用也。鬼爻旺动生合世身者，吉也。鬼逢空死墓绝胎者，无力也。鬼动来刑害克冲身世者，不允也。加虎杀来伤者，非唯不允，反遭罪谪也。为息讼释罪，而谒贵者，子孙为用也。应爻持子旺动，带喝散解神生合世者，或世持子孙，或月日是子孙来生合世者，吉也。应爻子孙逢空死墓绝胎，或被刑害克冲者，无力也。为求书恳荐，而谒贵者，以父母为用也。鬼旺动生合父，与父旺动生合身世者，有也。父逢空死墓绝胎者，无也。父被刑害克破者，有而若无也。财持世旺动，与财爻独发者，求必不得，得亦无力也。有馈送而谒贵者，以应爻为用也。应逢空死墓绝胎者，人不遇遇亦不投也。财带退神动，[①] 与财动化退神者，物不纳也。应财旺动生合世者，馈薄而答厚也。应动刑害克冲世。而间爻又动者，被间而情疏也。

---

① 丁丑丁未壬辰壬戌。

校正全本易隐卷六

行人占第二十七

游南子曰：行人之占，占其来情，占其安危，占其囊橐，占其所在，占其归期而已。亦有羁旅他乡，而鱼雁杳绝者，又将占其音信之有无也。

鬼谷分爻

地头　路车　门马　同伴　身　足

初爻二爻动者，行人起身在途。用爻、应爻、墓，日归也。动持兄鬼者，行人有不吉之事。身足羁绊，未即到也。初临鬼，足有疾。二临鬼，身有疾。三临鬼，同伴灾。四临鬼，马病劣。五临鬼，车损伤也。用爻应爻，带财福、驿马、临门户爻动者，即至也。临道路爻动者，在途也。动逢空，与动带退神，或动化退神者，[①] 登程复返也。看在何位动，即知何地转去也。要知行几里转去，以动爻支神，用一水二火三木四金五土之数推之。旺相加倍，休如数，囚死减半也。用爻应爻居六爻，加财福驿马动者，起身也。静则尚未动身，带〇动者，失意而回。带鬼静者，病于彼地也。

① 丁丑丁未壬辰壬戌为退神。

一 来情

用爻应爻生世合世、克世者，欲归也。刑冲害世者，不欲归也。静而生克世者，心怀归也。待逢冲动日月起身，生旺月日到家也。逢冲暗动者，心方怀归，而身未动也。用爻应爻带马动生世者，即回也。带马在外卦动，来刑冲世者，远去也。游魂六冲卦，应动用动者，远去也。归魂、六合卦，应动用动者，即归也。用爻应爻休囚，或遇退神动，或带马空动者，久年不返也。带玄武咸池，遇日辰合住者，行人恋私交也。

二 安危

用爻应爻逢空死墓绝胎，或化空死墓绝胎者，重则死，轻则病也。被刑害克破，或动化刑害克破者，非受侮，必生灾也。加龙动者，必得意。加雀动者，先附信。加蛇动者，有惊恐。加虎动者，防摽掠。加武动者，遇小人。加勾动者，主淹留。勾土旺动，克应克用者，卒急难来也。用伏父下，文书阻滞也。用伏财下，买卖牵连也。用伏子下，僧道羁留也。用伏兄下，同伴耽隔也。用伏官下，阳为讼，阴有灾也。鬼加龙，喜处招殃。鬼加雀，怒言致祸。鬼加勾，争斗生灾。鬼加蛇，惊惶患病。鬼加虎，丧家惹祸。鬼加武，酒色启衅也。用伏应爻财下者，身赘他乡也。用入应爻财库者，踪羁富室也。用应衰空，受四直动克者，丧身异域也。应马内卦空动，与应马外动墓于内卦者，到家损命也。用应加折伤杀动者，在外跌伤也。虎鬼加大杀动克应用者，有病难也。

三 囊橐

应爻用爻临青龙财福动者，获利而归也。旺多，衰少。财受生者，倍得。财受克者，减半也。要知是何财物，以五行定之。财加武动，与财化兄鬼者，中途被骗也。财化财者，谓之化去。若加武，克应克用者，防剪绺贼也。三爻鬼临龙贵动者，谓之宅神有气，必满载而归也。应临兄旺动者，必伴侣众，多费盘缠也。

四　所在

行人何方居止，随用爻应爻之支神断之。子北方，丑寅东北，卯东方，辰巳东南，午南方，未申西南，酉西方，戌亥西北也。行人何家居止，以卦身所生之爻断之。爻属父，父母尊长家。爻属兄，兄弟朋友家。爻属财妻妾，妇人富翁家。爻属子，僧道医人捕役家。爻属鬼，官吏军卒牙人家也。行人久出，不知其程，则视用爻应爻，干支之神。以甲己子午九，乙庚丑未八，丙辛寅申七，丁壬卯酉六，戊癸辰戌五，巳亥常加四之数推之。如用值丁卯，丁六数，卯六数，共十二，近则十二里，远则一百二十里，再远，则一千二百里。旺相加倍，休如数，囚死减半也。

五　归期

凡用爻应爻动者，三合日到，或六合日到也。静取冲动月日起程，旺生月日到也。衰取旺日到，旺取墓日到也。用爻伏藏者，取用爻临值之年月与六合之月日到也。世动克应克用者，身世两空者，日辰刑克应用者，日辰并动忌神者，财动化空墓绝胎者，皆不至也。①《管公口诀》曰：世应俱空也，行人归等间。② 世应俱动与身世持水火动，或身临用爻动，或身爻应爻临财旺动，或世空财旺动，或日辰生用生应，或父雀动克世，或用加龙动，或用带天耳天目动，或卦乱动者，皆到也。世动克雀父者，来迟也。应爻用爻动逢合住者，待冲开合日方归也。动带水爻者，雨中归也。动世克动应者，行人往他乡也。用绝逢生者，遇故人带回也。应墓逢冲者，有人催逼起身也。世爻冲合用爻应爻者，须遣人寻觅也。外卦应爻用爻持阴鬼加蛇动者，行人梦回家。在内卦世爻动者，家人梦彼回家也。阳在已往，阴则未来。其梦在鬼爻生旺之日得也。又耶律先生以八卦定归否，如行人本在北方，而应爻用爻入离宫动者，必回南也。入坎宫动者，方动身也。在坎宫静者，无归心也，余仿此。

① 耶律氏以财为行李。

② 试之少验。

六　音信

以应爻父母为用也，应爻与父母动来生合克世者，但逢父母生旺临值之日有信也。外动内静应动世静者，有也。外静内动应静世动者，无也，或本家付信去也。世应俱空者，家信不去，彼信不来也。应爻父爻，临空墓绝胎，无信也。父化空者，遗失。化胎墓者，沉匿。化冲逢冲者，偷拆也。父动逢合者，被人留住。父加勾动者，途中耽搁。父加雀空动者，人匿书也。世持财动，与世武克应雀者，或财爻独发者，俱无信也。父带雀动者，有书。父空雀动者，有口信。龙父动者，喜信。虎化动者，凶信。父动化福化喜者，吉信。化鬼化刑害克者，凶信。父化父者，书不一也。

七　在外占家人来否

以用爻应爻为主，用爻应爻与身爻动者，已扬鞭也。逢空墓绝胎者，尚留家也。受刑害克冲者，为事阻也。以六亲定其何人所留，以六神定其何事所阻也。归魂卦，应爻用爻静者，不出户也。游魂卦，应爻用爻动者，已登程也。六冲六静卦，不至。六合乱动卦，至也。

附：断例

庚寅年辛巳月乙未日，妻卜夫远行，年内何月到，得小畜安静。六爻无官，喜本宫酉官，伏辰土之下，官赖财生，年内必到。但嫌用爻不现，直待酉月丙辰日，官临月建，又待日辰天地合德，其夫果到也。此月此日，又有妻因夫出外多年，亦得小畜，当在丁酉年，甲辰月回家也。

庚寅年己卯月癸卯日，父卜子回，得艮之蛊，二爻午父独发，得三传生之，申金子孙，又绝于岁建，胎于月日建，不能当此旺父，子果本年壬午月甲戌日，客死他乡。以寅年午月戌日，会成火局，克申金子孙也。

庚寅年癸未月乙巳日，父占子被盗捉去，何日归？得乾之鼎，初爻子孙带龙动，理宜即归，奈月建害之，又绝子巳日，喜五爻申金旺动，生合子孙，所云绝处逢生也。又嫌子化丑土合住用爻，待丁未日冲破丑合，果回家也。

庚寅年丁亥月甲辰日，妻占夫回？得家人之益。此卦忌神不动，仇神又空，元神正临身世，独嫌酉宫伏亥水下，名为泄气，故日下未来，直待用爻直日，方到。果于己酉日回也。

出行占第二十八

游南子曰：占出行者，先问方向之吉凶，次察启行之果否，后推道途之通塞，与夫所图之遂意否也。

鬼谷分爻

地头　旅店　门户　伴侣　己身　足

初爻值鬼，足伤，空则无脚子也。二爻值鬼，身灾，空则身有阻也。三爻值鬼，伴灾，空则无伴侣也。四爻值鬼，去后家有讼事，空则难出门也。五爻值鬼，道路阻，空则旅店凄凉也。五爻空，行李失。鬼空，遇拐子。福空，遇恶伴。兄空，同伴灾。财空，货物失也。或陆行有扑跌，舟行遇风浪也。六爻值鬼，到彼不如意，空则地头萧索也。

一　向方

世爻为用，世居乾兑，化离受克，则不宜南行。化艮为墓绝，不宜东北。化子为死地，不宜北行。化震为财方，化巽为生方。化坤为冠带临官之方。乾为兑，为旺方，皆利有修往也。兑化乾，为衰病之方，亦不宜往也。[1] 又金世不利南行，木世不利西行，火世不利北行。土世不利东行，水世不利乾坤艮巽方行也。又世爻死墓绝胎之方，不可往也。官临马动者，不可往也。卦得归魂，八纯明夷节坎艮，与六爻乱动者，俱不宜行也。

① 余卦仿此。

二　行否

身世动者，即行，静则行期未定也。静逢冲者，同伴催行。动遇合者，因人留住。身世逢月破者，无的期。勾土动克身世者，因事羁绊。世临土鬼，未得起身。带大杀动者，有祸。世鬼加鬼，贵人留滞。加官符朱雀，讼事牵连。加丧门吊客病符死符者，为死丧疾病之事留也。父母克身者，父母留。兄弟妻子克身者，兄弟妻子留也。身世逢空死墓绝胎者，去不成也，去亦失意而返。世身空动者，半途而返也。

三　通塞

内克外，世克应者，出行得意也。外克内，应克世者，出行有祸也。内生外，世生应者，有破耗也。外生内，应生世者，有外财也。内外应世比和者，所行快利也。身世同爻者，出行有阻也。卦身值鬼者，出仕则吉，否则生灾也。龙福生持身世者，好去好回也。间爻两动者，中途有梗也。间爻两空者，中道多虞也。鬼动克世，途遇凶人。虎动克身，与人争斗。虎加大杀，必有病厄。雀动克身，与人争讼。蛇动克身，路上忧惊。勾动克身，途中阻滞。勾加水动，遇雨而阻。武动克世，须防盗贼。午官动克世，堕马而伤。木官动克世，舟车所伤。折伤杀临世动，须防扑跌。往亡杀临世动，必有险厄。华盖鬼克身，祸起僧道。财动刑克世，贪财受累。阴财动合世，而化鬼化父者，因奸致讼。子孙刑害克冲旺世者，因酒色致病。世衰者，因酒色亡身。[①] 子动化鬼克世，更与文书同发者，必因酒色致讼也。父兄加劫杀动克身世者，防失脱。又父动克者，遇雨。兄动克者，遭风也。艮宫寅鬼动者，出行避虎豹也。震宫蛇鬼动者，途中防光棍也。坎宫木鬼加虎动者，防舟倾也。坤宫马居龙福动者，道路安也。又父母为行李，旺多，衰少。父化财、化空、化刑害克破者，行李失也。父化兄，与人合铺盖。兄化财，与人合借资本也。

---

① 加龙为酒，加武为色。

四　图谋

世身旺相，临龙喜财福者，满载而归。临官贵禄马者，簪组荣归。财福旺动，生身合世者，得意而归。卦无鬼，与鬼空墓绝胎者，到彼谋干不成。身世随鬼入墓者，旺则灾祸稽迟，衰则命倾他境也。

舟行占第二十九

游南子曰：凡舟行者，先问起行之果否，次观舟具之完亏，再详舟子之贤奸，更考风色之顺逆，后察舟居之安否，与夫财利之旺衰，此其大凡也。

鬼谷分爻

梢棚　夹节　火仓　中仓　头仓　船头

一　行否

自占看世，代占看用，世爻用爻持鬼，伏鬼、化鬼空墓绝胎，或卦无财，或无卦身，或得归魂卦世逢静者，俱去不成也。又本宫内卦五属，克世，家人留也。本宫外卦五属，克世，外亲留也。[①] 他宫内卦五属，克世，邻里留。他宫外卦五属，克世，远方人留。带贵人禄马，仕宦留。带青龙德喜，庆贺事留。带白虎、丧吊、凶丧事留。带朱雀，官符、讼事留。带勾陈、病符，因疾病留。世身加马动者，即行。动逢合者，冲日方行。〇父母为舟。父母动，船即行。卦无父母，必无船也。

二　舟具

六亲以父为船蓬，又为篾笠。子为水底，鬼为樯桅，兄为篙子，财为

① 详见身命六亲中。

装载。六神以龙为船柁，为左。虎为樯帆鞋链，为右。勾为平基跳板，为中仓。螣蛇为索缆，朱雀为烟灶，为船头。玄武为梲头挡浪，为后梢。已上旺新衰旧，冲则破，空则无。如被刑害克，及持鬼伏鬼化鬼者，此物必损，此处必漏也。水鬼动者漏，火鬼动者，燥裂。金鬼动者，钉眼漏。土鬼动者，灰缝损。木鬼动者，有缝。木父空无舟，木父受冲舟漏。木父受克，舟难行。木父旺动，舟行顺利。卦无水者，舟湊浅。卦无火者，舟不粉饰。蛇鬼加木暗动，舟有魇魅。惟六爻皆吉，不伤身世者，为安利也。

三　舟子

世为船主，应为船梢，俱忌空破死墓绝胎。应生合世，舟人善周旋。应冲克刑害世，舟人多忤逆侵侮。应旺相，有力多能。应休空克破，无才懦弱，或非惯熟，或有不测灾来。加雀鬼，口多詈骂。加虎鬼，恃才多争。加勾鬼，愚痴无礼。加蛇鬼兄，狡猾诓诈。加武鬼，明偷暗窃。应属阴财，加咸池合世者，梢妇私通也。

四　风色

以兄弟日辰为用，如兄并日动生合世者，必顺风相送。兄并日动刑冲克害世者，必狂飚骤发。更加木动，舟必覆也。如兄生合世，而日来冲伤世者，乃横顺之风，犹可行也。兄冲伤世，而日来生合世者，乃横逆之风，不可行也。兄弟空破墓胎死绝，与水木二爻俱静，或鬼休囚，而无白浪、风波、浴盆、浮沉煞动者，俱风息浪平也。

五　舟居安否

父母为舟，世为船主，父旺，而逢日辰动变，来生合者，安也。父逢空墓绝胎，又被刑害克破者，不惟险阻，反有灾祸也。世临贵马龙德喜合财福者，安也。四墓带虎鬼大杀持世伤世者，病也。若临应上动来克世，或世动去生合应爻凶杀者，必舟中传染之病。兄弟动克，同伴相欺。福德动合，酒食丰美。官鬼动，舟人咭呫。水官克世，防风浪。火官克世，防火灾。土官克世，防湊浅。金官克世，防石撞。逢木世官，防舟撞。坎宫木虎动，与巽宫木兄动，防舟覆。卦阳包阴者安，阴包阳者危。艮内外卦克者危，白浪煞动者虚惊。风波煞动者，风浪。覆舟煞动者，覆船。浴盆浮沉杀动者，失水。折伤煞动者，跌扑也。

六 财利

子孙乃生财之神，若持世生合世者，得利。旺财持世，主合世者，利多财旺，动装载多。财临空死墓绝，或化空死墓绝，或被刑害克破，俱主失财。财伏兄鬼下，或化兄鬼，俱主损失。财化水兄水鬼，在乾宫，防止湿。在坤宫，防下漏。① 财空，资本失；父空，行李失。福空，小厮失。兄空，同伴失。鬼空动，遇拐子。若武加劫刃天贼天盗动，来刑害克破世身者，舟行防盗贼。得子孙旺动，则有人解救也。如外卦他宫财动生合世身，或动爻化财生合世身者，俱主得意外之物。旺相多，囚死少。以五行定其何物，以八卦定其何方，以六亲定其何人也。若财爻动克世身，或财化鬼，鬼化财，来刑伤身世，俱主以贪财受祸也。

谋望占第三十

游南子曰：凡人欲为而不敢遽为，则有谋。欲得而不可必得，则有望。故始焉占其可否，既可矣。占其成败，既成矣。占其迟速，此大都也。

鬼谷分爻

国事　官事　人事　家事　身事　心事

一 可否成败

以世应为主，内卦为谋事之人。内克外，世克应，外应生内世者，内外世应俱旺相比和者，事可图，图亦易就。月日合世应，心虽不欲，亦得

① 财临水动亦然。

允成。间动鬼动生合世应，得人劝成谋官逢官旺生合世身，而子衰静者成。谋财逢财旺生合世身，而兄衰静者成。谋文书，逢父旺生合世身，而财衰静者成。凡事皆嫌兄动，若并贵禄生世，又为吹嘘之人。凡事皆喜福动，求名则忌之，此可谋而成之占也。若内外世应身爻，逢空死墓绝胎，被刑害克破者，或卦六冲者，或世应俱动者，或外克内，应克世者，或鬼兄临间爻带隔神、退神、退悔杀动者，俱不可谋，谋亦不成。又合中犯刑害克破者，事多恩中变怨，成而后毁，虽是已事，亦被旁人阻隔。又用神不上卦者，如求官无官爻，或官爻空绝，求财求文书无财印爻，或财印爻空绝，俱谋不成也。又凡卦中无官，与官逢空绝者，诸事不成。故经曰：卦中无鬼伏谋事，父动终当费力成也。此不可谋而难成之占也。然有宜公而不宜私者。内外纯阳，用爻旺相出现也。

有宜私而不宜公者，内外纯阴，用爻休囚伏藏也。内生外，世生应，我去求人也。外生内，应生世，人来就我也。主卦冲而变卦合，动克世而变生世，先难后易也。主卦合而变卦冲，动合世而变刑世，先易后难也。欲知事成败于何人，则以六亲定之。本宫内卦，至亲也。本宫外卦，远亲也。他宫内卦，邻里也。他宫外卦，远方人也。鬼加贵，缙绅也，否则牙人保人媒人也。欲知何方人，以八卦定之。又有托人图事者，外人看应爻，家亲看用爻。凡应爻用爻犯日破月破旬空者，皆主无能赞勷，空死墓绝胎亦然。若生旺化空死墓绝胎，必有始无终。冲克刑害世者，必怀欺难托。六冲之卦，终成反目。虎动者损害，蛇动者心变，勾动者愚钝，武动者诈欺。雀旺空动者，多诳语。惟旺相带龙喜成神，动来生合世身者，则赖其扶持以成事也。又有托贵人图事者，但官贵受刑害克破，不可告贵人事，缘贵人自受克制，不能成就我也。如官贵刑冲克害身世爻者，求情难蒙许诺，后被别人搀越，有始无终，反有所费也。《毕法赋》曰：凡书占得夜贵，曰脱气，凡事被贵人掇赚也，此谋望可否成败之附占也。

二 迟速

以用爻为主，动速静迟，旺相出现速，囚死伏藏迟，阳变阴速，阴变阳迟。动临震巽速，动临坎艮迟。用临卯酉速，[①] 用临辰戌迟。[②] 初二爻动速，三四爻动，犹豫迟疑。五动迟，六动更迟。用临太岁，不出一年。用临月将，不出一月。用临日辰，则本日。临日建，则本时也。《尹逢头断法》曰：用旺还须墓日定，用休生旺日当成，用伏但看用值日，动逢合住待冲辰。

求财占第三十一

游南子曰：占求财者，求其求之有无，占其得之难易，占其数之多寡，与夫得于何人，得为何财，得于何日而已。若乃吹嘘成就，全藉乎人，亦不可以不占也。

鬼谷分爻

店舍　道路　车马　行李　伴侣　己身

一 有无

得六合者有，六冲者无。外生内，应生世者有。内克外，世克应者无。内外世应比和旺相不空破者有，卦本无财，而月日是财，来生合世，或世不伏财，得日辰并起，或应动化财生合世，或子孙旺相，兄动生之者，或日辰世应三合财局者，或应财衰而临日建长生者，皆有财也。应爻与财爻值空破，或财动化鬼，化空破绝，或财动去合应爻兄爻旁爻，或身克动财者，皆无财也。财旺子空绝者，一得难再也。

---

① 卯酉为日月之门户。

② 辰戌为天罗地网，为天涯海角。

二　难易

财旺临身世，财旺动生合克身世，与子化财生合身世者，易也。鬼化财生合世，从空而得也。鬼化子生合身，儿送财来也。父化财生合世，先难后获也。父旺财衰者，力多财少也。父衰财旺者，力少财多也。兄化财生合身，费口舌而得也。子化子生合身，两处得财也。财动复化财，则化去而难得也。财动生合世，复化兄弟者，非得而复失，则与人分析也。财合逢冲者，成而后变也。财旺动生合世，或被月日动爻变爻冲刑克害者，求难而得薄也。财逢冲破而世遇生扶者，身安财散也。世逢虎鬼大杀，又或持墓化墓，而财爻生旺，得月日动爻合住者，财存人亡也。世遇虎鬼刃劫动来克伤，而财又空绝破者，人财两失也。

三　多少

意其多者，取财爻之纳甲。以甲己子午九，乙庚丑未八，丙辛寅申七，丁壬卯酉六，戊癸辰戌五，巳亥常加四之数，加减之。如卦有二财，世下伏财，变爻是财，四直又是财，卦宫又是财者，并取纳甲积算，旺相加倍，休如数，囚死减半，以定其数。意其少者取，财爻之支神，以一水、二火、三木、四金、五土之数，随旺衰增损之是也。

四　得于何人

内卦本宫六亲化财生合世者，阳官，祖也。阴官，祖妣也。阳父，父也。阴父，母也。阳兄，伯叔与兄弟也。阴兄，姆婶与姐妹也。[①] 阳子男，阴子女。阳财妻，阴财妾也。外卦本宫六亲化财生合身者。阳官，外祖也。阴官，外祖母也。阳父，岳父。阴母，岳母也。阳兄，母舅、表伯叔、表兄弟也。阴兄，舅母、母姨、表姐妹也。阳子，女婿、表侄、外甥。阴子，表侄女、甥女也。阳财，表嫂。阴财，表弟妇、洎表兄弟之妾也。在内卦他宫者，邻里之财也。在外卦他宫者，远方人之财也。临父，

---

① 《黄金策》降伯叔与兄弟同位。

尊长也。临鬼，仕宦、牙人、军卒也。临兄，朋友也。临子，僧道、医士、捕人也。临财，阴人也。财属子，妇人姬妾之财。属丑，贵人尊人之财。属寅，公门、贵客、道路之财。属卯，士夫、术士、沙门、商贾之财。属辰，二千石、或鱼盐、与恶人之财。属巳，妇人窗灶之财。属午，使臣、亭长、官妃，或神僧、骚人、墨客之财。属未，贵人老者、女亲之财。属申，兵卒、僧、医、行人、市贾之财。属酉，妇女、婢妾、阴贵、卖酒人之财。属戌，朝士、善人、狱吏役隶、仆从之财。属亥，小儿、牙人、盗贼之财。财入乾，君父、名宦、尊长、公门人之财。入坤，母后、老妇、农夫、大腹人之财。入震，长男、武人、商客、有声名人之财。入巽，长女、命妇、秀士、山林、僧道、匠人、寡发人之财。入坎，中男、蛮夷、盗贼、舟子、江湖人之财。入离，中女、文士、介胄人、目疾、大腹、火性人之财。入艮，少男、道士、地师、法术、山人之财。入兑，少妇、歌妓、姬妾、伶人、译使，巫师之财也。

五　得何财

财入乾，金玉、珠宝、首饰、骡马之财。入坤，田土、布帛、丝绵、五谷、牛畜之财。入震，竹木茶叶之财。入巽，山林蔬圃花园之财。入坎，池沼、鱼、盐、酒、醋、豕畜之财。入离，窗灶、炉冶、书吏之财。入艮，坟、石、山、径路之财。入兑，姬妾、婢女、缸瓷、羊畜、五金之财。财属子，池荡、石灰、布帛大豆、酒醋、衣饰珠玉也。属丑，田、园、坟、池、桥梁、珍宝、牛畜也。属寅，山林树木、柴薪、棺椁、书籍钱帛也。属卯，舟车、竹木、帅货也。属辰，田园、坟地、麦地、文书、印、信、宝货磁器、缸坛、水物也。属巳，赏赐、图画、磁器、砖瓦、花叶、炉冶、管籥、弓弩也。属午，宫室、书籍、字画、窗灶、马畜也。属未，坟地、酒坊、衣服、段疋、婚定、药材、羊畜也。属申，田园、池荡、绢帛、大麦、金银、纸布、丧具也。属酉，金珠、钗钏、炉鼎、刀剑、小麦、五谷也。属戌，宅舍坟地、矿穴、田蚕、碓磨、印信狱具也。

属亥，楼台、仓库、紬绢、[illegible]酢、鳞介、豕畜也。[①]

六　何日得

旺相生合世身之财，六合日得也。财多太旺者，墓日得也。死绝之财，生旺日得。空墓之财，逢冲日得。福旺无财者，财值〇日得也。

七　仗托吹嘘

间爻死绝，被刑害克破者，中保无能。生合世者，善成全。刑害克破世者，多欺骗。加兄鬼，玄武、冲伤者，奸宄阻隔也。加贵初生合者，贵人主张也。应克间者，彼生疑。世伤间者，我怀怨。间两兄动者，争为中。雀兄旁动，伤世克间者，有人破。间爻空者，无中保也。

附：断例

己丑年丙子月丁卯日占求财，得睽之归妹。此卦六爻无财，只本宫丙子财，伏未土下受害受克，兼以卯日刑之故，必被人阻隔，而不可求。所赖月建并起财爻果至，丙子日得也。

庚寅年己卯月甲申旬丁亥日，卜求财，得谦之小过。六爻无财，只本宫卯财，伏午火官鬼下，名为耗鬼，岂知午火旬空，透出卯财，况投长生于亥日，后至辛卯日，财值巳辰，果得财也。

庚寅年庚辰月壬申日，卜求财，得屯卦安静。六爻无财，惟本宫午火财，伏辰宫下，飞来耗财，又辰午皆为匿刑，此必不义之财，为小人欺骗而不得也。

庚寅年己卯月丁酉日，占求财，得临之中孚。亥财动来生合世，只因化绝在巳，虽有酉日，不能生绝水，故当日不得，次日戊申，财爻绝处逢生，方入手也。[②]

庚寅年辛巳月丙戌日，占求财，得随之屯。此卦辰财持世，戌日冲

---

① 出《燃犀集》。

② 绝惟贞也，己亥能生。

之。未财持应，化丑冲之，此为四财，自相冲脱。又财绝于月建巳中，不可云世应是财求易得。日建世应，比和吉也，后果求之不得。

庚寅年甲戌月癸亥日，问月内何日得财，遇涣卦安静，六爻无财，惟本宫酉财，伏未土下受生，终必得财。但嫌用爻不透，直待癸酉日得。若问本日何时得财，则于己酉时得也。

庚寅年己丑月甲午旬癸卯日，占求财，得噬嗑安静。此卦辰财旬空，未财月破，喜本宫丑财，正值月建，又伏子水下，伏克飞神为出暴，又土旺于子，稍嫌卯日克丑，故当日未得，次日甲辰，寅卯兄弟又空，内财帮比而得也。

空手求财占第三十二

凡百工九流之人，与任所抽丰之客，皆空拳求利者。但以官鬼为主。官爻旺动生合身世者吉，则爻旺动助鬼生合身世者，尤吉也。子旺动伤官，或兄持世动，与兄弟独发者，或官动刑害克破世身者，或官爻财爻逢空破死墓绝胎，与化空破死墓绝胎者，少利也。问往何方可求，则世爻所克是财方也。世爻生旺之方利，死墓绝胎、刑害克破之方凶也。

借贷求财者，但财爻持世生合世，不空破绝者，财生、财合之日有也。应生合世，而兄静财伏者，或财伏而兄子两动者，皆财值之日有也。父空者无券，父化父者改契。世应空合者，虚约难凭。应被刑伤者，往求不值。应生合世，而财空绝，彼欲与而囊空。财生合世，而应冲克世，彼虽与而意咈。财动生世，而日辰合财者，有人把住而稽迟。应动合世，而日辰冲应者，有人说破而不果也。

纠会求财者，但财爻应爻生合世者，易成。财爻空破死绝，应持空破绝，或动来刑害克冲世者，不成。应空者，彼却我。世空者，我意倦。应空合世者，虚诺。世空动者，有名而无实，或财难入手。世应俱空者，必不成。应生合世，带退悔杀动，或动化退神者，初允而终却也。财生合世而带破碎杀动者，零星陆续交财也。应爻财化财来生合，一人两脚也。应持兄动化财来生合，两人合脚也。卦六合成六冲，不成也。摇会求财者，财旺动助官生合世者得。兄持世动与兄弟独发，或卦无财鬼，或世爻财爻值空破死绝，与受刑害克者，失也。六合得，而六冲失也。财合世而兄克财，已得而复失也。财合应而应生世，彼得而让我也。财爻生世复生应者，世衰伤则人得。应衰伤则我得。世应俱旺，两人分得也。赌博求财者，内克外世克应，或财子旺持生合世者，胜也。旺世克衰应者，小胜。旺应生衰世者，大胜也。

外克内，应克世，或财鬼两无，或世逢空破墓绝者，输也。世空动者，缺管头。应空者，无对手。世应比和，两无胜负。世应俱空，两无所得。世子化父，以骄取败。世子化兄，得助而赢。世居阴卦阴爻，宜退守也。世入阳爻阳卦，宜争先也。内外两鬼动伤世者，彼此合局来骗也。间爻动者，多撞来。间兄动者，抽头多。应带龙喜生世，得人提拔。应加虎刃克世，与人斗殴。应加玄兄伤世，被人局骗，或轮筹窃马。应加勾鬼伤世，主牵连不明白也。应加蛇火鬼伤世，被药骰骗也。应加雀兄伤世，因财争斗也。应加雀兄动化鬼伤世，同伴出首。旁爻雀兄动化鬼伤世，他人出首。世持雀鬼化父，或雀父化鬼者，皆因赌成讼。若加太岁，讼必经年也。

捕鱼求财者，内卦世爻为人，外卦应爻为物。内世克外应，财鬼旺动生合世，鬼化财克世，水财旺持世生合身世，鬼临天罡煞动者，多获也。外应克内世，财鬼空无破克，财化鬼空破绝，俱无得也。世持兄动，与兄弟独发，难得也。兄动克世，同伴欺也。又世为船，应为人，船合人，出游顺便。人合船，得利无算。日克世，世克财，徒劳空返。日合世，世合财，满载而回也。又火财，鳖蟹龟蚌赤鲤也。土财，鳗鳝鳅及黄鲿也。水财，鰋鳢江豚也。木财，青鱼也。金财，白鲦白鲢石首也。又演禽法：癸亥为鱼，但看何爻旺动来生合世，不犯空破死墓绝胎刑害克者，即知所获，多此类也。白浪杀动，有虚惊也。风波杀动，多风浪也。覆舟杀动，防覆船也。沐盆浮沉杀动，防失水也。《管公口诀》曰：初爻船主，二爻伴侣，三爻行李雨具，四爻网罟，五爻道路，六爻渔所，逢空破者不吉也。

亩猎求财者，金财旺动生合世，世临天罡煞动，与临虎杀动，克旺财者，获也。世临虎杀动，而财逢空破绝者，无也。月日动来刑者，金财合世者，利也。财旺而虎杀不动者，鹰犬倦也。刑刃虎杀动来冲伤身世者，防狐狸野物也。《管公口诀》曰：木财，鹿也。水财，麂也。金财，虎也。火财，豹也。土财，狐狸野物也。子财，黄鼠也。卯财，兔也。未财，山羊也。申财，猴也。戌财，獾狗也。亥财，野豕也。又演禽法：丁亥为豕，丁酉为鸡，己酉为雉，癸酉为鸦，戊午为獐，壬午为鹿，丙寅为虎，壬寅为豹，戊寅为猫。凡遇财物动来生合世者，即知得此物也。其余内外世应生合克冲，皆与捕鱼同断也。

开矿探珠淘金取藏求财者，但取伏下金财生合世，又得上动生之者吉也。伏财旺相者多，休囚者少，空绝者无也。财入胎墓，难取采也。财逢冲动，不一处也。又世为己，应为所用工匠也。世逢生旺持财福者吉，逢空死墓绝胎，被刑害克破者凶。应生合世者，得其力。刑害克破世者，被其欺也。应持财子，有力而能。应持兄鬼，无才而诈。应临父母，则为众匠之班头也。应加雀，多言招讪。勾则拙钝，虎则刚狠，龙则精巧，蛇则虚浮，武防偷取也。

索债求财者，外甥内，应生世，与内外世应比和者，还。外克内，应克冲刑害世者，不还。应生合世而无财，欲还而力不逮。应冲伤世而财旺，能还而心不肯。应持兄鬼动伤世，口甜而心歹。应持兄动，而财逢空破绝者，被其骗也。应空者，非贫乏，则逃躲也。应入墓胎者，人不见也。财化空破绝者，全无也。财动助应，鬼伤身世者，假虎图赖也。鬼动化财者，告状乃还也。世持财子旺相，而兄衰静者，子母俱全也。应持兄鬼安静不伤世，或持勾父不伤世者，不过迟延而已。《蜀市日记》曰：凡世下伏财者，彼先有物欲抵此债，以八卦与十二支神，推其何物也。如庚寅年辛巳月丙午日，卜得小畜卦，世下伏辛丑土为财，巽为长女，为鸡、为竹木器、为花果菜园。丑为牛，为坟地、菜圃、随本刊之多少断之，知他欲卖何物来偿债也。若财在乾，则为马、金银杯盘、镜、冠、玉、环珠也。财在兑则为羊、少女、五金器缸坛有口物也。财在离，则为中女、罗段、丝绵、书画、簾屏、盘盒、赤色、中虚之物也。财在震，则为长男，鼓竹本茶笋也。财在坎，则为次男、池荡、酒醋、鱼盐、豕、有核物也。财在艮，则为少男、狗、山石、磁器、瓜叶、土中物也。财在坤，则为牛、牝马、田土、五谷、布帛、釜也。财属子，池荡、大荳、衣饰珠玉也。财属寅，山林、树木、棺、猫也。财属卯，草木、竹、舟车、盘盒也。财属辰，缸瓷碓碾磁器坟地田园也。财属巳，花果、书画、砖瓦、磁器也。财属午，马、书画、甑、衣架也。财属未，山爿、羊、女衣也。财属申，刀剑、五金器、大麦、碓、猿也。财属酉，鸡、酒、小麦、金银钗钏、五金物也。财属戌，坟地、穴坑、砖瓦、碓磨、旧衣、狗也。财属亥，猪、伞、笠、笔、墨、发、酱醋、盛水物也。①

贸易占第三十三

游南子曰：凡买卖者，先占时价之贵贱，与后价之旺衰，次考牙行之淑慝，并究脱货之难易，此其大略也。

鬼谷分爻

店舍　道路　舟车马　行李　伴侣　己身

凡分爻生旺，带财、福、龙、德、贵、禄，临扶身世爻，便知吉祥如意也。又看何爻持鬼、伏鬼、化鬼，刑冲克害身世爻，更看何爻临空死墓绝胎，受四直动爻冲伤便知疏虞处也。

一　买卖

官鬼旺静，兄弟无气者，吉也。冬收夏化货，火财者吉。春收秋货，金财者吉。秋收春货，木财者吉。夏收冬货，水财者吉。收四季所卖之货，各从辰戌丑未之时者，吉也。旺财生克世者贵，衰财世克之者贱。财旺生者贵，财死败者贱。财值火者价日增，财值水者价日减。财变兄官子变父者，先贵后贱。财化子孙鬼化财者，先贱后贵。内财旺而外财衰，他乡贱也。外财旺而内财衰，后价贵也。正卦有财后卦无，迟买者贱。正卦财旺，变财衰，先卖者贵也。内财空者，可卖。外财空者，难买。外财生合世者，易买。应合内财者，易卖。世临财墓者，难卖也。

① 出六三金口诀。

二　牙行

应爻、官爻、旺相生合世者，千金可托也。休空冲伤世者，百货难依也。应爻动克世，与应财化兄者，侵渔不免也。应财动来生合世，与应财化子，应鬼化财者，作事周旋也。

三　脱货

以财爻生旺月日，为脱卸之期，应动合财，财动合应者，易脱。应居空破，必无买主。财持勾土，货必难脱。财化水，防上漏下湿。财化火，防枯干回禄，财化木，防微烂。财化土，防朽腐。财化金加蛇，防生虫。财持辰午酉亥自刑，货恶难脱也。世应相冲，加退悔杀动，或应动合财，化退神者，多中止也。应动合财，被日辰动爻冲破者，有人破也。日合动财者，旁人把持也。鬼动伤世者，牙人挠阻也。卦无官鬼者，买卖不成也。财动生世生应，而官鬼入墓者，待冲开墓日成交也。

附：断例

庚寅年辛巳月甲辰日，占脱货，得需卦安静，申金子孙持世，人皆云吉，岂知四月金空，不能生财，经云：用爻最怕立时空也，本宫亥财，伏辰土兄下，本宫世应俱持兄弟，日辰又是兄弟，必有对主承买。但因亥财自刑，其货必背时不佳，买主见货散去也。盖兄弟绝于月建巳中，墓于日建辰中，又飞伏辰戌丑未，四位兄弟，自相冲脱，故不买而去也。

开店占第三十四

游南子曰：凡开张店业者，先问可开否，次论本之多少，利之厚薄，合伙之贤否，店面之大小。更看店中之货物，复推收放之可否，此其大略也。

管辂分爻

财路　主人　店屋　基业　伴侣　心事

一　可开否

本宫与世爻财爻带福禄龙喜旺相者，财子持世旺相，不犯刑害克破者，应财旺动生合世，与四直临财生合世者，可开也。本宫与世爻，财爻逢死墓绝胎，空破刑害者；四直与应爻，临兄鬼旺动克世者，不可开也。若四直皆兄，则兄弟受制。倘世持旺相，开张安稳无破也。卦六冲者，开不成，成亦不久也。太岁生合世，逢动爻冲太岁者，开不及年也。月生合世，而动冲月者，开不逾月也。财化子者，宜守旧也。

二　本利

卦旺财旺，本多也。卦衰财衰，本少也。财胎墓，本少。财空绝，乏本也。世持旺财，或财持旺雀，或财生库旺，或财绝逢生，或外财生合内世，或财临门户旺动[①]或三传临财，动生合世，或财伏世下，财伏子下，生旺；或财动化子，化生，化旺；子动化财，化生，化旺，皆得利也。若财不上卦，或财逢空破死绝，或三传临兄劫动，或兄旺动克世，或父动助兄克世，或应爻刑害克破世者，折本也。财伏父下，一半失也。财伏鬼下，多耗失也。财伏兄下，谨口舌也。

---

① 三爻门四爻户。

三 合伙

应生合世者，益我。应刑冲克害世者，损我。世生应，内生外，成人之美。世克应，内克外，得人之力。世应比和，二人同心。世应六冲，两情不协。世应六合，两意相投。应静逢冲，心多变更。世空，己心疏懒，应空，他意懒弛。世应俱空，两家退悔也。应遭刑害克破者，多灾病也。应持龙喜，交易和雅也。应临虎兄，交易刻傲也。蛇兄琐屑，武兄欺诈，勾兄拙钝，雀兄多招是非也。应财伏鬼下，与应财动化兄者，必侵牟也。游魂应临马动，不守店也。归魂应临马动，常顾家也。福雀加咸池动，好吹好饮也。应合财，加咸池，有私情也。离宫火应，带月盲杀、克金财者，不辨银色也。应旺，则勤俭多能。应衰，则藞弱无才也。应合化冲，有始无终也。卦无兄弟，店无掌管也。兄以旺静为吉也。又凡与内外亲属合本者，以用爻为凭也。

四 店面货物

父母为店，妻财为货，父旺静者，闹热平安。财旺动者，货物流行也。父旺大店，父衰小店。父逢冲开不久，父遇生合，开张永远也。有财无父，有货无店。有父无财，有店无货。父旺财衰，店大利微。父衰财旺，店小利厚。卦有两财，内冲外旺者，本少利多。内旺外冲者，本多利少也。身世随官入墓者，徒劳而利归他人也。财爻逢冲暗动者，带龙喜，则暗中得利。带武劫，则被骗失财也。官临财库动者，非讼即灾也。父临杀刃亡劫动，或日雀会月雀动者，主招争讼也。又宝珠古董杂货店，以财为用。书纸巾帽衣服店，以父为用。酒肴牲畜店，以子为用。用旺财衰者，货多利薄也。又郭雍曰：开书籍纸贴古董店，财旺而父母受克者，吉也。开当铺者，父旺而财受克者，吉也。

五 收放

《管公口诀》曰：六爻为东西财路，生合世者，可放帐。若临空破死绝，及动来刑害克冲世者，主有放无收也。

寄物占第三十五

游南子曰：吾之寄物，必托其人之可托，而后以物付之也。然而人情叵测，睹物怀欺者有之，谩藏诲盗者有之，安置失所，致物败坏者有之，是不可以不慎厥始也。故卦六合者，可寄。六冲者，不可寄也。月日与动爻合财合世应者，可寄。冲财冲世应者，不可寄也。财旺静，与财动化子，化生化旺者，无失。财衰动，与动化兄鬼空破绝者，有失也。财化土者朽腐。财化木者微黩。财化火者回禄。财化水者湿漏。财化金者，封识拆开也。世应空破者失，世应随鬼入墓者失。兄鬼动伤应爻者失，应爻动化兄鬼空破绝者失也。应爻动者，他心变也。应动助鬼伤身世财爻者，与人合计劫骗也。应临武动者偷窃。应临雀动者口舌。应临勾动者牵连，应临蛇动者惊恐，应临虎动者吞噬，应临龙动者，善保护也。

校正全本易隐卷七

疾病占第三十六

游南子曰：夫人不幸有疾而占之，不可不慎而详也。然大端有四：占其死生，占其病症，占其医药，占其鬼祟而已。若乃病何日起，病何处得，亦疾病之附占也。

鬼谷分爻

头脑　心肺　脾脏　肝肾　腿股　足

黄泉　棺椁　福德　哭声　吊客　丧门

一　用爻

自占，以世爻身爻命爻为用。代占，以应爻为用。占家亲，祖妣用官鬼，父兄妻子，以各属为用。如五属不上卦者，则从《黄金策》分爻取用。若奴丁占家主，以五爻为用。占主母，以二爻为用也。

二　生死

用爻遇龙福、月解、天医、天喜、临持生合者，即愈也。鬼伤用者，子孙生旺临值之日愈也，子孙生合用爻之日愈也，鬼被刑害克冲之日愈也。用入胎墓者，刑冲胎墓之日愈也。用爻死绝者，生用之日愈也。用爻值病者，生旺之日愈也。用爻伏藏而元神旺，忌神衰者，用爻临值之日愈也。用墓逢空，用绝逢生，用鬼逢克者，可救也，待鬼衰身旺世生之日愈也。用爻逢虎鬼、天刑、飞廉、大杀、三垢五墓、丧门、吊客、死炁、死符、丧车、浴盆、动持动克者，必死也。忌神动者，遇生忌之日死也。忌神静者，遇忌值之日死也。用爻随鬼入墓者死。财动助鬼伤用者死。世应双空者死，财旺用空者死，鬼生命绝者死。鬼动化墓者死。月卦化墓者死，用化墓绝者死，用逢月绝者死，卦身墓于世者死也[①]本宫外卦墓于内卦者，死也。[②] 世坐本宫墓者，死也。[③] 世坐鬼墓者死也，[④] 世坐财墓者死也。[⑤] 卦化墓绝者死也。[⑥] 用逢月破者死，又忌神长生之日死。[⑦] 土鬼动者，鬼爻长生之日死。卦六冲者，用爻败死墓绝之日死。用空无气者，元神绝而忌神生之日死。又用逢空冲者，初病即愈而久病难痊也。

土旺动持克用者，克用爻之日死也。卦有三无救者：无火、无财、无子也。黄泉杀者；春则大畜小畜履井复也，夏则遁睽临也，秋则明夷蛊旅也，冬则遁既济明夷归妹也。四灭卦者：春蒙、夏蛊、秋剥、冬旅也。四没卦者：春需、夏观、秋节、冬临也。棺椁杀者：恒与益也。[⑧] 又僧一行占病法：从八卦取用也，父用乾，母用坤，长男用震，次男用坎，三男用艮，长女用巽，次女用离，三女用兑也。若用卦不出现者，与代他人占者，一岁至二十，男用艮，女用兑也。二十一岁至四十，男用坎，女用离也。四十一岁至六十，男用震，女用巽也。六十以上者，男用乾，女用坤也。若正卦无用象者，则取伏卦，若主象化死墓绝、化克破者，皆主死也。又男忌官鬼长生日得病，女忌官鬼沐浴日得病。若无龙福月解、天医、动来生合用爻者，鬼爻墓绝日必死也。又晁以道曰：用爻命爻不上卦者死，更男忌鬼空，女忌财空，少年卦忌死囚休废，老人卦忌旺相也。少年卦忌死囚休发，怕生气不足也。

三　病症

以官鬼为凭，鬼爻持身世，命爻、用爻、或鬼动来刑害克冲身世命用爻者，或官鬼伏于身世命用爻下者，或身世命用动化官鬼者，各随五行断

---

① 损卦。

② 遁、豫、升、蛊、井、大、有、咸。

③ 噬嗑、蒙、泰、归、妹。

④ 乾、丰、中、孚、升、家人、旅。

⑤ 财为禄命、忌刑冲墓绝、观、解、随、益、泰、兑卦。

⑥ 乾兑化艮坎、艮坤化巽离、化乾震、巽化坤。

⑦ 土用亥日死，木用巳日死，火用申日死，水用巳午日死，金用寅日死。

⑧ 已上诸卦，占病者死。

之也。鬼属阴，在内卦，则金为肺，木为肝胆，水为肾，子膀胱，火为心、小肠，土为脾胃、大肠也。鬼属阳，在外卦，则金为四肢、骨节、牙齿、右耳、小便也。木为筋骨左耳也。水为口嘴、皮、溺、痰、涎、血、汗也。土为鼻准，腹、背、肌、肉、也。火为目、胸、手心、脚底也。又辰戌为顶门，丑未为肩背也。又八卦乾为首，坤为腹，震为足，巽为股，坎为耳，离为目，艮为背指，兑为口舌也。又分宫，初爻，足也。二爻，股膝也。三爻，腹、小腹、腰、臀、肛门、小便也。四爻，胸、胃、乳也。五爻，面项、手、水为口，火为目，土为鼻，水左耳，金右耳也。六爻头脑也。凡遇鬼伏、鬼化鬼、或鬼动来伤者，必带疾也。用逢金鬼者，阴则肺腑之疾，阳则骨节疼痛，脓血淋漓也。又金鬼旺，泻中带痃。金鬼衰，血内生脓也。用逢木鬼者，阴则肝胆之疾，阳则四肢疯气酸疼，口眼歪斜，头疼口燥也。又木动者，阳痒而阴疼。木官旺，疯中带热，木鬼衰，痃上生疯也。用逢水鬼者，阴则遗精盗汗，肾竭。女为血枯经闭，阳则呕吐泄泻也。又水鬼旺，呕中带嗽。水鬼衰，寒泄兼虚也。用逢火鬼者，阴则心目之疾，阳则疮痍疖毒，虚热吟呻也。又火鬼旺，先寒后热，火鬼衰先热后寒也。用逢土鬼者，阴则虚浮气喘，水蛊脾泄。

阳则瘟疫时气也。又辰鬼，则咽喉肿塞。戌鬼，则腹痛胃伤。丑鬼，则气促痿痺。未鬼，则反胃噎膈痨嗽也。水鬼化火，火鬼化水者，往来寒热也。内鬼冲外，外鬼冲内者，内外感伤也。鬼内动，下元之症。鬼外动，上焦之症。世鬼出现，阳症。世鬼伏藏，阴症。阴鬼化阳，阴症变阳，阳鬼化阴，阳症变阴。鬼属阴者，日轻夜重。鬼属阳者，日重夜轻。外鬼旺而内鬼衰，先轻后重。动爻克而变爻生，先重后轻。游魂鬼用，言语恍惚。归魂鬼用，昏闷不语。鬼伏藏者，病来不觉。鬼化鬼者，膏肓之疾。又鬼伏鬼，与鬼化鬼者，非变症，则两病交作也。用下伏鬼，鬼旺复发也。世持子伏鬼者，子旺日病退，鬼旺日病重也。又鬼生旺日病重，鬼墓胎日病困，鬼死绝日病轻也。元神值日必轻，忌神值日必重也。又财爻墓绝日重也。卦六冲乱动者，重也。用持龙福，而被动爻伤者，虽重不死。鬼动伤用，而月日冲鬼者，临凶得免也。

四　病因

鬼加龙动，男则酒色过度，或探贵问亲，因财而得；女则因喜得疾，逢空，堕胎也。鬼加雀动，怒气口舌，或被咒咀得病。在二爻者，灶下咒咀。在三爻者，当门咒咀。在五爻者，香火下道路上咒咀。金鬼加雀动者，敲锅咒咀也。鬼加勾动，跌打伤，失饥伤饱，脾胃病也。勾鬼加木动，因修造得病也。鬼加蛇动，忧愁惊怖，思虑伤神，或遇妖邪得病也。鬼加虎动，斗殴损伤，或从丧葬，刀兵宰杀之场得病也。鬼加武动，因色欲过度，忍饥冒雨，或失物被盗，得病也。又鬼伏父下，与父动化鬼者，忧心得病，或衣服寒暖失时得病也。鬼伏兄下，与兄动化鬼者，因赌博争财得病也。鬼伏财下，与财动化鬼者，饮食不节而起也。财在阳宫动，主吐。在阴宫动，主泻。财加土动者吐，财加水动者泻也。鬼伏子下，与子动化鬼者，因外情牵引，或酒色致病也。[①] 子爻空绝者，调理无资也。间爻鬼动者，胸膈不宽也。鬼旺动伤用者，急症也。鬼临日辰动者，暴病也。临月建，经月之病。衰临太岁，经年之病。又衰鬼持用动者，久病难除也。

五　饮食

卦内无财，或财空绝，或四墓持用者，饮食不纳也。禄入绝乡者，不进食而死也。鬼动化财者，饮食仍进也。财化鬼兄者，因食增病也。应动合用，而化财伤用者，忌食馈来之物也。又丑鬼忌牛肉，卯鬼忌兔肉，未鬼忌羊肉，酉鬼忌鸡肉，戌鬼忌犬肉，亥鬼忌猪肉。又水鬼忌鱼腥、冷物、咸物。木鬼忌果核酸物。金鬼忌葱蒜姜辣辛物。火鬼忌燂炙煎炒香味苦物。土鬼忌米面茄芋瓜蔬甘物也。

六　医药

内卦世爻用爻为病人，外卦应爻子孙为医药。外克内、应与子孙克世克用者，药效也。内克外、世爻用爻克应克子孙者，药不效也。外生合

---

① 加龙则嗜酒，加武则好色。

内，应与子孙生合世者，药对症而效迟也。外应克内世，卦无子孙者，不遇良医也。父兄俱动者，子叨生而医善也。父官双静，而子临应动者，良医到也。应加子动克世者，药有效也。世克应子者，名医而药不效也。子克世，而外应不克内世者，药不效而无害也。应加鬼动刑害克冲世者，误药伤人也。子孙值辰午酉亥自刑者，用药差误也。日辰动爻冲伤子孙者，药不效也。子化父鬼者，药不收功也。子化子者，杂药不精也。子加虎杀动者，庸医误人也。世下伏官，逢子动者，药虽好而病根不除也。

世持衰鬼者，病虽轻而药难疗也。世应比而卦无子，或子空绝者，宜换药医。子孙两动者，换医而愈也。鬼子俱空者，不治自愈也。鬼子俱动者，医祷兼用也。子财两动，则鬼得助而病难治也。《毕法赋》曰：天医生世者，良医。天医克世者，庸医。日辰克医者，医学不精。医克日辰者，用药不当也。世爻用爻属金，天医在巳者，效也。属木，天医在亥者，效也。属火，天医在寅者，效。属水土，天医在申者，效也。董和《筮秘》曰：脉宜细察，身爻为主，月卦临金，脉必弦紧代革也。临木，脉必洪长虚动也。临水，脉必芤滑濡动也。值火，脉必数大促短也。值土，脉必沉实滞涩也。又推医是何人，子孙为用，子孙属金，宜西方，金傍姓氏人也。属木，宜东方，草木傍姓氏也。属水，宜北方，点水傍姓氏人也。属火，宜南方，日火傍姓氏人也。属土，宜土傍姓氏，及丹散医人也。子孙带贵人，宜有官职人，子孙带华盖，宜僧道也。至于君臣佐使，药莫轻投。官鬼属金，宜灸，不宜丸药也。[①] 鬼属木，宜针，不宜汤药也。[②] 鬼属水，宜温药、丸药，不宜针也。[③] 鬼属火，宜凉药，汤药，不宜草头药、与饮片也。[④] 鬼属土，宜㕮咀，不宜灸也。[⑤] 他若鬼伤二间者，宜宽胸膈也。世旺有扶者，不妨再补也。财外动合用者，宜吐。财内动合用者，宜泻。用爻鬼爻出现，与在外卦者，宜外表。伏藏在内卦者，宜内表

---

① 火可克金，土则生金。

② 金能克木，水则生木。

③ 土克水，金生水。

④ 以水克火，而木生火。

⑤ 以木克土而火生土。

也。周杰曰：有受病在此，所治在彼者，如金虎鬼冲伤用，乃肝经受病。[①]然可治肺，不可治肝也。[②]木虎鬼冲伤用，乃脾经受病。[③]然可治肝，不可治脾也。水虎鬼冲伤用，乃心经受病。[④]然可治肾，不可治心也。火虎鬼冲伤用，乃肺经受病。[⑤]然可治心，不可治肺也。土虎鬼冲伤用，乃肾经受病。[⑥]然可治脾，不可治肾也。[⑦]

七　鬼崇

以官鬼为用，如卦无鬼及鬼逢空绝者，则无鬼崇也。官鬼生合世用者，宜祈祷也。官持世用者，先祷后医也。鬼动刑害克冲世用，得福动来救助者，宜禳保也。世用持财，逢火鬼动者，宜众保也。问祈禳是何神鬼，则阳鬼为神，阴官为鬼也。又鬼带书贵者，为神也。阳金鬼，庵堂、关圣。在虎、七煞也。阴金鬼，则刀伤、自刎、痨瘵、喘嗽、虎伤之魂也。阳木鬼，東岳、五圣、家先香火也。阴木鬼，则自缢、疯疾、跌扑、刑杖死之魂也。阳水鬼，观音、真武、三官、水神、张神、河泊水官也。阴水鬼，则投河、服滷、呕血之魂也。阳火鬼，玄坛、五福、火神、灶司、香火也。阴火鬼，则疮毒、痨痃、疫瘟、带血、心疼、烧死之魂也。阳土鬼，城隍、土谷、太岁、皮场大王、土神也。阴土鬼，则瘟疫、咽喉、臌胀、黄疸、压死之魂也。

又鬼加金虎刑杀者，死于非命也。鬼居游魂外卦者，客死他乡也。鬼加天火、天烛、独火杀者，烧死也。鬼加天贼、天盗、劫杀者，因盗致死也。鬼加沐浴、咸池杀者，奸淫娼妓也。鬼加木狼、天缢杀者，缢死也。鬼加风波、浴盆浮沉杀者，溺死也。鬼加羊刃、刀砧杀者，屠刽鬼也。鬼带暗金、血刃杀者，产亡鬼也。鬼带天刑、天狱、地狱、牢狱、入狱杀者，牢狱鬼也。鬼加刀砧、羊刃、劫杀者，自刎鬼也。鬼带华盖、孤神

---

① 金来克木。

② 所云去其害我者，余仿此。

③ 木来伤土。

④ 水来伤火。

⑤ 火来伤金。

⑥ 土来伤水。

⑦ 出松径玄谈。

者，僧道绝嗣鬼也。鬼加螣蛇、天怪杀者，精怪妖邪也。鬼居太岁者，当年岁君也。鬼居月日时上者，游野神也。又父母伏鬼化鬼者，阳父、阴母也。兄弟伏鬼化鬼者，阳兄弟，阴姐妹也。妻财伏鬼化鬼者，阳妻奴、阴妾婢也。子孙伏鬼化鬼者，阳男、阴女也。鬼在本宫内卦，同姓鬼也。鬼在他宫外卦，异姓鬼也。交重，大鬼。单拆，小鬼。衰墓，老年旧鬼。生旺，壮年新鬼。胎养，孩童鬼，阳男、阴女也。又八卦乾宫鬼，祖宗与父。坤宫鬼，祖妣与母也。震坎艮宫鬼，男也。巽离兑宫鬼，女也。问有几鬼，以一水、二火、三木、四金、五土、之数推之。旺相加倍，休如数，囚死减半也。曹子虚曰：祈禳用何祭礼，则视鬼之食神也。如鬼属甲，则食在丙而禄居巳也。宜用炒鸡、煎腐、酒礼、财马送之也。鬼属乙，则食在丁而禄居午也，宜用干脯、炒荳、酒礼、财马送之也。鬼属丙，则食在戊而禄居巳也，宜用炒鸡、煎、腐酒、礼财马送之也。鬼属丁，则食在己而禄居午也，宜用干脯、炒荳、酒礼、财马送之也。鬼属戊，则食在庚而禄居申也，宜用三牲、馒首、果饼、酒礼、财马送之也。鬼属己，则食在辛而禄居酉也，宜用鸡、肉、鱼、馄饨、酒礼、财马送之也。鬼属庚，则食在壬而禄居亥也，宜用猪首、三牲、酒礼、财马送之也。鬼属辛，则食在癸而禄居子也，宜用池鱼、血羹、麦面、酒礼、财马送之也。鬼属壬，则食在甲而禄居寅也，宜用三牲、时果、新蔬、酒礼、财马、送之也。

鬼属癸，则食在乙而禄居卯也，宜用鸡、鹅、鸭、蔬果、鸭蛋、酒礼、财马送之也。若夫送于何方，则以鬼爻之支神定之也。其在于神，则祈祷之礼，以子孙为福神也。子带龙雀者，宜素祭。子带勾蛇虎武者，宜荤盘。子伏水鬼水父下，或化水鬼水父者，宜佛经。子伏火鬼火父下，或化火鬼火父者，宜道醮。子化财伏财者，宜福礼，子化兄伏兄者，宜演戏众保也。此祈禳之占也。又有旧愿未还者，但子孙伏鬼下动克世用，或子孙伏岁杀下动伤世用者，必有旧愿未还也。旺相愿大，休囚愿小也。至问因何许愿，以官鬼为用也。鬼伏世下用下者，因自己许也，鬼伏父母财子下，因父母妻子许。鬼伏鬼下，因病讼许。鬼伏兄下因兄弟朋友争斗赌博许也。六亲化出鬼者，亦然。[①]

八　病起何方

以卦中动爻断之，火南、水北、木东、金西，不论鬼之有无也。如卦有鬼而不动者，则取外卦断之。乾在西北，坤在西南，巽在东南，艮在东北，离南，坎北，震东，兑西是也。如卦安静，而无鬼者，则看鬼伏何爻之下，以鬼上飞神，定其灾处也。如鬼伏子下，则云北方。伏丑寅下，则云东北方。伏卯下，则东方，伏辰巳下，则云东南方。伏午下，则云南方。伏未申下，则西南方。伏酉下，则西方。伏戌亥下，则西北方也。若卦乱动而鬼动者，亦以鬼所居之卦断之也。若官鬼独发者，又以鬼爻所值之支神断之也。又鬼在本宫内卦，则言本地得病。在他宫外卦，则言他方得病也。

九　病起何年月日

以鬼爻长生之年月日定之也，又如土鬼动，火生土，在午年五月午日得病也。土长生在申，或申年七月申日得病也。鬼临辰戌丑未上，或辰戌丑未年月日得病也。其他金木水火鬼，皆仿此推之。

附：断例

庚寅年戊寅月己巳日，代占人病，得坎之蹇。应爻相气，岁月生之，日辰比之，但嫌化出申金，冲刑寅木子孙，服药不效。辰宫化午财，刑应上午，是以多进食而受伤也。官属土，脾胃病。子旺官衰，卦虽六冲，新病不死，只是难痊耳。

庚寅年戊寅月辛未日，子占父病，得解之困，本宫子水父母，伏寅木之下，虽云泄气，喜申金，元神独发，又化进神，更得日辰生之，决能生父。惟不宜土财持世，喜岁月与伏下寅木克之，果于申酉日愈也。

庚寅年戊寅月丁卯日，父占子病，得临之损，六爻酉金，子孙独发，化绝于寅，又绝于岁月建中，更加卯日冲破，果于木日死也。

---

① 出源髓诀。

庚寅年戊寅月戊寅日，妻占夫病，得剥之观，官爻受三传生合，人皆云吉，不知本宫午官自刑，伏墓戌土下傍爻子动冲克官，极凶。子动，误服药。子又化绝于巳，必始因药不投而后不延医也。只有三传生合官鬼，不过暂时少苏，至甲申日，元神绝而忌神生，果死也。

庚寅年庚辰月丁卯日，妻占夫病，得涣之姤，鬼伏三爻下，值旬空，子为忌神，兄为雠神，二爻并发，独喜用爻伏藏耳。至乙亥日，透出用爻，才受忌伤，而夫死也。

庚寅年癸未月戊戌日，妻占夫病，得革之困，土用为神，丑土月破，化入辰墓。兄生子而子克官，人皆云凶。岂知本宫辰土，得寅木动生午火相扶，后至戊申日，忌神逢绝，官遇长生而愈也。

庚寅年甲申月乙丑日，夫占妻病，得震之豫，世下戌财，正值旬空，日辰丑又刑戌，应爻辰财又自刑，初下子水动，化未土，与世下戌土又相刑，用爻受制，病必重也。子孙为药，午为自刑，用药差误，所以病剧也。逢巳午日，子旺生财，始病退。若至日病加重，必难疗也。

庚寅年甲申月癸酉日，夫占妻病，得履之小畜，五爻财伏世下，飞上申金生之，三爻兄弟虽动，喜五爻子动，兄乃贪生忘克，而子得生气，生财愈有力矣。后至甲申日，财遇长生而愈然也。

讼狱占第三十七

游南子曰：占讼狱者，先占起讼之因，次占告诉之准否，而后占其讼之胜负，讼之和息，罪之轻重也。至于审断何日也，解报何如也，亦理之所可前知者也。

鬼谷分爻

圣驾　部台　监司　州郡　县　耆保

捶杖　枷锁　牢狱　曹官　官吏　县门

看文书持何爻动，即知讼经何处，又看鬼临何爻动来生合，刑害克冲世爻应爻，即知彼己之胜与负也。

一　讼因

雀临父动，或父动化鬼者，因尊长、文书、房屋、舟车、袍服、坟墓、起讼也。雀临子动或子动化鬼者，因男女、僧道、六畜、善愿、酒筵、起讼也。雀临财动，或财动化鬼者，因阴人、妻妾奴婢、买卖、借贷、财帛、起讼也。雀临兄动，或兄动化鬼者，因兄弟、姨妹、朋友、媒妁、中保、争斗、赌博、起讼也。本宫，在家事。他宫，别家事。内卦，近邻事。外卦，远方事也。又龙鬼动来刑克世应，婚姻、酒、色、致讼。武鬼动来刑世应，奸盗、水利致讼。勾土鬼动，加劫杀，刑害世应，由田屋、契券、争斗、致讼。蛇土鬼动克世应，户役、牵连、之讼。虎金鬼动克世应，丧家、孝服、屠宰、合棺、谋者争斗之讼。又伏鬼暗动伤世应者，必他人牵连之讼。看鬼伏何爻之下，即知其为何人，何事干连也。官动化官者，事起旧讼。或一状两情，或二衙门，或结后再告也。官化空，则不依此断也。卦无官印，而应爻又空，或官印应爻三空者，乃无头逆名状也。卦身空者，状多虚词也。

二　准否

世克应，我起讼。应克世，他兴词也。文书旺动者，可告。官鬼旺动者，可告。官居内卦，宜告府县。官居外卦，宜告上司。鬼化父，持世应，带马旺动冲克五爻，及太岁爻者，必进本也。卦无父，或父逢空墓绝胎，与化空墓绝胎者，状难告，告亦不准也。卦无官，或官逢空墓绝胎，与化空墓绝胎者，告不准，准亦不结也。官印两旺动来生合者，皆准也。子财同动者，不准也。官绝逢生者，代禀而准也。鬼衰财动者，求情而告，持鬼生旺之日准也。父绝逢生者，有人唆告也。父动而官化子者，逢人劝阻也。父空而官动刑克世，或父空而虎刃刑劫临世动者，未准先责也。

三　胜负

内克外，世克应，我胜。外克内，应克世，彼胜。世内旺而外应衰，我胜。外应旺而内世衰，彼胜。内世生外应者，因讼有损，且失理也。外应生内世者，因讼进益，且得理也。世应和合者，有人和解也。若鬼动伤世应者，欲私和而官不允也。日辰生合世，或日辰刑害克冲应者，我胜也。日辰刑害克冲世，或日辰生合应者，彼胜也。应加雀虎鬼，并刑劫动来伤克世者，私被殴辱，官受刑杖也。衰应克旺世者，彼不能害我也。旺世克衰应而日辰动爻生扶应者，彼得人扶助也。静世克动应者，彼起波澜也。世逢旺生者，我有帮助也。贵人生世者，仕宦来扶也。应衰无助者，彼势孤弱也。财持世动者，事可调停也。财喜加贵动者，求情取胜也。财世加喜动者，托人讲和也。世持喜、解、喝散、雷火、龙、福、者，事必散也。世应持亡、劫、大煞、刑、害、血忌者，必输也。官克世，我输。官克应，彼输。官生合世应，两造持平。官刑害克冲世应，彼此皆伤也。应下伏财，彼将求情取胜也。世持生官，宜赂上也。鬼化兄克世应，上索下也。世空者，我理屈而心隳也。应空者，彼情虚而欲退也。世应俱空者，彼此懊悔也。世应皆旺者，但以日辰生合刑害克冲决胜负也。官父俱空者，公私尽释也。

四　和息

六合卦，易息。六冲卦，难和。世应相生合比和者，易息。相刑害克冲者，难和。世应持龙、子、喜、解喝散、雷火杀者，易散。日辰冲官者，即日散也。鬼动化子者，可息。鬼爻三合世应，得日辰动爻冲散者，可息。官持辰戌丑未者，难散。财多而子受伤者，难散。日辰生官，官生日辰者，事延迟也。子动化鬼，与鬼伏世应下者，待鬼时生月日，讼复发也。

五　罪责

日辰刑克世应，或鬼动刑克世应，与世应动化刑害克破者，皆主杖责罚罪也，世应带禄、马、德、贵、喜、解、喝散，与生旺而无刑害克破者，无罪也。世应衰而带刑、刃、劫杀、大杀、动者，必有罪责也。世应持金虎鬼动，与金虎鬼动伤世应，或世应持财，木鬼旺动来合者，皆杖罪也。责之多少，以一水二火三木四金五土之数推之。旺相加倍，休如数，囚死减半也。罪之轻重，以鬼之衰旺定之也。龙兄动克世应，罚而不责。

虎兄动克世应，责而又罚。世应居六爻，受寅木鬼刑伤者，枷号也。[①] 世应居三爻，受卯木鬼刑伤者，杖责也。[②] 世应居初爻，持木鬼，动化木鬼者，夹棍也。[③] 世应持蛇兄居五爻动者，徒罪也。[④] 世应居武兄，居六爻动者，流罪也。[⑤] 世应持兄，加金、虎、刑、刃、大杀，动逢死绝者，死罪也。《鬼谷百问篇》曰：卦无子孙，而鬼临世应在外动见二亡神，在归魂卦者，徒罪。见三亡神，在游魂卦者，流罪。[⑥] 见四亡神，加刑、刃、大杀、虎、鬼克身世命者，死罪也。[⑦] 又噬嗑、明夷卦，杖责也。屯、蒙、大壮卦，囚击也。

涣、解、卦，事散也。又世应在巽宫，带蛇鬼蛇兄动者，必遭缧绁也。又世应遇朱雀、天刑、来并合，或世应随官入墓，或世应持兄加天狱、地狱、牢狱、入狱、杀动者，俱主监禁也。黄萝菴曰：欲知何日囚禁，但世应在艮宫，受何日害者，即知此日入狱也。[⑧] 如世应属申亥害，申亥日入。世应属子未害，子未日入也。又凡动爻刑害身世者，遇刑害日入狱。如动爻是午，午刑午害丑，俱午日入也。如动爻是卯，卯刑子，卯害辰，俱卯日入也。又如八月卦，戌爻动，戌害酉，戌日入。酉爻动，酉刑酉，酉日入也。十二月卦，未爻动，未刑丑，未日入也。[⑨] 欲知何日出狱，世应入墓者，刑冲墓爻之日出也。世应衰病者，生旺之日出也。世应死绝者，逢生之日出也。世应旺相者，值日之日出也。鬼克世应者，鬼衰绝，而世应生旺之日出也。欲知囚禁因何得出，太岁冲克官，而生合世应者，遇恩赦而出也。月建冲克官，而生合世应者，上司有释而出也。日建冲克官，而生合世应者，府县官释放也。又以天刑为凭也。太岁动克天刑者，必遇大赦也。月建动克天刑者，宜求当道也。日辰动克天刑者，宜求

---

① 寅木为枷，五爻为头。

② 卯为竹板，三爻为臀。

③ 初足。

④ 五为道路。

⑤ 六为边塞。

⑥ 景纯云：亡神重叠刑冲。徒流千里。

⑦ 四直皆有亡神。

⑧ 艮为狱门。

⑨ 余仿此。

郡守也。时建冲克天刑者，宜求县令也。日辰带大杀动克天刑者，宜求监司也。[①] 又求情脱罪者，以官鬼为用也。官鬼不空墓绝胎破，而生合世应者，终赖其力也。浼人求情者，以应爻为用，应生世合者，吉也。

六　审问

世旺应衰日，可审也。克应生世日，可审也。世临死墓绝胎日，不利审也。官现动，即审也。卦无官，则官值之日审也。官旺则墓绝之日结也。官衰，则生旺之日结也。官空墓胎，逢冲之日结也。官逢冲者，官有事而未审也。加龙喜，因喜事停留也。加病符，因疾病停留也。在游魂卦，加马动者，有远出参谒之事而未审也。官加虎劫动伤世应者，官必叵测。不遽审也。日辰加兄动克世应者，吏人索诈而稽迟也。勾临初六爻动者，取邻里公结而审也。日辰刑鬼者，上司有言责事稍缓也。卦无父，无案卷也。父旺空，文书未就也。应带父动克世者，彼心随招再诉也。世持旺鬼冲克应者，我欲讼后再告也。

七　批评

官爻不空不动，与父爻不冲不动，或虎子动伤鬼者，俱依拟也。卦六合者，依拟。卦六冲者，驳问也。父官两动者，驳问也。父加岁月动者，上司吊卷也。父逢岁月冲者，上司驳问也。鬼克世者，批我罪重也。鬼生应者，批彼罪轻也。父龙动，批辞平恕。父虎动，批语加刑。父勾蛇动，语多牵累。父化父、官化官者，另批衙门也。兄化兄来伤世应者，吏多欲也。

附：断例

己丑年癸酉月甲申旬戊子日，占讼事，得观之艮。世应俱值旬空，两家皆宜退悔。但问官有欲耳，盖卯财动生，巳官又犯月破，化爻申兄，又克财合官，必有人代官府索贿者，木三数衰空减半，进一百五十金，则可散矣，后果然。

① 监司掌生杀之柄。

庚寅年戊寅月甲戌旬己卯日，占讼事，得观之剥，若自己讼未到官即散，盖世下伏兄虽动，喜值旬空，又被日冲，旁爻子孙持世，子动伤官，又助岁月刑官，此讼决然罪归他人，不干于己。又况经曰：世动自消，不成凶象乎？若已出官者，则子动伤官，决然归犯官吏，罪可立待。纵财伏官下，多进金银，不过轻减尔。

庚寅年己卯月甲午旬戊戌日，占讼事，得豫之小过。世坐未土财，勾陈为田土，岁月克之，日辰刑之。间爻兄弟又动克之，此讼当经三四番费用，囊橐告匮。至于鬻田而后已，然应爻生世，卯兄化绝于中，五爻申官，带贵马龙、德、解神，不成凶象。破财之后，终得调息，不成大祸也。

庚寅年辛巳月甲申旬壬辰日，占讼，得需卦安静。本宫卯官，克世下丑土，卯官伏辰兄下，辰土兄弟自刑，日辰并起，此决争婚夺财之事。盖兄弟为劫财之神也。又况亥财自刑更伏兄下，此讼沾身，不得脱也。然官鬼克世，世上金子，虽值时空，犹得辰日生气，本宫酉子，虽为自刑，犹与辰日六合，故未到官者，可散也。已到官者，理决难伸，反能生祸，以子孙伤官故也。

庚寅年甲申月甲子旬乙丑日，占讼，得震之豫，值金宫正旺。初爻水父，动遇长生，世应辰戌又冲，其讼紧急。喜子水变未土财回头克之，若能用财贿于吏书差役之属，买得宽缓，此讼可和，以世应比和故也。

庚寅年戊子月甲子旬丁卯日，占讼，得睽之归妹，六爻寅官动，十一月水旺木相，卯日占，木又旺，况寅官与卯日，共克世下戌土，为三合六合，故目下事急也。父母为文案，本宫寅官，伏巳火文书下，冬月火空，而日辰生之，最急。动爻寅官，又生巳火，复刑巳火，此决官要行文书，吏欲阻而未能也。又木宫午火文书，合世下戌土，又火墓戌中，故午虽自刑，不可以文书有伤断，然此文书伏卯官下受生，却是紧急，盖本宫官伏文书下，本宫文书伏官下，此讼必经上司衙门方得遣断。占者曰：讼者已禁县狱，密行贿赂，可说乎？曰：不可，旁爻酉子，持世自刑，又被卯日一冲，若使人乞禀，其官愈怒也。本宫申子，又伏墓丑土下，人亦敢去说，此事必解上司，罪重难免也，后果然。

逃亡占第三十八

游南子曰：逃亡之人亦有辩，有君子而逃亡者，或以诖误，或以遂性，或以全身而远害也。有小人而逃亡者，或因事败，或避刑宪，或以背义而党恶也。在他人则视应爻也。在一本九族，则视五属也。在仕宦，则用官鬼。僧道，则用子孙。奴视子孙，婢视妻财，朋友视兄弟。其有所窃而盗者，则视玄武与官鬼也。

鬼谷分爻

外省　州府　在县　在镇　在市　在乡

一　远近

用居外卦、则远。用居内卦、则近也。用出现者近，伏藏者远也。本宫化本宫者，不远。归魂卦而应爻静者，不远。游魂卦而应爻马动者，渐远也。

二　向方

用居乾西北。坤西南。巽东南。艮东北。坎北。离南。震东。兑西也。用值子北方，丑寅东北方，卯东方，辰巳东南方，午南方，未申西南方，酉西方，戌亥西北方也。①

三　里数

用甲己子午九，乙庚丑未八，丙辛寅申七，丁壬卯酉六，戊癸辰戌五，巳亥常加四之数推之。如用临甲子，近则二九一十八里，远则九九八十一里，旺相加倍，休如数，囚死减半言之也。

① 卦空则看支神。

四　匿何家

用加雀贵，官吏之家。雀加金刃，军匠之家。入木，巫祝之家也。用加虎贵，武弁之家。虎加金刃，屠刽之家。加丧门吊客，死丧之家也。用加武劫天盗天贼，盗贼之家。带咸池红艳杀，娼妓之家。入水，舟子网罟之家也。用加勾，里役耕种、公差之家。用加龙，礼义豪富之家，龙加喜，婚姻庆贺之家。龙加官贵，仕宦之家。用加蛇，不务农业，九流艺术之家。[①] 用与间爻动合，原中媒保之家也。林开曰：看世下伏神，伏官加贵，则仕宦。加刑刃，则军匠屠宰之家。伏子，僧道寺观。伏财，妇女娼家。伏兄，同伴朋友家。伏父，亲戚尊长家也。

五　匿何地

用水动，船舫水阁。用木动，上船登楼。用金动，瓦屋夹壁。用火动，开市窑冶。用土动，坟墓城塔也。又君平占逃亡：得纯乾，六爻俱动，见纸上六圈，抚几曰：必在六层塔上，索之果得。

六　见否

用动难见，而静易寻也。外生合内，应生合世，有归心也。外冲伤内，应冲伤世，无回意也。旺世克衰应，飞神克伏神，可觅也。伏克飞，或用临空绝墓胎，或用加马旺动者，难觅也。用居五爻动，带退神，或化退神者，半途而返也。用居六爻，旺静无冲破，一去不返也。用爻动化用爻者，归亦难留也。日辰、动爻变爻、生合用爻者，纠伴同去也。日辰动变刑害克破用爻者，为人所阻也。应爻、用爻、生合世爻而安静者，心本怀归，但逢冲动应用月日起程，生旺月日必到也。卦六合者，彼深藏而宜细访也。卦六冲者，彼出游而遇诸途也。

附：断例

庚寅年壬午月甲戌旬辛巳日，占婢走失，得无妄之履。财伏世下，飞

① 群见身命章内。

神生之，终必得见。二爻木兄独发，化出兄爻，且临玄武，必从后门出，有东方草木姓氏人家兄弟二人收留之。而兄生世子，必自送来。但嫌财伏应下合住，待次日壬午，冲开子合，生起伏财，果有东门蒋姓兄弟，送归此婢也。

遗失占第三十九

游南子曰：物之得失，洵有数焉，有失而不可复得者，有初失而终得者，先察其为何物也，次推其遗于何所也，次审其为何人所得也，次究其何人共闻也，然后定其何时可见，与夫终不可见而已。

鬼谷分爻

珠玉　金银　铜铁　绫罗　绌绢　布帛

一　取用

珍珠、大豆、布帛、石灰，子财为用也。锁钥、斗斛、靴履、牛驴，丑财为用也。神像、花衣、棺椁、竹木、织机、猫，寅财为用也。门窗、藤芦、花草、幡旗、香盒、床榻，卯财为用也。碓碾、磁器、缸埕，辰财为用也。字画、花果、砖瓦、飞鸟，巳财为用也。书史、炉鼎、旌旗、衣架、文书、马，午财为用也。笙簧、酒食、印信、药饵、羊，未财为用也。刀剑、经文、羽毛、死尸、姜蒜、大麦、纸、猿，申财为用也。五金、玉石器、小麦、皮毛、门锁、石仟、玉佛、鸡，酉财为用也。枷杻、碓磨、旧服、犬，戌财为用也。小儿、醉人、帐幔、笔墨、伞、笠、醋、酱、猪，亥财为用也。衣服、印绶、舟车、器皿，父母为用也。禽兽鳞介生气之物，子孙为用也。绫罗、缎疋、丝绵，火财为用也。如用爻不现，又不伏者，则取分爻为用也。初爻网罟、履踏、棺椁、校械也。二爻耒耜、台桌、盘盂、简册、碓碾也。三爻算节、笔砚、舟车、弓矢、镜奁也。四爻铜铁、规矩、准绳、尺丈、斗斛也。五爻金银、琴瑟、文书、圭璧、印节、轮磨也。六爻珍宝、门窗、梯棚、筐筥、斧钺、权衡也。[①]

二　遗处

财居内卦，家中失。财居外卦，他处失也。近处求之者，初爻，井侧也。二爻，灶下也。三爻，闺房也。四爻，门厕下也。五爻，道路香火下也。六爻，栋柱、墙篱、亭阁、宗庙中也。财伏水下，沼沚中也。财伏木下，柴薪内也。财伏金下，砖石中也。财伏火下，炉灶间也。财伏土下，泥坎中也。亥福化财，当检猪栏。丑财化福，宜探牛圈也。未在羊牢，午为马厩，戌则狗囤，寅乃猫笼，酉为鸡埘，子是鼠窠，巳为蛇穴也。财伏父下，衣笈书箱也。财伏子下，窗前牖下也。财伏财下，仓库厨灶。财伏鬼下，厅堂坟庙也。财伏兄下，坑厕门墙也。远处求之者，财在乾，西北、寺观、高楼、城垛也。财在坤，西南、坟墓、荒郊、大舆也。财在震，东方、船枋、木行、造作砍伐场中也。财在巽，东南、鸡鹅市、竹木花园、菜圃也。财在坎，北方，盐场、鱼市、池井、沟坑、江湖边也。财在离，南方、炉冶窑灶闹市也。财在艮，东北、山林、骨塚、打石、樵柴处也。财在兑，西方、庵堂、酒肆、废井、缺坑、羊市中也。

三　拾者

兄鬼外卦动，外人拾去也。兄鬼内卦动，家人拾得也。财伏父下，内则父母伯叔，外则亲戚尊长也。财伏兄下，内则兄弟，外则朋友也。财伏财下，内则妻妾、妯娌、婢仆，外则妇女、六婆也。财伏子下，内则子孙卑幼，外则僧道、医士、捕人也。财伏鬼下，内则公姑、病人，外则职官、役吏军匠、牙中媒妁、无良小人也。

四　知情

以福德动为主也，福临子水动，问黑衣秃头男子，及钓鱼人也。福临丑动。问耕夫牧牛人也。福临寅动，问青衣童子，艸木姓氏人。福临卯动，问青衣、属兔妇人。福临辰动，问黄衣、属龙、男子，及锄麦地、

---

① 参洪范皇极杂象图。

拜、坟肩竹木人。福临巳动，问红衣人，衰墓，老年，生旺、壮年。胎养，幼小。带杀，则屈脚妇人也。福临午动，问红衣男子。旺相，问铜铁匠。休囚，问挑柴炭人。带马，问骑马人也。福临未动，问土傍姓氏。属羊，贩羊牧羊人。福临申动，问白衣男子，及军匠、弄猢狲人。福临酉动，问白衣女人，及卖酒、贩鸡、驱鸡人。福临戌动，问狱吏扶杖、荷戈、荷锄、牵犬引犬人。福临亥动，问黑衣女人、执伞着簑笠人，或挑水、洗衣、贩猪、驱猪人也。

五　见否

外财旺动者，远去也。内财无气，与财逢亡劫，及财动化鬼，或财爻伏藏，或财空死墓胎绝，或财被刑害克破，或财墓旺者，皆难见也。财爻出现旺静，与财化福，鬼化财，生合世者，皆可见也。又失物而物有气者，用爻生旺日时，可寻。用爻生旺方所，可寻也。如财带亡劫者，必被人窃去也。视兄鬼生旺墓方见之也。

盗贼占第四十

游南子曰：占盗贼者，先占其来于何日也，进于何地也，偷时有何惊觉也，又推贼为何如人也，所窃为何财物也，从何方去，何人知情也。然后究其财藏何所，贼匿何家，何日出赃而获贼也，而盗贼之占备矣！

鬼谷分爻

省道　州府　县道　市镇　邻里　家贼

一　贼来日

凡坎宫水鬼动，或兄化鬼，鬼化兄者，或鬼临玄武，带天贼，动克世身，而又财动来助鬼者，皆主官爻生旺临值之月日失贼也。若不伤身世，是私房小伙有失也。鬼旺，大伙贼。鬼衰，是嬉偷小贼也。玄鬼旺动，带天盗劫杀克身世者，防劫盗也。日并武鬼暗动，或武下伏鬼暗动者，必应在相冲月日，明动者不忌也。又武加天贼临财动者，但逢天贼临值之月，与爻神六合之日失贼也。

二　贼进处

木鬼动克六爻，穿穴跃垣而入也。金鬼动伤三四爻，挖门破户而入也。火鬼动伤二爻，厨灶下，劈开锁而入也。水鬼动克三爻，灌水灭灯，而入卧室也。子水鬼假作鼠鸣，寅木鬼假作猫跳也。土鬼动克五爻，涉溪越涧，从路傍入也。

三　惊觉

日辰冲克鬼者，贼被主惊也。日冲克金鬼，见灯复隐也。日冲克木鬼，铜铁器响而贼惊也。日冲克火鬼，追急而堕水也。日冲克土鬼，贼畏门户坚也。若见木动克鬼者，必开门响而贼惊也。日冲克水鬼，墙垣坚固而贼惧也。火动冲克金鬼者，灯外见贼也，或钻壁穿垣而主人觉也。水动冲克火鬼者，见烧头，而主人惊起也。木动克土鬼者，风吹门响而贼惊也。金空动克冲木鬼者，闻人声而贼惊。阳金，男人声。阴金，女人声。值胎养，儿啼也。值墓，老人嗽难下手也。土动冲克水鬼，壁倾墙倒，而主人惊起也。

四　何贼

世爻持鬼伏鬼者，贴身贼也。鬼加龙旺动，吏人也。衰动，则退职之吏人，及牙人也。兄加玄雀动，伏鬼化鬼者，输赌人也。财加玄动，伏鬼化鬼者，非妻妾之亲，必奴丁也。在内，则家奴。在外，则他姓之奴也。子加玄动，伏鬼化鬼者，内则子侄，外则僧道也。父加武动，伏官化官者，内则尊长，外则流落之文人也。鬼加玄动，伏官化官者，远年积贼也。玄鬼动带刃劫者，强盗也。木玄鬼动化火者，明灯执棍也。鬼属阳，男子，或日来也。鬼属阴，妇人或夜来也。鬼阳化阴，日至夜方偷，或男偷而藏女人处也。鬼阴化阳，夜至，日方退，或女偷而男人将去也。鬼旺，壮年贼。鬼墓，老年贼。鬼胎养长生者，童子也。阴鬼临胎者，孕妇也。囚在囚徒，病乃抱病人也。玄鬼刑冲克害身世者，有旧仇夙怨者也。鬼化福者，僧道同谋也。内外两鬼，动克世身者，内外两人合谋也，或家人勾引外贼也。外鬼动而内鬼静者，家内有人知情也。内外两鬼俱静者，但看何爻带玄武、天贼、天盗、劫杀者，为正贼也。日辰，生合玄鬼，有惯贼做脚，防再来也。或有窝主，难获也。至问偷去是财物，详见求财占内。

五　何方去

以鬼所临之卦，定其何方去也。卦空，则以鬼所值之支神定之。又水鬼外动，渡河去也。木鬼外动，乘舟去也。土鬼外动，陆行去也。火鬼外动，依官附势而去也。金鬼外动，扮作行乞人去也。

六　知情

以福德动为主，现前走失，占内动爻冲鬼者，有人报称也。雀父动生世者，有人传信也。兄动化鬼伤应，生合世者，同伴出首也。世下伏神带勾陈动者，贼自首也。

七　财藏贼隐

寻赃捕贼，看财爻鬼爻墓处也。金墓丑，东北方寻捕也。木墓未，西南方寻捕也。火墓戌，西北方寻捕也。水土墓辰，东南方寻捕也。财爻鬼爻，加龙动，隐藏在儒馆、斋堂、喜庆之门也。加虎动，隐藏于军兵屠刽、死丧之家也。加勾动，隐藏于泥水土作、田家也。加蛇动，隐藏于闲游无赖之家也。加雀动，隐藏于火场、书纸铺、与词讼之家。若伏兄化兄，则赌博之场。再逢兑卦，必梨园之所也。加武动，隐藏于窝主积贼之家。加咸池杀，则娼妓之家也。财爻鬼爻，在乾。隐藏寺观、楼台、城塔、马厩也。在坤，隐藏坟墓、仓库、农牧、老妪家也。在震，隐藏船舫、樵夫、木客家也。在巽，隐藏艸木、菜圃、竹林也。在坎，隐藏酒醋、鱼盐、沟渎、井沼、江湖之畔也。在离，隐藏炉灶、明窗孔穴、烟火文书之处，术士、陶冶、丝店、经络之家也。在艮，隐藏山林路石土穴之傍，少男仟客之家也。在兑，隐藏于败垣、缺瓦、废井、瓦砾之内。

庵堂、酒肆、鱼池、水阁之中也。又财内动，去不远。财外动，出外方也。财加勾土，藏土中也。财爻出现，逢生合而不空破，与鬼伏财静者，可寻也。财化鬼兄，或财墓旺，或财逢空绝、刑害克破者，难寻也。鬼逢冲克，而日扶合财者，财未失也。日合财动，与财化入墓胎者，藏于器皿，未入贼手也。财下伏兄，或动化兄者，偷物被人捉去也。卦无财者，其物已曾变去也。子动克鬼，日时克鬼。[①] 勾陈克玄武，飞神克伏神者，[②] 可擒也。鬼冲动者，远去，鬼静伏，不空破者，潜本地也。卦无子孙，与伏克飞神，鬼克日时玄克勾者，难捉也。子空鬼不空，彼虽在而不获也。鬼动子不动，贼已见而难擒也。飞伏相生化和者，难擒。伏带劫刃大杀克飞者，急追而反被贼伤也。卦无财而鬼空者，自遗失也。卦无鬼而兄加龙动化鬼者，人借去而己忘之也。鬼静而财带亡神动者，自失被人拾去也。

八　何日追获

财鬼入墓者，刑冲墓日可追获也。静则冲动之日追获，动则合日追获也。鬼旺财衰者，鬼败财生之日追获也。飞神刑克伏，子动刑克鬼。勾动刑克武，动爻刑害鬼者，遇子孙，飞神、勾陈、动爻、生旺之日可追获也。日时刑冲鬼，动爻又生鬼者，必有人救护，待动爻受制日可获也。

附：断例

己丑年壬申月甲子旬乙丑日，卜捕贼，得震之豫。申官出现，必可捕。但嫌墓于丑日，不免潜伏。况世财旬空，丑巳刑之。动爻子水，及金官，又与应下辰财三合，其贼有伴藏护也。然终必可提者，以应财辰土自刑，其赃决破捉获。子孙为捕人，临午自刑，被父鬼应爻三合水局克子孙，即捕捉中人，有与贼相通，使不得捕也。喜子水化未财制父合子，次日丙寅，必有妇人露机，因得捕获。盖丙寅为子孙长生之日，妇人者，未财来合午子者也。

《易隐》全书终

① 日为官，时为吏。

② 世下伏神为贼。

周易书斋精品书目

书　　名	作者	定价	出版社
术藏(全精装六箱共100卷)	谢路军主编	58000.00	燕山
道藏(全精装六箱共60卷)	谢路军主编	48000.00	九州
阳宅三要[宣纸线装一函三册]	[清]赵九峰撰	298.00	华龄
绘图全本鲁班经匠家镜[宣纸线装一函四册]	[周]鲁班著	680.00	华龄
青囊海角经[宣纸线装一函四册]	[晋]郭璞著	680.00	华龄
地理点穴撼龙经[宣纸线装一函三册]	[清]寇宗注	680.00	华龄
秘藏疑龙经大全[宣纸线装一函一册]	[清]寇宗注	280.00	华龄
杨公秘本山法备收[宣纸线装一函一册]	[清]寇宗注	280.00	华龄
地学答问[宣纸线装一函三册]	[清]魏清江撰	680.00	华龄
赖仙原本催官经[宣纸线装一函一册]	[宋]赖布衣撰	280.00	华龄
赖仙催官篇注[宣纸线装一函一册]	[宋]赖布衣撰	280.00	华龄
尹注赖仙催官篇[宣纸线装一函一册]	[宋]赖布衣撰	280.00	华龄
赖仙心印[宣纸线装一函一册]	[宋]赖布衣撰	280.00	华龄
连山[宣纸线装一函一册]	[清]马国翰辑	280.00	华龄
归藏[宣纸线装一函一册]	[清]马国翰辑	280.00	华龄
周易虞氏义笺订[宣纸线装一函六册]	[清]李翊灼校订	1180.00	华龄
周易参同契通真义[宣纸线装一函二册]	[后蜀]彭晓撰	480.00	华龄
御制周易[宣纸线装一函三册]	武英殿影印宋本	680.00	华龄
宋刻周易本义[宣纸线装一函四册]	影印宋刻本	980.00	华龄
易学启蒙[宣纸线装一函二册]	朱熹、蔡元定撰	480.00	华龄
易余[宣纸线装一函二册]	[明]方以智撰	480.00	九州
明抄真本梅花易数[宣纸线装一函三册]	[宋]邵雍撰	480.00	九州
古本皇极经世书[宣纸线装一函三册]	[宋]邵雍撰	980.00	九州
奇门鸣法[宣纸线装一函二册]	[清]龙伏山人撰	680.00	华龄
奇门衍象[宣纸线装一函二册]	[清]龙伏山人撰	480.00	华龄
奇门枢要[宣纸线装一函二册]	[清]龙伏山人撰	480.00	华龄
奇门仙机[宣纸线装一函三册]	王力军校订	298.00	华龄
奇门心法秘纂[宣纸线装一函三册]	王力军校订	298.00	华龄
御定奇门秘诀[宣纸线装一函三册]	[清]湖海居士辑	680.00	华龄
龙伏山人存世文稿[宣纸线装五函十册]	[清]矫子阳撰	2800.00	九州
奇门遁甲鸣法[宣纸线装一函二册]	[清]矫子阳撰	680.00	九州
奇门遁甲衍象[宣纸线装一函二册]	[清]矫子阳撰	480.00	九州
奇门遁甲枢要[宣纸线装一函二册]	[清]矫子阳撰	480.00	九州
遯甲括囊集[宣纸线装一函三册]	[清]矫子阳撰	980.00	九州
增注蒋公古镜歌[宣纸线装一函一册]	[清]矫子阳撰	180.00	九州

书　　名	作者	定价	出版社
宫藏奇门大全[线装五函二十五册]	郑同校	6800.00	星易
遁甲奇门秘传要旨大全[线装二函十册]	李锵涛校	6800.00	星易
遁甲奇门捷要[宣纸线装一函一册]	李克校	380.00	故宫
奇门遁甲备览[宣纸线装一函二册]	李克校	760.00	故宫
六壬类聚[宣纸线装一函四册]	李克校	1520.00	故宫
订正六壬金口诀[宣纸线装一函六册]	[清]巫国匡辑	1280.00	华龄
六壬神课金口诀[宣纸线装一函三册]	[明]适适子撰	298.00	华龄
改良三命通会[宣纸线装二函六册]	[明]万民英撰	980.00	华龄
增补选择通书玉匣记[宣纸线装一函二册]	[晋]许逊撰	480.00	华龄
增补四库青乌辑要[宣纸线装全18函59册]	郑同校	11680.00	九州
第1种:宅经[宣纸线装1册]	[署]黄帝撰	180.00	九州
第2种:葬书[宣纸线装1册]	[晋]郭璞撰	220.00	九州
第3种:青囊序青囊奥语天玉经[宣纸线装1册]	[唐]杨筠松撰	220.00	九州
第4种:黄囊经[宣纸线装1册]	[唐]杨筠松撰	220.00	九州
第5种:黑囊经[宣纸线装2册]	[唐]杨筠松撰	380.00	九州
第6种:锦囊经[宣纸线装1册]	[晋]郭璞撰	200.00	九州
第7种:天机贯旨红囊经[宣纸线装2册]	[清]李三素撰	380.00	九州
第8种:玉函天机素书　至宝经[宣纸线装1册]	[明]董德彰撰	200.00	九州
第9种:天机一贯[宣纸线装2册]	[清]李三素撰辑	380.00	九州
第10种:撼龙经[宣纸线装1册]	[唐]杨筠松撰	200.00	九州
第11种:疑龙经葬法倒杖[宣纸线装1册]	[唐]杨筠松撰	220.00	九州
第12种:疑龙经辨正[宣纸线装1册]	[唐]杨筠松撰	200.00	九州
第13种:寻龙记太华经[宣纸线装1册]	[唐]曾文辿撰	220.00	九州
第14种:宅谱要典[宣纸线装2册]	[清]铣溪野人校	380.00	九州
第15种:阳宅必用[宣纸线装2册]	心灯大师校订	380.00	九州
第16种:阳宅撮要[宣纸线装2册]	[清]吴鼒撰	380.00	九州
第17种:阳宅正宗[宣纸线装1册]	[清]姚承舆撰	200.00	九州
第18种:阳宅指掌[宣纸线装2册]	[清]黄海山人撰	380.00	九州
第19种:相宅新编[宣纸线装1册]	[清]焦循校刊	240.00	九州
第20种:阳宅井明[宣纸线装2册]	[清]邓颖出撰	380.00	九州
第21种:阴宅井明[宣纸线装1册]	[清]邓颖出撰	220.00	九州
第22种:灵城精义[宣纸线装2册]	[南唐]何溥撰	380.00	九州
第23种:龙穴砂水说[宣纸线装1册]	清抄秘本	180.00	九州
第24种:三元水法秘诀[宣纸线装2册]	清抄秘本	380.00	九州
第25种:罗经秘传[宣纸线装2册]	[清]傅禹辑	380.00	九州
第26种:穿山透地真传[宣纸线装2册]	[清]张九仪撰	380.00	九州
第27种:催官篇发微论[宣纸线装2册]	[宋]赖文俊撰	380.00	九州

书　　名	作者	定价	出版社
第 28 种:入地眼神断要诀[宣纸线装 2 册]	清抄秘本	380.00	九州
第 29 种:玄空大卦秘断[宣纸线装 1 册]	清抄秘本	200.00	九州
第 30 种:玄空大五行真传口诀[宣纸线装 1 册]	[明]蒋大鸿等撰	220.00	九州
第 31 种:杨曾九宫颠倒打劫图说[宣纸线装 1 册]	[唐]杨筠松撰	200.00	九州
第 32 种:乌兔经奇验经[宣纸线装 1 册]	[唐]杨筠松撰	180.00	九州
第 33 种:挨星考注[宣纸线装 1 册]	[清]汪董缘订定	260.00	九州
第 34 种:地理挨星说汇要[宣纸线装 1 册]	[明]蒋大鸿撰辑	220.00	九州
第 35 种:地理捷诀[宣纸线装 1 册]	[清]傅禹辑	200.00	九州
第 36 种:地理三仙秘旨[宣纸线装 1 册]	清抄秘本	200.00	九州
第 37 种:地理三字经[宣纸线装 3 册]	[清]程思乐撰	580.00	九州
第 38 种:地理雪心赋注解[宣纸线装 2 册]	[唐]卜则嵬撰	380.00	九州
第 39 种:蒋公天元余义[宣纸线装 1 册]	[明]蒋大鸿等撰	220.00	九州
第 40 种:地理真传秘旨[宣纸线装 3 册]	[唐]杨筠松撰	580.00	九州
增补四库未收方术汇刊第一辑(全 28 函)	线装影印本	11800.00	九州
第一辑 01 函·1:火珠林	[宋]麻衣道者著	120.00	九州
第一辑 01 函·2:卜筮正宗	[清]王洪绪辑	220.00	九州
第一辑 02 函·1:全本增删卜易	[清]野鹤老人撰	480.00	九州
第一辑 02 函·2:增删卜易真诠	[清]张金和撰	240.00	九州
第一辑 03 函·1:渊海子平音义评注	[明]杨淙增校	120.00	九州
第一辑 03 函·2:子平真诠	[清]沈孝瞻撰	120.00	九州
第一辑 03 函·3:命理易知	[清]袁树珊撰	120.00	九州
第一辑 04 函·1:滴天髓:附滴天秘诀	[宋]京图撰	120.00	九州
第一辑 04 函·2:穷通宝鉴:附月谈赋	[清]余春台辑	240.00	九州
第一辑 05 函·1:参星秘要诹吉便览	[清]俞荣宽撰	240.00	九州
第一辑 05 函·2:玉函斗首三台通书	[明]吴图南辑	120.00	九州
第一辑 05 函·3:精校三元总录	[明]柳鈖辑	100.00	九州
第一辑 06 函:陈子性藏书	[清]陈应选撰	580.00	九州
第一辑 07 函·1:崇正辟谬永吉通书	[清]李奉来辑	300.00	九州
第一辑 07 函·2:选择求真	[清]胡晖著	200.00	九州
第一辑 08 函·1:增补选择通书玉匣记	[晉]许逊撰	200.00	九州
第一辑 08 函·2:永宁通书	[清]王维德纂	200.00	九州
第一辑 09 函:新增阳宅爱众篇	[清]张觉正撰	480.00	九州
第一辑 10 函·1:地理四弹子	[清]张九仪注	120.00	九州
第一辑 10 函·2:地理铅弹子砂水要诀	[清]张九仪著	220.00	九州
第一辑 11 函:地理五诀	[清]赵九峰著	200.00	九州
第一辑 12 函:地理直指原真	[清]释如玉撰	280.00	九州
第一辑 13 函:宫藏真本入地眼全书	[宋]释静道著	680.00	九州

书　　名	作者	定价	出版社
第一辑 14 函·1:罗经顶门针	[明]徐之镆撰	120.00	九州
第一辑 14 函·2:罗经解定	[清]胡国桢撰	120.00	九州
第一辑 14 函·3:罗经透解	[清]王道亨辑	120.00	九州
第一辑 15 函·1:校正详图青囊经	[清]王宗臣著	100.00	九州
第一辑 15 函·2:平砂玉尺经	[元]刘秉忠撰	100.00	九州
第一辑 15 函·3:地理辨正疏	[清]张心言撰	100.00	九州
第一辑 16 函:一贯堪舆	[明]唐世友辑	240.00	九州
第一辑 17 函·1:阳宅大全	[明]一壑居士集	200.00	九州
第一辑 17 函·2:阳宅十书	[明]王君荣辑	400.00	九州
第一辑 18 函:阳宅大成五种	[清]魏青江撰	600.00	九州
第一辑 19 函·1:奇门五总龟	[明]池纪撰	200.00	九州
第一辑 19 函·2:奇门遁甲统宗大全	[汉]诸葛武侯撰	200.00	九州
第一辑 19 函·3:奇门遁甲元灵经	[清]隐溪居士辑	100.00	九州
第一辑 20 函:奇门遁甲秘笈全书	[明]刘伯温辑	280.00	九州
第一辑 21 函:奇门庐中阐秘	[汉]诸葛武侯撰	600.00	九州
第一辑 22 函·1:奇门遁甲元机	[宋]岳珂纂辑	120.00	九州
第一辑 22 函·2:太乙秘书	[宋]岳珂纂辑	100.00	九州
第一辑 22 函·3:六壬大占	[宋]岳珂纂辑	100.00	九州
第一辑 23 函:性命圭旨	[明]尹真人撰	480.00	九州
第一辑 24 函:紫微斗数全书	[宋]陈抟撰	200.00	九州
第一辑 25 函:千镇百镇桃花镇	[清]云石道人校	220.00	九州
第一辑 26 函·1:清抄真本祝由科秘诀全书	[上古]黄帝传	680.00	九州
第一辑 26 函·2:轩辕碑记医学祝由十三科　祝由科治病奇书	[上古]黄帝传	120.00	九州
第一辑 27 函:增补秘传万法归宗	[唐]李淳风撰	160.00	九州
第一辑 28 函·1:神机灵数一掌经金钱课	[清]诚文信校	100.00	九州
第一辑 28 函·2:牙牌神数七种	[清]岳庆山樵著	100.00	九州
第一辑 28 函·3:珍本演禽三世相法	[唐]袁天罡著	240.00	九州
增补四库未收方术汇刊第二辑(全 36 函)	线装影印本	13800.00	九州
第二辑第 1 函—1:六爻断易一撮金	[宋]邵雍撰	100.00	九州
第二辑第 1 函—2:卜易秘诀海底眼	[宋]王鬳撰	100.00	九州
第二辑第 2 函:秘传子平渊源	燕山郑同校辑	280.00	九州
第二辑第 3 函:命理探原	[清]袁树珊撰	280.00	九州
第二辑第 4 函:命理正宗	[明]张楠撰集	180.00	九州
第二辑第 5 函:造化玄钥	庄圆校补	220.00	九州
第二辑第 6 函—1:命理寻源	[清]徐乐吾撰	100.00	九州
第二辑第 6 函—2:子平管见	[明]雷鸣夏撰	180.00	九州

书　名	作者	定价	出版社
第二辑第 7 函：京本风鉴相法	[明]回阳子校辑	380.00	九州
第二辑第 8—9 函：钦定协纪辨方书 8 册	[清]允禄编	780.00	九州
第二辑第 10—11 函：鳌头通书 10 册	[明]熊宗立撰辑	880.00	九州
第二辑第 12－13 函：象吉通书 1	[清]魏明远撰辑	1080.00	九州
第二辑第 14 函一1：选择纪要	南秉吉撰辑	240.00	九州
第二辑第 14 函一2：选择宗镜	[明]吴国仕撰辑	120.00	九州
第二辑第 15 函：选择正宗	[清]顾宗秀撰辑	480.00	九州
第二辑第 16 函：仪度六壬选日要诀	[清]张九仪撰	680.00	九州
第二辑第 17 函：葬事择日法	燕山郑同校辑	280.00	九州
第二辑第 18 函：地理不求人	[清]吴明初撰辑	240.00	九州
第二辑第 19 函：地理大成一：山法全书	[清]叶九升撰	680.00	九州
第二辑第 20 函：地理大成二：平阳全书	[清]叶九升撰	360.00	九州
第二辑第 21 函一1：地理大成三：地理六经注	[清]叶九升撰	120.00	九州
第二辑第 21 函一2：地理大成四：罗经指南拔雾集	[清]叶九升撰	90.00	九州
第二辑第 21 函一3：地理大成五：理气四诀	[清]叶九升撰	90.00	九州
第二辑第 22 函：地理录要	[明]蒋大鸿撰	480.00	九州
第二辑第 23 函：地理人子须知	[明]徐善继撰	480.00	九州
第二辑第 24 函：地理四秘全书	[清]尹一勺撰	380.00	九州
第二辑第 25－26 函：地理天机会元	[明]顾陵冈辑	1080.00	九州
第二辑第 27 函：地理正宗	[清]蒋宗城校订	280.00	九州
第二辑第 28 函：全图鲁班经	[明]午荣编	280.00	九州
第二辑第 29 函：秘传水龙经	[明]蒋大鸿撰	480.00	九州
第二辑第 30 函：阳宅集成	[清]姚廷銮纂	480.00	九州
第二辑第 31 函：阴宅集要	[清]姚廷銮纂	240.00	九州
第二辑第 32 函：辰州符咒大全	觉玄子辑	480.00	九州
第二辑第 33 函一1：三元镇宅灵符秘箓	[明]张宇初编	120.00	九州
第二辑第 33 函一2：太上洞玄祛病灵符全书	[明]张宇初编	120.00	九州
第二辑第 34 函：太上混元祈福解灾三部神符	[明]张宇初编	360.00	九州
第二辑第 35 函一1：测字秘牒	[清]程省撰	120.00	九州
第二辑第 35 函一2：先天易数	[宋]邵雍撰	120.00	九州
第二辑第 35 函一3：冲天易数·马前课	[宋]邵雍撰	120.00	九州
第二辑第 36 函：秘传紫微	韩国抄本	240.00	九州
增广沈氏玄空学	郑同点校	68.00	华龄
地理点穴撼龙经	郑同点校	32.00	华龄
绘图地理人子须知（上下）	郑同点校	78.00	华龄
玉函通秘	郑同点校	48.00	华龄
绘图入地眼全书	郑同点校	28.00	华龄

书　　名	作者	定价	出版社
绘图地理五诀	郑同点校	48.00	华龄
一本书弄懂风水	郑同著	48.00	华龄
风水罗盘全解	傅洪光著	58.00	华龄
堪舆精论	胡一鸣著	29.80	华龄
堪舆的秘密	宝通著	36.00	华龄
中国风水学初探	曾涌哲	58.00	华龄
大六壬通解(全三册)	叶飘然著	168.00	华龄
壬占汇选(精抄历代六壬占验汇选)	肖岱宗点校	48.00	华龄
大六壬指南	郑同点校	28.00	华龄
六壬金口诀指玄	郑同点校	28.00	华龄
大六壬寻源编[全三册]	[清]周螭辑录	180.00	华龄
六壬辨疑　毕法案录	郑同点校	32.00	华龄
大六壬断案疏证	刘科乐著	58.00	华龄
御定奇门宝鉴	郑同点校	58.00	华龄
御定奇门阳遁九局	郑同点校	78.00	华龄
御定奇门阴遁九局	郑同点校	78.00	华龄
奇门秘占合编:奇门庐中阐秘・四季开门	[汉]诸葛亮撰	68.00	华龄
奇门探索录	郑同编订	38.00	华龄
奇门遁甲秘笈大全	郑同点校	48.00	华龄
奇门旨归	郑同点校	48.00	华龄
奇门法窍	[清]锡孟樨撰	48.00	华龄
奇门精粹——奇门遁甲典籍大全	郑同点校	68.00	华龄
御定子平	郑同点校	48.00	华龄
增补星平会海全书	郑同点校	68.00	华龄
五行精纪:命理通考五行渊微	郑同点校	38.00	华龄
子平汇刊 1:渊海子平大全	[宋]徐子平撰	48.00	华龄
子平汇刊 2:秘本子平真诠	[清]沈孝瞻撰	38.00	华龄
子平汇刊 3:命理金鉴	[清]志于道撰	38.00	华龄
子平汇刊 4:秘授滴天髓阐微	[清]任铁樵注	48.00	华龄
子平汇刊 5:穷通宝鉴评注	[清]徐乐吾注	48.00	华龄
子平汇刊 6:神峰通考命理正宗	[明]张楠撰	38.00	华龄
子平汇刊 7:新校命理探原	[清]袁树珊撰	48.00	华龄
子平汇刊 8:重校绘图袁氏命谱	[清]袁树珊撰	68.00	华龄
子平精粹 1:官板音义详注渊海子平	郑同点校	98.00	华龄
子平精粹 2:秘授滴天髓阐微	郑同点校	98.00	华龄

书　　名	作者	定价	出版社
子平精粹 3:命理秘本穷通宝鉴	郑同点校	98.00	华龄
子平精粹 4:神峰通考命理正宗	郑同点校	98.00	华龄
子平精粹 5:子平真诠、命理约言	郑同点校	98.00	华龄
纳甲汇刊 1:校正全本增删卜易	郑同点校	68.00	华龄
纳甲汇刊 2:校正全本卜筮正宗	郑同点校	48.00	华龄
纳甲汇刊 3:校正全本易隐	郑同点校	48.00	华龄
纳甲汇刊 4:校正全本易冒	郑同点校	48.00	华龄
纳甲汇刊 5:校正全本易林补遗	郑同点校	38.00	华龄
纳甲汇刊 6:校正全本卜筮全书	郑同点校	68.00	华龄
京氏易精粹 1:火珠林·黄金策	郑同点校	98.00	华龄
京氏易精粹 2:易林补遗、周易尚占	郑同点校	98.00	华龄
京氏易精粹 3:校正增删卜易	郑同点校	98.00	华龄
京氏易精粹 4:野鹤老人占卜全书	郑同点校	98.00	华龄
京氏易精粹 5:易隐、易冒	郑同点校	98.00	华龄
古今图书集成术数丛刊:卜筮(全二册)	郑同点校	80.00	华龄
古今图书集成术数丛刊:堪舆(全二册)	郑同点校	120.00	华龄
古今图书集成术数丛刊:相术(全一册)	郑同点校	60.00	华龄
古今图书集成术数丛刊:选择(全一册)	郑同点校	50.00	华龄
古今图书集成术数丛刊:星命(全三册)	郑同点校	180.00	华龄
古今图书集成术数丛刊:术数(全三册)	郑同点校	200.00	华龄
四库全书术数初集(全四册)	郑同点校	200.00	华龄
四库全书术数二集(全三册)	郑同点校	150.00	华龄
四库全书术数三集:钦定协纪辨方书(全二册)	郑同点校	98.00	华龄
增补鳌头通书大全(全三册)	[明]熊宗立撰辑	180.00	华龄
增补象吉备要通书大全(全三册)	[清]魏明远撰辑	180.00	华龄
绘图三元总录	郑同编校	48.00	华龄
绘图全本玉匣记	郑同编校	32.00	华龄
周易正解:小成图预测学讲义	霍斐然著	68.00	华龄
周易初步:易学基础知识 36 讲	张绍金著	32.00	华龄
周易与中医养生:医易心法	成铁智著	32.00	华龄
梅花心易阐微	[清]杨体仁撰	48.00	华龄
梅花易数讲义	郑同著	58.00	华龄
白话梅花易数	郑同编著	30.00	华龄
一本书读懂易经	郑同著	38.00	华龄
白话易经	郑同编著	38.00	华龄

书　　名	作者	定价	出版社
周易象数学(精装)	冯昭仁著	98.00	华龄
知易术数学:开启术数之门	赵知易著	48.00	华龄
术数入门——奇门遁甲与京氏易学	王居恭著	48.00	华龄
奇门秘书:鸣法体系校释(精装上下)	龙伏山人撰	198.00	九州
中国风水史	郑同傅洪光撰	32.00	九州
壬奇要略(全5册:大六壬集应钤3册,大六壬口诀纂1册,御定奇门秘纂1册)	肖岱宗郑同点校	300.00	九州
白话高岛易断(上下)	[日]高岛嘉右卫门	128.00	九州
周易虞氏义笺订(上下)	[清]李翊灼校订	78.00	九州
周易明义	邸勇强著	73.00	九州
论语明义	邸勇强著	37.00	九州
统天易数	秦宗臻著	68.00	城市
润德堂丛书六种:新命理探原	袁树珊著	30.00	燕山
润德堂丛书六种:命谱	袁树珊著	60.00	燕山
润德堂丛书六种:大六壬探原	袁树珊著	30.00	燕山
润德堂丛书六种:选吉探原	袁树珊著	30.00	燕山
润德堂丛书六种:中西相人探原	袁树珊著	30.00	燕山
润德堂丛书六种:述卜筮星相学	袁树珊著	30.00	燕山
天星姓名学	侯景波著	38.00	燕山
解梦书	郑同	58.00	燕山